중국 상표분쟁 법률실무

Q&A

리팡 외국법자문법률사무소
한영호 대표변호사 편저

(주)명진씨앤피

중국 상표분쟁 법률실무

초판 1쇄 **인쇄** | 2022년 2월 21일
초판 1쇄 **발행** | 2022년 2월 26일

저　　자　　한영호
발 행 인　　최영무
발 행 처　　(주)명진씨앤피
등　　록　　2004년 4월 23일 제2004-000036호
주　　소　　서울시 영등포구 경인로 82길 3-4 616호
전　　화　　(02)2164-3005
팩　　스　　(02)2164-3020
ISBN 978-89-92561-73-0 (13360)
값 20,000원

중국 상표분쟁 법률실무

중국시장에서 상품을 판매하는 한국기업들이 가장 많이 직면하는 이슈는 바로 상표권침해 법률 분쟁입니다. 반도체와 같은 하이테크 제품은 중국기업들이 모방하려고 해도 모방할 수 없기에 원천적으로 모조품 유통이 불가능하지만 어느 정도 인기가 있는 한류 상품은 우유병, 완구 등 유아용품으로부터 화장품, 미용기기, 패션 등 성인용품에 이르기까지 거의 모든 상품에서 모조품이 유통되고 있습니다.

한국기업의 상품을 카피한 모조품이 유통되고 있다는 것은 해당 상품이 그만큼 품질이나 디자인이 우수하다는 것을 보여주는 하나의 증표이지만, 모조품의 성행은 한국기업의 정품 시장점유율을 크게 위축시키고 브랜드 이미지를 훼손하는 심각한 부작용을 초래하게 됩니다.

후진국이 선진국을 따라잡는 과정에서는 동서고금 어느 나라를 막론하고 처음에는 모두 선진국의 우수한 제품을 모방하고 그 기술을 배우는 과도기가 필요합니다. 과거에 미국도 일본도 한국도 모두 그러한 단계를 거쳐왔으며 중국 또한 예외가 아닙니다.

그런데 문제는 중국기업의 과도기가 너무 길다는 점입니다. 중국이 20세기 70년대 말부터 서방세계에 문호를 개방하여 지금까지 40여 년의 긴 세월이 흘렀지만 중국에서의 모조품 제조와 유통은 아직도 현재진행형이며, 그 수단도 나날이 진화하고 있습니다. 아울러 글로벌 온라인 유통시장의 형성과 더불어 중국산 모조품은 급격히 전세계로 확산되고 있는 추세입니다.

과거에는 한국기업들이 중국시장에서 상품을 안 팔면 그만이라는 생각으로 중국발 모조품 문제에 소극적으로 대응할 수도 있었지만 지금은 상황이 완전히 바뀌었습니다. 아직도 이런 안일한 생각에 빠져 중국에서의 모조품 대응에 소극적이면 중국뿐만 아니라 미국, 유럽, 일본, 동남아 및 중동, 심지어 한국 시장에서도 중국모조품업체에 자리를 내주어야 하는 신세가 될지도 모릅니다. 특히 최근 2년 간 코로나 팬데믹 사태로 인한 온라인시장경제의 폭발적인 성장과 더불어 가짜 한류상품의 유통이 더더욱 기승을 부리는 양상을 보여주고 있습니다.

리팡법률사무소는 2002년 설립 당시부터 꾸준히 외국기업들의 중국 상표 관련 법률업무를 취급하여 왔으며, 2018년에 법무부 인가를 받은 한국사무소를 설립한 후부터는 한국기업들을 상대로 매년 평균 약 1,000건의 중국상표 등록, 심판, 무효, 취소업무와 수십 건의 중국상표 침해 관련 행정단속 및 소송업무를 수행하고 있습니다.

따라서 이 책은 한국 중소기업인들이 상식적으로 알아 둘 필요가 있는 일반적인 중국상표 관련 기초지식 이외에 저희들이 한국기업에 제공한 무수한 법률서비스 경험을 바탕으로 중국상표 등록, 무단 선점된 중국상표 회수방법, 중국상표 사용방법, 중국상표권 보호 등 내용을 알기 쉬운 문답형식으로 정리하였습니다. 이 책이 한국 중소기업들의 중국상표 법률분쟁 최전선에서 조금이라도 힘이 될 수 있다면 더 없는 영광으로 생각하겠습니다.

코로나 사태의 장기화로 인해 무척 힘드시겠지만 임인년에 부디 백두산 호랑이의 기운을 받아 만사형통하시기 바랍니다.

리팡 외국법자문법률사무소

한 영 호 대표변호사

≫ 차례

제1장   중국상표 기초지식

Q1   중국에서 상표등록업무를 담당하는 부서는? 3

Q2   한국기업이 중국에서 사용하는 상표는 반드시 등록하여야 하는지? 4

Q3   한국에서 등록한 상표는 중국에서 자동적으로 보호받는지? 5

Q4   한국기업 또는 한국인은 중국에서 상표를 등록할 수 있는지? 5

Q5   한국기업은 중국에서 자체적으로 상표를 등록할 수 있는지? 6

Q6   한국기업은 중국인 개인에게 상표 관련 업무를 의뢰할 수 있는지? ... 6

Q7   중국에서 등록할 수 있는 상표는 어떤 요소들로 구성되는지? 7

Q8   중국에서 등록 가능한 상표는 어떤 요건을 충족해야 하는지? 8

Q9   중국에서도 상표와 서비스표로 구분되는지? 9

Q10   중국에서 한글로 된 상표를 등록할 수 있는지? 10

Q11   중국상표 등록에 있어서 중문상표는 필수인지? 10

Q12   식별력이 없는 표장은 어떤 것인지? 11

Q13   중국에서는 어떤 표장을 상표로 사용할 수 없는지? 12

Q14   "단체상표"란 무엇인지? 13

Q15   "증명상표"란 무엇인지? 14

Q16   "지리적 표시"란 무엇인지? 15

Q17   상표등록을 불허하는 지리적 표시는 어떤 것인지? 16

Q18   "입체상표"란 무엇인지? 17

Q19 상품의 형상은 모두 입체상표로 등록할 수 있는지? ························· 18

Q20 등록상표의 유효기간은 얼마인지? ································· 19

제2장   중국상표의 출원, 심사 및 등록

Q21 상표등록 가능 여부를 사전에 확인할 수 있는지? ···················· 23

Q22 중국에서 한국상표와 동일한 지정상품으로 상표등록출원을 할 수 있는지?
    ··· 24

Q23 한국상표를 중국에서도 출원할 경우, 우선권주장을 하면 어떤 장점이 있는
    지? ··· 25

Q24 한국기업이 중국상표 출원에 있어서 우선권을 주장할 수 있는 경우는?
    ··· 26

Q25 1건의 상표등록출원을 통해 등록할 수 있는 상표의 수량은? ········· 27

Q26 등록상표의 지정상품 범위를 확대할 경우에는 어떻게 해야 하는지? 28

Q27 상표등록출원은 공동으로 진행할 수 있는지? ······················ 28

Q28 동일한 상표를 복수의 당사자가 출원한 경우에는 어떻게 처리하는지?
    ··· 29

Q29 상표가 동일하다는 것은 어떤 의미인지? ························· 30

Q30 상표가 유사하다는 것은 어떤 의미인지? ························· 31

Q31 상표의 동일·유사 여부는 어떻게 판단하는지? ··················· 32

Q32 "이격관찰"이란 무엇인지? ···································· 33

Q33 "유사상품"이란 무엇인지? ···································· 34

≫ 차례

Q34　"유사서비스"란 무엇인지? ································· 35

Q35　상표등록출원에 필요한 서류는? ······················· 36

Q36　상표국은 상표등록출원에 대해 어떤 심사를 하는지? ·········· 36

Q37　"방식심사"란 무엇인지? ······························ 37

Q38　방식심사에 소요되는 기간은? ························· 38

Q39　"실체심사"란 무엇인지? ····························· 38

Q40　실체심사에 소요되는 기간은? ························· 39

Q41　실체심사의 결과는 어떻게 분류되는지? ················· 39

Q42　중국에서의 상표등록출원 절차에는 우선심사제도가 있는지? ·········· 40

Q43　상표국의 거절결정에 대해 출원인은 어떤 조치를 취할 수 있는지? · 40

Q44　상표공존합의서만 있으면 동일·유사한 상표도 등록 가능한지? ········ 41

Q45　중국상표 등록에 필요한 비용은? ······················ 43

Q46　중국상표 등록에 소요되는 기간은? ····················· 44

제3장　중국상표 무단선점 대응방법

Q47　중국기업이 한국기업의 상표를 무단 선점하였을 경우의 대응방법은? 47

제1절　이의신청 ······································· 48

Q48　이의신청의 구체적인 사유에는 어떤 것이 있는지? ··········· 48

Q49　이의신청을 제기할 자격이 있는 당사자는 누구인지? ········· 50

Q50 거래관계가 있는 중국기업이 한국기업의 상표를 무단 출원하였을
     경우에는 어떤 사유로 이의신청을 제기할 수 있는지? ····················· 51

Q51 거래관계가 없는 중국기업이 한국기업의 상표를 무단 출원하였을
     경우에는 어떤 사유로 이의신청을 제기할 수 있는지? ····················· 52

Q52 이의신청에서 제출해야 하는 서류는 어떤 것인지? ····················· 53

Q53 이의신청을 제기할 수 있는 기한은? ······································ 54

Q54 이의신청의 절차는 어떻게 되는지? ······································ 55

Q55 이의신청 절차에 있어서의 유의점은? ···································· 56

Q56 이의신청 결과에 불복할 경우의 대응방법은? ·························· 57

Q57 아직 공고되지 않은 상표에 대해 이의를 제기할 수 있는지? ·········· 57

Q58 상표 심사단계에서 상표국에 정보제공을 할 수 있는지? ················ 58

Q59 이의신청 관련 행정소송의 피고는 누구인지? ·························· 58

제2절 무효선고 ·· 59

Q60 무효선고의 구체적인 사유에는 어떤 것이 있는지? ····················· 59

Q61 무효선고를 청구할 자격이 있는 당사자는 누구인지? ··················· 61

Q62 거래관계가 있는 중국기업이 한국기업의 상표를 무단 등록하였을
     경우에는 어떤 사유로 무효선고를 청구할 수 있는지? ················· 62

Q63 거래관계가 없는 중국기업이 한국기업의 상표를 무단 등록하였을
     경우에는 어떤 사유로 무효선고를 청구할 수 있는지? ················· 63

Q64 무효선고 청구에서 제출해야 하는 서류는 어떤 것인지? ················ 64

>> 차례

Q65 무효선고를 청구할 수 있는 기한은? ·················· 65

Q66 무효선고의 절차는 어떻게 되는지? ·················· 65

Q67 무효선고 절차에 있어서의 유의점은? ·················· 67

Q68 무효선고 관련 재결에 불복할 경우의 대응방법은? ·················· 68

Q69 무효선고 관련 행정소송의 피고는 누구인지? ·················· 68

제3절 불사용취소 ·················· 69

Q70 불사용취소는 어떤 제도인지? ·················· 69

Q71 불사용취소를 청구할 자격이 있는 당사자는 누구인지? ·················· 70

Q72 불사용취소 청구에서 제출해야 하는 서류는 어떤 것인지? ·················· 70

Q73 불사용취소의 절차는 어떻게 되는지? ·················· 71

Q74 불사용취소는 어떻게 결정하는지? ·················· 72

Q75 정당한 이유에 의한 등록상표 불사용은 어떤 것인지? ·················· 73

Q76 불사용취소 절차에 있어서의 유의점은? ·················· 74

Q77 불사용취소심판 결정에 불복할 경우의 대응방법은? ·················· 75

Q78 불사용취소심판 관련 행정소송의 피고는 누구인지? ·················· 75

제4절 양수도협상 ·················· 76

Q79 양수도협상을 통한 중국상표 무단선점 분쟁해결은 어떤 장단점이 있는지?
·················· 76

Q80 무단선점 상표 양수도협상에서의 유의점은? ·················· 77

제4장   중국상표의 사용, 양도 및 갱신

Q81 "상표사용"이란 무엇인가? ·· 81

Q82 상표사용은 구체적으로 어떤 형식을 포함하는지? ···················· 82

Q83 상표사용으로 인정받지 못하는 경우는? ····························· 84

Q84 등록상표의 문자나 도형을 변경하여 사용할 수 있는지? ············· 85

Q85 흑백으로 된 등록상표를 컬러로 변경하여 사용할 수 있는지? ········ 85

Q86 등록상표를 지정상품 이외의 상품에 사용할 수 있는지? ············· 86

Q87 상표등록인의 명칭 또는 주소가 변경되면 어떻게 해야 하는지? ······ 86

Q88 미등록상표를 등록상표로 사칭하면 어떤 법률책임이 발생하는지? ··· 87

Q89 미등록상표를 타인에게 사용허가 할 수 있는지? ····················· 87

Q90 등록상표 사용허가에는 어떤 종류가 있는지? ······················· 88

Q91 등록상표 사용허가에 있어서 유의해야 하는 사항은? ················ 89

Q92 등록상표 사용허가는 반드시 상표국에 등기해야 하는지? ············ 90

Q93 한국기업의 등록상표 사용허가 등기에 필요한 서류는? ·············· 91

Q94 등록상표 사용허가계약에는 어떤 조항들이 포함되는지? ············· 92

Q95 등록상표 사용허가계약은 언제부터 효력을 발생하는지? ············· 93

Q96 한국기업이 취득한 상표 로열티에 대해 중국에서 세금을 납부해야 하는지?
      ··· 94

Q97 등록상표 양도계약에는 어떤 조항들이 포함되는지? ················· 95

≫ 차례

Q98 동일·유사한 상품에 등록된 여러 개의 유사상표를 보유하고 있을 경우, 일부만 양도 가능한지? ································· 96

Q99 등록상표의 양도절차 및 필요한 서류는? ················· 97

Q100 등록상표의 양도는 언제부터 효력을 발생하는지? ··········· 98

Q101 한국기업이 취득한 상표 양도대금에 대해 중국에서 세금을 납부해야 하는지? ································· 98

Q102 등록상표가 무효, 취소 또는 말소된 후 즉시 동일한 상표의 등록을 출원할 수 있는지? ···························· 99

Q103 등록상표의 갱신절차는 언제 진행해야 하는지? ············ 100

Q104 한국기업의 등록상표 갱신절차에 필요한 서류는? ··········· 100

제5장   중국상표권 보호

제1절 권리침해 형태 ································· 103

Q105 등록상표권을 침해하는 행위에는 어떤 것들이 있는지? ········· 103

Q106 등록상표와 동일한 표장을 사용하면 모두 상표권침해에 해당하는지? ································· 105

Q107 상표권침해에 해당할 경우에는 모두 손해배상책임을 부담해야 하는지? ································· 106

Q108 상표권침해에 대해서는 어떤 법적 제재를 가할 수 있는지? ········· 107

Q109 OEM거래에서 타인의 등록상표를 무단 사용하는 행위는 권리침해에 해당하는지? ································· 108

Q110 "상표병행수입"이란 무엇인지? ··· 110

Q111 중국에서의 상표병행수입은 합법적인지? ······························· 111

제2절　세관보호 ··· 112

Q112 상표권에 대한 세관보호란 어떤 제도인지? ························· 112

Q113 세관 상표권등록은 세관보호의 필수조건인지? ···················· 113

Q114 한국기업은 직접 중국세관에서 상표권등록을 할 수 있는지? ·········· 113

Q115 세관 상표권등록에 있어서 제출해야 하는 서류는? ·················· 114

Q116 세관 상표권등록에 소요되는 기간은? ······························· 115

Q117 세관 상표권등록에 소요되는 비용은? ······························· 116

Q118 세관은 어떻게 상표권을 보호하여 주는지? ························· 116

Q119 세관 상표권보호에서 상표권자가 제공해야 하는 담보금액의 기준은?
··· 118

Q120 세관은 어떤 경우에 통관 유치를 해제하여야 하는지? ·············· 119

Q121 세관은 몰수한 모조품을 어떻게 처분하는지? ······················· 120

Q122 모조품 단속에 있어서 세관 상표권등록이 필요한 이유는? ·········· 120

제3절　경고장 발송 ·· 122

Q123 경고장 발송은 어떤 제도인지? ····································· 122

Q124 경고장은 어떤 작용을 할 수 있는지? ······························· 123

Q125 경고장 발송에 있어서의 유의점은? ································· 124

Q126 경고장은 어떻게 작성하는지? ··· 125

제4절   행정단속 ·· 127

Q127 상표권침해에 대한 행정단속은 어떤 조치인지? ···························· 127

Q128 상표권침해 행정단속의 관할부서는 어떻게 확정하는지? ············· 128

Q129 상표권침해 행정단속 절차는? ·· 130

Q130 상표권침해 조사에 있어서 시장감독관리국은 어떤 권한이 있는지? 133

Q131 상표권침해 행정단속 고발에 있어서 필요한 준비작업은? ·············· 134

Q132 상표권침해 행정단속 고발에 있어서 필요한 서류는? ··················· 135

Q133 상표권침해 행정단속 고발장은 어떻게 작성하는지? ···················· 136

Q134 상표권자는 행정단속을 통해 손해배상금을 획득할 수 있는지? ······ 138

제5절   민사소송 ·· 139

Ⅰ**. 소송 준비작업** ··· 139

　1. 중국변호사 선임 ··· 139

Q135 상표권침해소송에서 선임할 수 있는 중국변호사 인수는? ·············· 139

Q136 중국변호사는 반드시 상표권침해소송 관할법원 소재지에서 선임하여야
　　　하는지? ·· 140

Q137 상표권침해소송 수임계약은 중국변호사와 직접 체결할 수 있는지? 140

Q138 한국변호사를 선임하여 중국에서 상표권침해소송을 진행할 수 있는지?
　　　 ··· 141

Q139 상표권침해소송의 변호사 수임료 기준은 어떻게 되는지? ·············· 142

Q140 중국 소송에서 "꽌시"가 그렇게 중요할까요? ································ 143

Q141 중국변호사가 특별수권을 요청하는데 그렇게 해도 괜찮을까요? ····· 144

2. 원고, 피고 및 소송시효 확인 ································ 145

Q142 상표권침해소송의 원고는 누구인지? ································ 145

Q143 중국인의 이름과 신분증번호만 알고 있을 경우 그 주소를 확인할 수
있는지? ································ 146

Q144 중국인의 여권정보만 알고 있을 경우 그 주소를 확인할 수 있는지? 147

Q145 중국기업의 명칭만 알고 있을 경우 그 주소를 확인할 수 있는지? · 147

Q146 상표권침해사건의 소송시효는? ································ 148

Q147 상표 사용허가계약 또는 양도계약 관련 분쟁의 소송시효는? ·········· 149

Q148 어떤 경우에 소송시효가 중단되는지? ································ 149

Q149 소송시효가 만료된 사건을 기소할 수 있는지? ································ 150

3. 재산조사 및 가압류, 가처분 ································ 150

Q150 소송 전에 중국기업의 구체적인 재산정보를 조사할 수 있는지? ···· 150

Q151 소송 전에 중국기업의 재산에 대한 가압류는 가능한지? ················ 151

Q152 담보권이 설정되어 있는 재산에 대해 가압류 조치를 취하는 것은 가능한지?
································ 152

Q153 이미 가압류가 되어있는 재산에 대해 중복적으로 가압류를 할 수 있는지?
································ 152

Q154 가압류비용 기준은 어떻게 되는지? ································ 153

Q155 상표권침해금지 가처분신청을 할 수 있는지? ································ 153

≫ 차례

Ⅱ. 관할법원 선택 ·· 155

Q156 중국법원의 심급은 어떻게 되는지? ································ 155

Q157 상표권침해소송의 관할법원은 어떻게 확정하는지? ············ 156

Q158 중국기업이 상표 로열티를 지급하지 않을 경우에는 어느 법원에 소송을
제기해야 하는지? ··· 157

Q159 중국기업이 상표양도대금을 지급하지 않을 경우에는 어느 법원에 소송을
제기해야 하는지? ··· 157

Q160 중국기업과의 상표 관련 계약에 있어서 관할법원에 대해 합의할 수 있는지?
·· 158

Q161 상표 관련 계약에는 당사자 일방 소재지의 법원을 관할법원으로 합의하였
으나 계약 체결 후 당사자의 소재지가 변경되었을 경우에는 어떻게 처리하
는지? ·· 159

Q162 중국상표 관련 소송에서 관할법원 선정이 중요한 이유는? ············ 160

Ⅲ. 소송 서류 작성 ·· 161

Q163 중국법원에 상표 관련 민사소송을 제기할 경우에는 어떤 서류가 필요한지?
·· 161

Q164 중국상표 관련 민사소장은 어떻게 작성하는지? ···························· 162

Q165 증거목록은 어떻게 작성하는지? ··· 164

Q166 소장 작성에서의 유의점은? ·· 165

Q167 변호사 위임장은 어떻게 작성하는지? ··································· 166

Q168 법인대표 신분증명서는 어떻게 작성하는지? ····························· 168

Ⅳ. 1심 소송절차 ·· 168

1. 소송서류 접수 및 송달 ··· 168

Q169 소장 접수는 어떻게 진행되는지? ······························ 168

Q170 소송시효가 만료된 사건의 소장을 접수하는지? ·········· 169

Q171 소장을 우편으로 제출할 수 있는지? ························· 170

Q172 소장을 온라인으로 제출할 수 있는지? ······················ 170

Q173 소장은 어떤 방식으로 피고에게 송달되는지? ············· 171

Q174 원고가 소송을 취하한 후 다시 소송을 제기할 수 있는지? ············ 172

Q175 1심 소송의 재판부는 어떻게 구성되는지? ················ 172

2. 소송비용 예납 및 부담 ··· 173

Q176 소송비용에는 어떤 항목이 포함되는지? ···················· 173

Q177 소송 접수비용의 기준은 어떻게 되는지? ·················· 174

Q178 소송비용은 어느 당사자가 부담하는지? ···················· 175

Q179 접수비용의 납부 기한은? ······································· 176

Q180 승소한 후 예납한 접수비용을 환급 받을 수 있는지? ····· 177

3. 답변서 및 관할권 이의 ··· 178

Q181 답변서는 언제까지 제출하여야 하는지? ··················· 178

Q182 답변서 작성에서의 유의점은 무엇인지? ··················· 179

Q183 관할권 이의는 언제까지 제기하여야 하는지? ············· 180

Q184 관할권 이의 절차에 있어서의 유의점은? ················· 181

≫ 차례

4. 개정 전의 준비업무 ······································ 182

Q185 개정 전에 법원은 어떤 준비절차를 진행하는지? ····················· 182

Q186 증거교환은 어떻게 진행되는지? ·· 183

Q187 증거교환 절차에서 제출한 자신에게 불리한 증거를 철회할 수 있는지?
·· 184

Q188 개정 전에 증거 대질을 진행할 수 있는지? ····························· 184

Q189 개정일시는 어떻게 지정하는지? ·· 185

Q190 어떠한 경우에 개정심리를 연기하는지? ································· 185

Q191 소송당사자인 한국기업의 임직원이 소송을 방청할 수 있는지? ······ 186

5. 개정심리 및 판결 ······································ 186

Q192 법원은 모든 사건을 공개 심리하는지? ··································· 186

Q193 개정심리의 절차는 어떻게 되는지? ······································ 187

Q194 증거는 어떻게 대질하는지? ·· 189

Q195 원고가 개정일에 출석하지 않으면 어떻게 되는지? ····················· 190

Q196 원고가 법정에서 무단 퇴장하면 어떻게 되는지? ······················ 190

Q197 피고가 개정일에 출석하지 않으면 어떻게 되는지? ····················· 190

Q198 개정심리에 있어서의 주의 사항은? ······································ 191

Q199 1심 판결 기한은 어떻게 되는지? ·· 193

Q200 조정은 언제까지 진행 가능한지? ·· 193

Q201 조정서가 효력을 발생한 후 상소할 수 있는지? ························· 194

Q202 조정과정 및 조정서는 공개되는지? ································· 194

Q203 섭외민사소송에 간이절차를 적용할 수 있는지? ······························ 195

Q204 상표권침해 손해배상금액은 어떻게 확정하는지? ······························ 195

Q205 상표권침해에 대해 법원은 손해배상 이외의 어떤 민사적 제재를 가할 수 있는지? ·· 197

  V. 2심 소송절차 ·· 198

Q206 1심 판결 또는 결정에 불복할 경우에는 어떻게 상소하는지? ········· 198

Q207 상소장은 어떻게 작성하는지? ··· 198

Q208 상소장은 어떤 방식으로 피상소인에게 송달되는지? ······················ 200

Q209 2심 소송의 재판부는 어떻게 구성되는지? ····································· 201

Q210 1심법원에 제출하지 않은 증거를 2심법원에 제출할 수 있는지? ···· 201

Q211 1심법원에서 판결하지 않은 소송청구가 있을 경우 어떻게 처리되는지? ·· 202

Q212 2심 소송도 모두 개정심리를 하는지? ··· 202

Q213 2심 개정심리의 절차는 어떻게 되는지? ··· 203

Q214 2심법원은 상소사건을 어떻게 처리하는지? ···································· 203

Q215 2심 절차에 있어서 당사자는 상소를 취하할 수 있는지? ·············· 204

Q216 2심 절차에 있어서 원심 원고는 소송을 취하할 수 있는지? ·········· 204

Q217 2심 판결 기한은 어떻게 되는지? ··· 205

  VI. 재심절차 ··· 205

Q218 중국 민사소송에서의 재심이란? ·· 205

≫ 차례

Q219 재심청구는 어느 법원에 제출하여야 하는지? ································ 206

Q220 당사자에 의한 재심청구 절차는 어떻게 진행하는지? ················ 207

Q221 재심사유에는 어떤 것이 있는지? ·· 208

Q222 재심사유로 되는 변론권 박탈에는 어떤 것이 포함되는지? ··········· 209

Q223 이미 법적 효력을 발생한 조정서에 대해 재심을 청구할 수 있는지? 209

Q224 당사자가 재심을 청구하였을 경우 확정판결의 집행은 정지되는지? 210

Q225 재심청구 기한은 어떻게 되는지? ·· 210

Q226 재심청구에 있어서 법원에 제출하여야 하는 서류는? ··············· 211

Q227 재심청구서는 어떻게 작성하는지? ·· 212

Ⅶ. 강제집행 ··· 214

Q228 피고가 상표권침해 손해배상금을 지급하지 않을 경우의 대응방법은?
    ·· 214

Q229 강제집행절차에 있어서 봉인·압류·동결 기한은 어떻게 되는지? ····· 215

Q230 강제집행신청은 어느 법원에 제기하여야 하는지? ···················· 216

Q231 강제집행비용의 기준은 어떻게 되는지? ································· 217

Q232 법원이 강제집행을 지연할 경우의 대응방법은? ······················ 218

Q233 강제집행신청 시효는 어떻게 되는지? ··································· 219

Q234 법원은 시효가 만료된 강제집행신청을 접수하는지? ················· 220

Q235 피집행인에게 재산이 없을 경우, 그 손해배상금 지급의무는 면제되나요?
    ·· 220

제6절   형사고발 ·· 221

Q236 어떤 상표권침해행위에 대해 형사고발을 할 수 있는지? ················ 221

Q237 상표권침해 범죄행위에 대한 형사고발은 어느 부서에서 관할하는지? · 223

Q238 상표권침해 범죄행위에 대한 형사처벌 절차는 어떻게 진행되는지? 224

Q239 상표권침해 범죄행위에 대해서는 어떤 형사처벌이 부과되는지? ····· 225

제6장   저명상표 보호제도

Q240 저명상표란 무엇인지? ··· 229

Q241 저명상표로 인정받으면 어떤 혜택이 있는지? ····························· 230

Q242 저명상표는 어떤 경우에 어느 부서가 인정하여 주는지? ·············· 231

Q243 저명상표의 인정에 있어서 고려하는 요소는? ···························· 232

Q244 중국에서는 기등록 저명상표에 대한 희석행위가 금지되는지? ········ 233

Q245 중국에서는 기등록 저명상표의 이미지를 훼손하는 행위가 금지되는지?
·· 234

Q246 상품에 저명상표라는 문구를 사용할 수 있는지? ························· 235

부 록

◢ 이 책에서 사용되는 중국법률 리스트 ·· 239

◢ 중화인민공화국 상표법 ·· 240

◢ 중화인민공화국 상표법 실시조례 ·· 260

제1장
중국상표 기초지식

제1장
중국상표 기초지식

Q1 | 중국에서 상표등록업무를 담당하는 부서는?

A1 현재 중국에서 상표등록업무를 담당하는 부서는 국가지식재산권국(国家知识产权局) 산하의 상표국(商标局)입니다.

과거에 국가지식재산권국은 특허, 실용신안, 디자인의 등록 및 무효선고 관련 업무만 취급하였고 상표국은 공상행정관리총국(工商行政管理总局)에 소속된 부서로서 국가지식재산권국과는 완전히 독립된 존재였습니다.

그러던 중 2018년 3월에 있은 중국정부의 대대적인 기구 개편에 의해 상표국은 국가지식재산권국 산하의 부서로 변경되었습니다.

참고로 중국 상표법의 규정에 따르면 등록거절결정 불복심판, 등록무효심판, 불사용취소결정 불복심판 등 심판업무는 상표평심위원회의 관할로 되어있지만, 실무상에서는 국가지식재산권국의 명의로 이러한 업무들을 처리하고 있습니다.

(국가지식재산권국)

(상표국)

Q2 | 한국기업이 중국에서 사용하는 상표는 반드시 등록하여야 하는지?

A2 아닙니다.

중국에서의 상표등록출원 여부는 한국기업이 자체적으로 결정할 수 있는 사항이며, 한국기업이 중국에서 등록하지 않은 상표를 사용하는 것도 가능합니다.

다만, 다른 사람이 동일·유사한 상표를 한국기업이 경영하고 있는 상품과 동일·유사한 상품에 등록하였을 경우, 한국기업에 의한 해당 상표의 사용은 금지되거나 제한될 수 있습니다.

아울러 실무상에서 한국기업이 그 상품을 중국 백화점이나 쇼핑몰에서 판매하려면 우선 해당 상품의 중국 상표등록증을 제출해야 하는 경우가 대부분입니다.

따라서 한국기업이 중국에서 사용하고 있거나 사용할 예정인 상표는 가능한 빨리 중국 상표국에 등록하는 것이 적절합니다.

그 밖에, 중국법의 규정에 따르면 일부 특수한 상품(예컨대 담배)에는 반드시 등록상표를 사용하여야 합니다.

 **구체적인 법률근거** 상표법 제6조

Q3	한국에서 등록한 상표는 중국에서 자동적으로 보호받는지?

A3	자동적으로 보호받지 못합니다.

한국과 중국은 모두 「공업소유권의 보호를 위한 파리협약」(이하 "파리협약"이라 한다)의 회원국이고, 파리협약의 규정에 의하면 상표의 출원과 등록요건은 각 회원국의 국내법에 따라야 하며, 각 회원국에서 등록된 상표는 서로 독립된 존재입니다.

즉 상표의 등록은 각 회원국 별로 진행하여야 하며, 등록된 상표는 해당 회원국의 영역 내에서만 보호받을 수 있습니다.

따라서 한국에서 등록한 상표는 중국에서 자동적으로 보호받지 못하며, 해당 상표에 대해 중국에서도 보호받고자 할 경우에는 중국법의 규정에 따라 중국에서도 상표등록절차를 진행하여야 합니다.

구체적인 법률근거 ▶ 파리협약 제6조 제1호, 제3호

Q4	한국기업 또는 한국인은 중국에서 상표를 등록할 수 있는지?

A4	등록할 수 있습니다.

한국과 중국은 모두 파리협약의 회원국이므로 서로 간에 상대방 국가의 기업 또는 자연인이 본국에서 상표를 등록하는 것을 허용합니다.

따라서 중국기업 또는 중국인도 한국에서 상표를 등록할 수 있습니다.

구체적인 법률근거 ▶ 파리협약 제6조 제2호
상표법 제17조

Q5 한국기업은 중국에서 자체적으로 상표를 등록할 수 있는지?

A5 자체적으로 등록할 수 없습니다.

중국법의 규정에 의하면 외국인 또는 외국기업이 중국에서 상표등록 출원 및 기타 상표 관련 업무를 처리할 경우에는 반드시 중국 내의 상표대리업체에 의뢰하여야 합니다.

상표대리업체의 대부분은 특허·상표사무소(专利商标事务所), 상표사무소(商标事务所), 상표사무유한회사(商标事务有限公司), 지식재산권 대리유한회사(知识产权代理有限公司) 또는 법률사무소입니다. 아울러 상표대리업체는 상표국에 등기절차를 이행하여야 합니다.

참고로 중국인 또는 중국기업이 중국에서 상표 관련 업무를 처리할 경우에는 스스로 처리할 수도 있고 중국 내의 상표대리업체에 의뢰할 수도 있습니다.

📖 **구체적인 법률근거** 상표법 제18조 제2항
상표법실시조례 제84조

Q6 한국기업은 중국인 개인에게 상표 관련 업무를 의뢰할 수 있는지?

A6 의뢰할 수 없습니다.

한국기업 또는 한국인이 중국에서 상표 관련 업무를 처리할 경우에는 반드시 중국 내의 상표대리업체에 의뢰하여야 합니다.

📖 **구체적인 법률근거** 상표법 제18조 제2항

Q7 | 중국에서 등록할 수 있는 상표는 어떤 요소들로 구성되는지?

A7 중국에서 등록할 수 있는 상표는 다음과 같은 요소들로 구성됩니다.

① 문자   ② 도형

③ 자모   ④ 숫자

⑤ 입체표장   ⑥ 색채의 조합

⑦ 소리   ⑧ 상기 요소들의 조합

상기 요소들로 구성되었지만 자타 상품 식별력이 없을 경우에는 상표로 등록할 수 없습니다(Q8에 대한 답변내용 참조).

아울러 상표는 그 구성요소가 부동함에 따라 문자상표, 도형상표, 입체상표, 색채상표, 소리상표 및 조합상표 등 6개의 종류로 분류할 수 있습니다. 자모나 숫자로 구성된 상표는 큰 범주에서는 문자상표에 해당합니다.

참고로 한국에서는 냄새상표도 등록 가능하지만 중국에서는 아직 냄새상표의 등록을 허용하지 않고 있습니다.

SAMSUNG

(문자상표)

(도형상표)

(색채상표)

(입체상표)

(조합상표)

(소리상표1))

 구체적인 법률근거 상표법 제8조

---

1) 미국 영화제작사 MGM의 사자 울음소리 상표입니다.

Q8 중국에서 등록 가능한 상표는 어떤 요건을 충족해야 하는지?

A8 중국에서 등록 가능한 상표는 다음과 같은 두 가지 요건을 충족하여야 합니다.

① 현저한 특징이 있고 식별하기 편리해야 함

예컨대 컴퓨터를 지정상품으로 하는 사과 모양 도형의 상표등록은 가능하지만, 사과를 지정상품으로 하는 사과 모양 도형의 상표는 자타상품을 구분할 수 있는 식별력이 없기에 등록 불허입니다.

참고로 여기에서 말하는 "현저한 특징"(显著特征)이란 한국 상표법에서의 식별력을 의미합니다.

② 타인이 먼저 취득한 합법적인 권리와 충돌해서는 아니됨

예컨대 등록 받고자 하는 상표가 타인의 기존 상호권, 성명권, 초상권, 저작권, 디자인권 등 권리와 충돌할 경우에는 그 등록을 불허합니다.

구체적인 법률근거 상표법 제9조 제1항

Q9 중국에서도 상표와 서비스표로 구분되는지?

A9 중국에서 상표는 식별대상이 부동함에 따라 상품상표(商品商标)와 서비스상표(服务商标)로 분류할 수 있습니다.

말그대로 상품상표는 상품의 제공자를 식별하는 상표이고, 서비스상표는 서비스의 제공자를 식별하는 상표입니다. 다만, 동일한 상표일지라도 그 사용상황에 따라 상품상표일 수도 있고 서비스상표일 수도 있습니다.

예컨대 LG 상표가 세탁기 상품에 사용될 경우에는 상품상표이지만 가전제품 AS에 사용될 경우에는 서비스상표입니다.

한국 상표법상의 "상표"와 "서비스표"는 각각 중국의 "상품상표"와 "서비스상표"에 해당하는 용어입니다.

참고로 중국 상표법에 규정된 상품상표에 관한 규정은 서비스상표에도 적용되며, 특별한 설명이 없는 한 상표는 상품상표와 서비스상표를 모두 포함하는 개념입니다.

아울러 이 책자에 사용된 "상품"이라는 용어도 특별한 설명이 없는 한 상품과 서비스를 포함하는 개념으로 이해하여 주시기 바랍니다.

📖 **구체적인 법률근거** 상표법 제3조 제1항, 제4조 제2항

Q10	중국에서 한글로 된 상표를 등록할 수 있는지?

A10	가능합니다.

중국에서 한글로 된 상표의 등록을 출원하면 상표국의 심사관은 이를 도형으로 간주하여 심사를 진행하게 됩니다.

참고로 중국에서는 한국어를 공부한 사람이거나 조선족 교포들을 제외하고 한글을 아는 사람이 없기에 한글로만 구성된 상표는 소비자들의 인식과 호칭에 있어서 그 광고효과가 많이 떨어집니다.

따라서 중국에서는 가급적으로 한글로만 구성된 상표를 등록하지 않는 것이 적절합니다.

(한글상표와 중문상표를 병기한 사례)

Q11	중국상표 등록에 있어서 중문상표는 필수인지?

A11	법률상에서는 필수가 아닙니다.

다만, 중국에서는 한국이나 일본과 달리 외래어를 가능한 중문으로 번역하거나 바꾸어서 사용하는 것이 관행입니다.

따라서 문화적인 측면이나 마케팅 효과면에서 볼 때 중국에 진출하는 한국기업에 대해 중문상표는 필수적인 존재입니다.

식별력이 없는 표장은 어떤 것인지?

A12 상표는 여러가지 기능을 가지고 있지만, 그 중 가장 중요한 기능은 식별력입니다.

"식별력"이란 어떤 상품에 사용된 표장에 의해 당해 상품을 제공하는 경영자와 동일·유사한 상품을 제공하는 다른 경영자를 구분할 수 있는 기능을 말합니다.

아울러 다음과 같은 표장은 식별력이 없기에 상표로 등록할 수 없습니다.

① 그 상품의 보통명칭, 도형, 모델번호만으로 구성된 표장

② 상품의 품질, 주요 원재료, 효능, 용도, 중량, 수량 및 기타 특징만을 직접 표시한 표장

③ 식별력이 없는 기타 표장

다만, 상기 표장이 사용을 통해 식별력을 가지게 되었고 상품의 출처를 구분하기 편리한 경우에는 상표로서 등록할 수 있습니다.

예컨대 "American Standard"는 상품의 품질이나 기준을 직접 표시한 표장에 해당하지만 중국시장에서의 장기적인 사용을 통해 식별력을 구비하였기에 상표국은 욕실용품을 지정상품으로 당해 상표의 등록을 허가하였습니다.

📖 **구체적인 법률근거** 상표법 제11조

Q13 | 중국에서는 어떤 표장을 상표로 사용할 수 없는지?

A13 중국에서는 다음과 같은 표장을 상표로 사용할 수 없습니다.

① 중화인민공화국의 국가명칭, 국기, 국장, 국가, 군기, 군장, 군가, 훈장 등과 동일·유사한 표장 및 중앙국가기관의 명칭, 표장, 소재지 특정지역의 명칭 또는 상징적인 건축물의 명칭, 도형과 동일한 표장

② 외국의 국가명칭, 국기, 국장, 군기 등과 동일·유사한 표장(해당 국가의 정부가 동의한 경우는 제외됨)

③ 정부 간 국제조직의 명칭, 깃발, 휘장 등과 동일·유사한 표장(해당 국제조직이 동의하였거나 공중이 용이하게 오인할 우려가 없을 경우는 제외됨)

④ 통제를 나타내거나 보증을 부여하는 정부의 표장 및 검증인감과 동일·유사한 표장(위임받은 경우는 제외됨)

⑤ "적십자", "적신월"의 명칭 또는 표장과 동일·유사한 표장

⑥ 민족 차별성을 띤 표장

⑦ 기만성이 있어 공중으로 하여금 상품의 품질 등 특징 또는 산지에 대해 용이하게 오인을 초래하는 표장

⑧ 사회주의 도덕풍속을 해치거나 기타 불량한 영향이 있는 표장

그 밖에, 현급(具级) 이상 행정구역의 지명 또는 공중에게 알려져 있는 외국의 지명은 상표로 사용할 수 없습니다.

참고로 상기 표장은 상표로 사용할 수 없을 뿐만 아니라 상표로 등록하는 것도 금지됩니다.

다만, 지명이 다른 의미를 가지거나 단체상표 또는 증명상표의 구성부분이 되는 경우를 제외하며, 지명을 사용한 기등록상표는 계속 유효합니다.

예컨대 "长安"은 비록 중국 산시성의 현급 이상 행정구역 명칭이지만 "오래도록 평안하다"는 의미로도 해석되기 때문에 당해 지명을 상표로 등록하는 것은 허용되었습니다.

 **구체적인 법률근거** 상표법 제10조

| Q14 | "단체상표"란 무엇인지? |

| A14 | "단체상표(集体商标)"란 단체, 협회 또는 기타 조직의 명의로 등록하고 그 조직 구성원의 상업활동에 사용되어 사용자가 그 조직의 구성원임을 나타내는 표장을 말합니다.

예컨대 "重庆火锅"[2]상표는 중국 충칭시 샤브샤브협회에서 등록한 단체상표로서 동 협회에 소속된 요리점은 모두 이 상표를 사용할 수 있습니다.

실무상에서 단체상표는 중소기업들이 많이 사용하고 있으며, 그 구성원 전체의 신용도를 제고하고 경쟁력을 강화하며 규모경제효과를 취득할 수 있다는 장점이 있습니다.

아울러 단체상표의 출원에 있어서는 상표국에 단체상표 사용 관리규칙을 제출해야 하며, 당해 관리규칙에는 다음과 같은 내용이 포함되어야 합니다.

① 단체상표의 사용 취지

② 단체상표를 사용하는 상품의 품질

③ 단체상표의 사용 절차

④ 단체상표의 사용에 관한 권리와 의무

⑤ 구성원이 단체상표 사용 관리규칙을 위반하였을 경우에 부담해야 하는 책임

⑥ 단체상표의 등록인이 해당 단체상표를 사용하는 상품에 대해 실시하는 검사·감독 관련 제도

참고로 중국에서 지리적 표시는 단체상표로 등록할 수도 있습니다.

---

2) '충칭샤브샤브'는 중국 충칭지역에서 유래한 맵기로 소문난 샤브샤브입니다.

(불산 도자기)

舟山带鱼
ZHOUSHAN DAIYU
(주산 갈치)

(하얼빈 소세지)

📖 구체적인 법률근거 상표법 제3조
단체상표, 증명상표 등록 및 관리방법 제10조

Q15 "증명상표"란 무엇인지?

A15 "증명상표"란 어떤 상품 또는 서비스에 대해 감독능력을 가진 조직에 의해 통제되지만 그 조직 이외의 단체 또는 개인이 그 상품에 사용하여 해당 상품의 원산지, 원료, 제조방법, 품질 또는 기타 특정 품질을 증명하는 데 이용되는 표장을 말합니다.

예컨대 "WOOLMARK" 상표는 울마크컴퍼니가 등록한 증명상표로서 울마크컴퍼니가 공표한 양모제품 품질기준에 부합되는 업체는 모두 당해 증명상표의 사용을 요청할 권리가 있습니다.

증명상표의 출원에 있어서는 상표국에 증명상표 사용 관리규칙을 제출해야 하며, 당해 관리규칙에는 다음과 같은 내용이 포함되어야 합니다.

① 증명상표의 사용 취지

② 증명상표를 사용하는 상품의 특정품질

③ 증명상표를 사용하는 조건

④ 증명상표를 사용하는 절차

⑤ 증명상표의 사용에 관한 권리와 의무

⑥ 사용자가 증명상표 사용 관리규칙을 위반하였을 경우에 부담해야
하는 책임

⑦ 증명상표의 등록인이 해당 증명상표를 사용하는 상품에 대해 실시
하는 검사·감독 관련 제도

참고로 중국에서 지리적 표시는 증명상표로 등록할 수도 있습니다.

(녹색식품)

(용정차)

 구체적인 법률근거 ▶ 상표법 제3조
단체상표, 증명상표 등록 및 관리방법 제11조

Q16 "지리적 표시"란 무엇인지?

A16 "지리적 표시"란 어떤 상품이 어떤 지역에서 유래하고, 그 상품의 특
정 품질, 신용 또는 기타 특징이 주로 그 지역의 자연적 또는 인문적
요소에 의해 결정되었음을 표시하는 표장을 말합니다.

지리적 표시는 〈지명+상품명칭〉형식으로 구성되며, 그 대표적인 사
례로 "옌타이 사과(烟台苹果)", "사오싱 황주(绍兴黄酒)", "저우산 갈
치(舟山带鱼)" 등을 들 수 있습니다.

다만, 임의의 지명에 상품명칭을 추가하기만 하면 모두 지리적 표시를
구성하는 것은 아니며, 지리적 표시는 상품의 특정 품질, 신용 또는
기타 특징이 해당 산지와 밀접한 관계가 있을 것을 요구합니다. 예컨
대 중국 산둥성 옌타이지역은 그 특수한 지리적 환경으로 인해 당도가

높은 아삭아삭한 식감의 사과를 재배할 수 있습니다.

아울러 지리적 표시는 소비자들로 하여금 상품의 생산지를 구분하게 하는 기능을 발휘할 뿐 구체적인 생산자까지 구분할 수 있는 기능은 없습니다.

따라서 단체상표 또는 증명상표로 등록된 지리적 표시는 특정 기업 또는 개인에 의해 독점되어서는 안 되며, 조건에 부합되는 경영자가 당해 상표를 사용하는 것을 거절하여서도 안 됩니다.

📖 **구체적인 법률근거** 상표법 제16조 제2항

Q17 상표등록을 불허하는 지리적 표시는 어떤 것인지?

A17 어떤 상표에 상품의 지리적 표시가 포함되어 있지만 상품이 해당 지리적 표시에 기재된 지역에서 유래하지 않아 공중을 오도하는 경우에는 등록을 불허하고 사용을 금지합니다.

예컨대 와인을 지정상품으로 하는 상표에 "보르도"라는 지리적 표시가 포함되어 있지만 그 와인의 실제 산지는 미국일 경우, 당해 상표는 공중을 오도할 수 있기에 그 등록을 불허합니다.

다만, 이미 선의로 등록된 것은 계속 유효합니다.

📖 **구체적인 법률근거** 상표법 제16조 제1항

Q18	"입체상표"란 무엇인지?

A18 "입체상표"란 일정한 입체공간을 차지하는 3차원적인 형상으로 구성된 상표를 말하며, 다음과 같은 3가지 종류로 분류됩니다.

① 상품과 완전히 분리된 입체상표

예컨대 KFC의 샌더스 할아버지, 맥도날드의 피에로 및 롤스로이스 자동차의 환희의 여신상 등은 상품과 완전히 분리된 입체상표의 대표적인 사례입니다.

② 상품의 포장이나 용기로 구성된 입체상표

예컨대 코카콜라 병, 주귀(酒鬼)3) 술병 및 디올 향수병은 상품의 용기로 구성된 입체상표의 대표적인 사례입니다.

③ 상품자체의 형상으로 구성된 입체상표

예컨대 미국 허쉬의 나선형 초콜릿 및 스위스 토블론의 삼각형 초콜릿은 상품자체의 형상으로 구성된 입체상표의 대표적인 사례입니다.

(코카콜라 병)　　　(주귀 술병)　　　(허쉬 나선형 초콜릿)

---

3) 모택동의 고향인 중국 호남성에서 제조되는 명주입니다.

Q19	상품의 형상은 모두 입체상표로 등록할 수 있는지?

A19	아닙니다.

상품 자체의 성질로 인해 나타난 형상이거나 기술적 효과를 취득하기 위해 필요한 상품의 형상 또는 상품이 본질적 가치를 구비하도록 하는 형상에 대해서는 상표로 등록할 수 없습니다.

예컨대 3헤드 자동면도기의 헤드부분은 수염을 더욱 말끔하게 깎는 기술적 효과를 취득하기에 이를 상표로 등록할 수 없으며, 도자기의 외형은 소비자들을 매료시켜 그 본질적 가치를 구비하도록 하기에 이를 상표로 등록할 수 없습니다.

Q20 등록상표의 유효기간은 얼마인지?

A20 등록상표의 유효기간은 상표국이 등록을 허가한 날로부터 기산하여 10년입니다.

아울러 등록상표의 유효기간이 만료된 후에도 계속 사용할 필요가 있을 경우, 상표등록인은 기간만료 전 12개월 내에 상표국에서 갱신절차를 밟아야 합니다.

위 기간 내에 갱신절차를 밟지 않았을 경우에는 상표국에 6개월의 유예기간을 신청할 수 있으며, 갱신등록의 유효기간은 매회 10년으로서 해당 상표의 직전 유효기간 만료일의 다음날부터 계산합니다.

상표등록인이 위 유예기간 내에도 갱신절차를 밟지 않았을 경우, 상표국은 해당 등록상표를 말소합니다.

📖 **구체적인 법률근거** 상표법 제39조, 제40조

제2장
중국상표의 출원,
심사 및 등록

제2장
중국상표의 출원, 심사 및 등록

Q21 상표등록 가능 여부를 사전에 확인할 수 있는지?

A21 상표국에 이미 등록되었거나 출원된 상표(이하 "선행상표"라 한다)와 동일·유사한 상표를 동일·유사한 상품에 출원할 경우, 상표국은 해당 출원을 거절하기에 괜히 비용과 시간만 낭비하게 됩니다.

따라서 실무상에서는 통상적으로 상표국에 상표등록출원서류를 제출하기 전에 동일·유사한 선행상표가 존재하는지 여부에 대한 검사를 진행하는 바, 이를 전문용어로 "유사상표검색"이라고 부릅니다.

유사상표검색은 주로 상표국의 공식 검색사이트(http://sbj.cnipa.gov.cn)에서 진행하지만 위 사이트는 기술적인 문제로 인해 접속되지 않는 경우가 비일비재하기에 중국 상표대리업체들은 보조적인 수단으로 민간업체에서 개발한 상표검색시스템4)도 사용하고 있습니다.

참고로 상표국이 대외적으로 공개하고 있는 데이터베이스에는 이미 등록된 상표와 출원공고결정을 받은 상표 및 방식심사가 종료된 일부 상표등록출원에 관한 정보만 저장되어 있기에 검색일을 기준으로 약 2개월 전까지의 기간 내에 출원된 상표에 관한 정보는 유사상표검색을 통해 취득할 수 없습니다. 따라서 유사상표 검색 결과는 100% 정확한 것은 아닙니다.

---

4) 민간업체가 개발한 상표검색시스템 중에서 가장 보편적으로 사용되고 있는 것은 '白兎'입니다.

Q22	중국에서 한국상표와 동일한 지정상품으로 상표등록출원을 할 수 있는지?

A22 구체적으로 살펴볼 필요가 있습니다.

상표등록출원에 있어서는 반드시 구체적인 상품 또는 서비스를 지정하여야 합니다. 상품 또는 서비스의 분류에 관하여 현재 한국은 니스분류 제11판을 사용하고 있지만, 중국은 니스분류 제11판에 대해 자국의 실정에 맞게 일정한 보충, 삭제 및 조정을 거친 「유사 상품 및 서비스 분류표」(이하 "유사상품분류표"라 한다)를 작성하여 사용하고 있습니다.

따라서 한국상표의 지정상품이 유사상품분류표에 규정된 상품의 명칭과 일치하지 않을 수도 있으며, 심지어 유사상품분류표에 해당 상품의 명칭이 없을 수도 있습니다.

실무상에서 상표국은 외국 출원인이 유사상품분류표와 일치하지 않은 지정상품으로 상표등록출원을 하는 것을 허용하는 사례도 있지만, 유사상품분류표와 일치하게 수정할 것을 요청하는 보정통지서를 발송하는 사례도 있습니다.

그러므로 한국상표를 중국에서도 출원할 경우에는 가능한 유사상품분류표의 규정에 따라 상품의 명칭을 지정하는 것이 적절합니다.

 **구체적인 법률근거** 상표법실시조례 제15조

Q23 한국상표를 중국에서도 출원할 경우, 우선권주장을 하면 어떤 장점이 있는지?

A23 실무상에서 한국기업(또는 한국인)이 한국에서 출원한 상표를 중국 기업이나 상표브로커가 중국에서 먼저 출원함으로써 한국기업이 중국상표를 빼앗기는 피해가 다발하고 있습니다.

이러한 경우에 한국기업은 이의신청이나 무효선고로 대응할 수도 있지만 이러한 대응방법에는 많은 시간과 비용이 발생하게 됩니다.

따라서 가장 좋은 대처방법은 이러한 사고를 미연에 방지하는 것, 즉 중국에서의 상표등록에 있어서 우선권을 주장하는 것입니다.

구체적으로 한국과 중국은 모두 파리협약의 회원국이기에 한국기업이 한국에서 최초로 상표등록출원을 한 날로부터 6개월 내에 중국에서 동일한 상품에 대해 동일한 상표등록출원을 할 경우에는 우선권을 누릴 수 있습니다.

예컨대 한국 A사가 2021년 1월 8일 한국에서 화장품을 지정상품으로 "무궁화" 상표 등록출원을 한 후, 2021년 5월 8일 중국에서도 화장품을 지정상품으로 위 상표등록출원을 함에 있어서 우선권을 주장할 경우, 중국에서의 출원일은 2021년 5월 8일이 아니라 2021년 1월 8일로 간주됩니다.

📖 **구체적인 법률근거** 상표법 제25조

Q24 한국기업이 중국상표 출원에 있어서 우선권을 주장할 수 있는 경우는?

A24 한국기업(또는 한국인)이 중국상표 출원에 있어서 우선권을 주장할 수 있는 경우는 다음과 같습니다.

① 한국기업이 그 상표를 한국(또는 파리협약의 기타 회원국)에서 최초로 출원한 날로부터 6개월 내에 중국에서 동일한 상품에 대해 동일한 상표등록출원을 할 경우에는 우선권을 주장할 수 있음.

참고로 한국기업이 상기 우선권을 주장할 경우에는 상표국에 해당 상표등록출원을 함과 동시에 성명서를 제출하고, 3개월 내에 최초 출원서류의 부본을 제출하여야 합니다.

성명서를 제출하지 아니하였거나 기한 내에 최초 출원서류의 부본을 제출하지 아니한 경우에는 우선권을 주장하지 않은 것으로 간주합니다.

② 한국기업의 상표가 중국정부가 주최하거나 승인한 국제전시회에 전시된 상품에 최초로 사용된 경우, 해당 상품이 전시된 날로부터 6개월 내에 우선권을 주장할 수 있음.

참고로 한국기업이 상기 우선권을 주장할 경우에는 상표국에 해당 상표등록출원을 함과 동시에 성명서를 제출하고, 3개월 내에 해당 상품을 전시한 전시회의 명칭, 전시한 상품에 그 상표를 사용하였다는 증거, 전시일자 등 증명서류를 제출하여야 합니다.

성명서를 제출하지 아니하였거나 기한 내에 관련 증명서류를 제출하지 아니한 경우에는 우선권을 주장하지 않은 것으로 간주합니다.

 구체적인 법률근거 상표법 제25조, 제26조

Q25	1건의 상표등록출원을 통해 등록할 수 있는 상표의 수량은?

A25	1건의 상표등록출원을 통해 등록할 수 있는 상표의 수량은 1개입니다.

과거에는 동일한 상표일지라도 그 분류가 다르면 분류별로 각각 출원 서류를 작성해야 하였지만 2013년 상표법 개정에서는 출원절차의 간소화를 도모하여 여러 분류의 동일한 상표를 1건의 출원을 통해 등록 가능하도록 하였습니다.

예컨대 "무궁화" 상표를 제25류의 의류, 제30류의 커피 및 제35류의 광고업에 등록할 경우에는 1건의 상표등록출원을 통해서 진행 가능합니다.

다만, 같은 분류에 해당하더라도 동일하지 않은 상표일 경우에는 각각 출원서류를 작성하여야 합니다.

예컨대 제25류의 의류에 "무궁화" 와 "진달래"를 상표로 등록할 경우에는 각각 출원서류를 작성하여야 합니다.

구체적인 법률근거 상표법 제22조 제2항

Q26 등록상표의 지정상품 범위를 확대할 경우에는 어떻게 해야 하는지?

A26 등록상표는 허가된 지정상품의 범위 내에서만 전용권을 가집니다.

따라서 등록상표의 권리자가 지정상품 범위 외의 상품에 대해서도 해당 상표의 전용권을 취득하고자 할 경우에는 별도로 상표등록출원을 하여야 합니다.

예컨대 "무궁화" 상표를 제25류의 가죽신, 등산복 및 골프복을 지정상품으로 등록하였지만 모자 상품에서도 당해 상표의 전용권을 취득할 필요가 있을 경우에는 모자를 지정상품으로 별도의 상표등록을 하여야 합니다.

📖 **구체적인 법률근거** 상표법 제23조

Q27 상표등록출원은 공동으로 진행할 수 있는지?

A27 가능합니다.

여러 명의 당사자가 공동으로 동일한 상표등록출원을 할 경우에는 출원서에 한 명의 대표자를 지정해야 하며, 대표자를 지정하지 않은 경우에는 출원서에 첫 번째로 기재된 자를 대표자로 간주합니다.

아울러 위 상표등록출원 절차에 있어서 상표국은 관련 문서를 대표자에게 송달합니다.

📖 **구체적인 법률근거** 상표법실시조례 제16조

Q28 동일한 상표를 복수의 당사자가 출원한 경우에는 어떻게 처리하는지?

A28 둘 이상의 출원인이 동일·유사한 상품에 동일·유사한 상표등록출원을 한 경우에는(이하 "동일상표의 출원"이라 한다) 먼저 출원된 상표를 출원공고합니다. 즉 복수의 출원인에 의한 동일상표의 출원에 있어서 상표국은 선원주의를 실시하고 있습니다.

같은 날에 동일상표의 출원이 있을 경우, 상표국은 먼저 사용된 상표를 출원공고하며, 기타 출원인의 출원은 거절합니다. 즉 복수의 출원인이 같은 날에 동일상표의 출원을 한 경우, 상표국은 선사용주의를 적용하게 됩니다.

상기 선사용주의의 적용에 있어서 각 출원인은 상표국의 통지를 받은 날로부터 30일 내에 출원일 전에 해당 상표를 먼저 사용하였음을 입증할 수 있는 증거를 제출해야 합니다.

해당 상표를 같은 날에 사용하였거나 모두 사용하지 않은 경우, 각 출원인은 상표국의 통지를 받은 날로부터 30일 내에 자체적으로 협상하여 합의서를 상표국에 제출할 수 있습니다.

협상을 원하지 않거나 합의가 이루어지지 않은 경우, 상표국은 각 출원인에게 통지하여 추첨방식으로 하나의 출원인을 확정하고 기타 출원인의 출원은 거절하게 됩니다.

상표국이 통지하였음에도 불구하고 출원인이 추첨에 참가하지 않은 경우에는 출원을 포기한 것으로 간주합니다.

 구체적인 법률근거 상표법 제31조
상표법실시조례 제19조

A29 상표가 동일하다는 것은 두 상표가 시각적 효과 또는 두 소리상표가 청각적 감지상에서 완전히 동일하거나 기본상 차이가 없는 것을 말합니다.

기본상 차이가 없다는 것은 두 상표의 일부 부차적인 부분이 완전히 동일한 것은 아니지만 주요부분이 완전히 동일하거나 전체적으로 거의 차이가 없어 통상적인 주의력에 의해서는 관련 공중 또는 일반소비자가 시각 또는 청각상에서 양자를 구분하기 어려운 것을 말합니다.

상표의 동일 여부에 대한 판단은 상대적으로 간단하며, 국가지식재산권국에서 제정한 상표심사지침에 의하면 동일한 상표의 대표적인 사례는 다음과 같습니다.

📖 **구체적인 법률근거** 상표심사지침 239페이지

Q30	상표가 유사하다는 것은 어떤 의미인지?

A30 상표가 유사하다는 것은 문자, 도형, 자모, 숫자, 입체표장, 색채의 조합 및 소리 등 상표의 구성요소가 발음, 시각, 의미 또는 배열순서 등 면에서 일정한 구별이 있지만 전체적으로 큰 차이가 없는 것을 말합니다. 문자상표의 유사판단에는 주요하게 형태·발음·의미 등 3가지 요소를 고려해야 하고, 도형상표는 주요하게 구도·외관 및 착색을 고려해야 하며, 조합상표는 전체적인 표현형식 뿐만 아니라 현저한 부분도 고려해야 합니다.

상표의 유사 여부에 대한 판단은 상대적으로 어려우며, 국가지식재산권국에서 제정한 상표심사지침에 의하면 유사한 상표의 대표적인 사례는 다음과 같습니다.

📖 구체적인 법률근거 상표심사지침 239페이지

Q31 | 상표의 동일·유사 여부는 어떻게 판단하는지?

A31 상표의 동일·유사 여부는 다음과 같은 절차와 방법에 따라 판단하여야 합니다.

① 먼저 지정상품이 동일상품 또는 유사상품에 해당하는지 여부를 분석하여야 함5)

② 그 다음 상표 자체의 형태·발음·의미 및 전체적인 표현형식 등 방면에서 관련 공중의 통상적인 주의력과 인식력을 기준으로 이격관찰, 전체비교 및 요부비교의 방법을 채택하여 상표표장 자체가 동일 또는 유사한지 여부를 판단하여야 함

③ 아울러 상표 자체의 현저성, 선행상표의 인지도 등 요소를 고려하여 관련 공중이 상품의 출처에 대해 혼동을 초래하는지 여부를 판단하여야 함

실무상에서 상표의 유사 여부 판단은 상대적으로 높은 전문성을 요구하는 작업이기에 중국 상표대리업체의 도움을 받아 진행하는 것이 적절합니다.

📖 구체적인 법률근거 상표심사지침 240페이지

---

5) 여기에서 말하는 상품은 서비스를 포함하는 개념입니다.

| Q32 | "이격관찰"이란 무엇인지? |

| A32 | "이격관찰"이란 상표의 유사 여부 판단에 있어서 두 상표를 동시에 관찰하는 것이 아니라 각각 관찰한 후 기억에 의해 비교하는 것을 말합니다.

상표심사 실무에서 심사관은 가능한 소비자가 상품을 구매하는 진실한 장면을 가상하여 두 상표 간에 혼동이 발생하는지 여부를 판단해야 합니다.

📖 **구체적인 법률근거** 상표심사지침 240페이지

Q33	"유사상품"이란 무엇인지?

A33	"유사상품"이란 무엇인지에 대해서 국가지식재산권국과 최고법원은 각각 다음과 같이 해석하고 있습니다.

① 국가지식재산권국의 해석

"유사상품"이란 기능, 용도, 주요원료, 생산부서, 판매경로, 소비자 등 방면에서 기본적으로 동일하거나 밀접한 관련이 있는 상품을 말합니다.

② 최고법원의 해석

"유사상품"이란 기능, 용도, 생산부서, 판매경로, 소비자 등이 동일하거나 관련 공중이 보편적으로 특정한 관계가 있다고 보아 용이하게 혼동을 초래하는 상품을 말합니다.

위 국가지식재산권국의 해석은 상표등록출원심사에 있어서 적용하는 기준이고, 최고법원의 해석은 상표권침해소송에서 적용하는 기준으로서 형식상에서는 그 표현방법이 다소 다르지만 유사상품의 판단기준을 상표등록출원과 상표권침해소송 단계로 구분하여 꼭 다르게 해석해야 할 특별한 이유가 없는 바, 유사상품의 범위 및 판단방법은 두 단계에 있어서 실질적으로 동일하다고 보아야 할 것입니다.

참고로 실무상에서 상표국이나 상표평심위원회6)는 유사상품에 해당하는지 여부의 판단에 있어서 상대적으로 엄격히 유사상품분류표를 기준으로 하는 경향이지만, 중국법원은 유사상품분류표를 참고 기준의 하나로만 취급하고 최종적인 판단은 관련 공중의 보편적인 관점에 따라야 한다는 견해가 주류입니다.

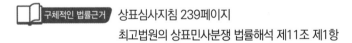 구체적인 법률근거 상표심사지침 239페이지
최고법원의 상표민사분쟁 법률해석 제11조 제1항

---

6) 실무상에서는 국가지식재산권국의 명의로 업무를 처리하고 있습니다.

A34 "유사서비스"란 무엇인지에 대해서도 국가지식재산권국과 최고법원은 각각 다음과 같이 해석하고 있습니다.

① 국가지식재산권국의 해석

"유사서비스"란 서비스의 목적, 내용, 방식, 대상, 장소 등 방면에서 기본적으로 동일하거나 밀접한 관련이 있는 서비스를 말합니다.

② 최고법원의 해석

"유사서비스"란 서비스의 목적, 내용, 방식, 대상 등이 동일하거나 관련 공중이 보편적으로 특정한 관계가 있다고 보아 용이하게 혼동을 초래하는 서비스를 말합니다.

위 국가지식재산권국의 해석은 상표등록출원심사에 있어서 적용하는 기준이고, 최고법원의 해석은 상표권침해소송에서 적용하는 기준으로서 형식상에서는 그 표현방법이 다소 다르지만 유사서비스의 판단기준을 상표등록출원과 상표권침해소송 단계로 구분하여 꼭 다르게 해석해야 할 특별한 이유가 없는 바, 유사서비스의 범위 및 판단방법은 두 단계에 있어서 실질적으로 동일하다고 보아야 할 것입니다.

참고로 실무상에서 상표국이나 상표평심위원회는 유사서비스에 해당하는지 여부의 판단에 있어서 상대적으로 엄격히 유사상품분류표를 기준으로 하는 경향이지만, 중국법원은 유사상품분류표를 참고 기준의 하나로만 취급하고 최종적인 판단은 관련 공중의 보편적인 관점에 따라야 한다는 견해가 주류입니다.

📖 구체적인 법률근거 상표심사지침 239페이지
최고법원의 상표민사분쟁 법률해석 제11조 제2항

Q35 상표등록출원에 필요한 서류는?

A35 한국기업이 중국에서의 상표등록출원에 있어서 제공해야 하는 서류 또는 정보는 구체적으로 다음과 같습니다.

순번	서류명칭	부수	비 고
1	상표대리위임장	1부	한국에서의 공증·인증 절차는 필요 없음
2	사업자등록 사본	1부	한국에서의 공증·인증 절차는 필요 없음
3	상표 견본	--	전자파일 형식으로 제공
4	지정상품	1부	구체적인 명칭을 제공하여야 함
5	중문/영문 명칭 및 주소	--	중문 명칭 및 주소에는 영문 자모가 포함되어서는 아니됨

Q36 상표국은 상표등록출원에 대해 어떤 심사를 하는지?

A36 상표국은 상표등록출원에 대해 방식심사(形式审查)와 실체심사(实质审查)를 진행하게 됩니다.

방식심사와 실체심사의 구체적인 내용에 대해서는 Q37과 Q39에 대한 답변 내용을 참고하여 주십시오.

Q37 "방식심사"란 무엇인지?

A37 "방식심사"란 상표등록출원 절차가 완비되었는지 여부, 출원서류의 작성이 법률규정에 부합되는지 여부에 대해 상표국이 심사를 진행하는 것을 말하며, 이 절차에서는 주요하게 다음과 같은 사항을 확인하게 됩니다.

① 출원인의 적격 여부

② 출원서류가 요구에 부합되는지 여부

③ 관납료를 이미 납부하였는지 여부

방식심사에 통과되었을 경우, 상표국은 해당 출원에 대해 출원번호를 부여하고 출원인에게 접수통지서를 발급합니다.

이와 반대로 방식심사에 통과되지 못하였을 경우, 상표국은 해당 출원을 접수하지 않으며 출원인에게 서면으로 통지하고 이유를 설명합니다.

그 밖에, 출원절차가 대체적으로 완비되었거나 출원서류가 대체적으로 규정에 부합하지만 보정이 필요한 경우, 상표국은 출원인에게 보정통지를 하여야 하며, 출원인은 통지를 받은 날로부터 30일 내에 지정된 내용에 따라 보정하여 상표국에 다시 제출해야 합니다.

위 기한 내에 보정하여 상표국에 다시 제출한 경우 출원일은 보류되지만, 그렇지 않을 경우 상표국은 해당 출원을 접수하지 않습니다.

 **구체적인 법률근거** 상표법실시조례 제18조 제2항

A38 중국 상표법에는 방식심사의 기한에 대한 구체적인 규정이 없습니다. 실무상에서 상표국의 방식심사에 소요되는 기간은 출원일로부터 약 1개월입니다.

| Q39 | "실체심사"란 무엇인지?

A39 "실체심사"란 방식심사에 통과된 상표에 절대적 거절사유 또는 상대적 거절사유가 존재하는지 여부에 대해 상표국이 심사를 진행하는 것을 말합니다.

절대적 거절사유의 심사에는 구체적으로 다음과 같은 사항이 포함됩니다.

① 상표로 사용할 수 없는 표장에 해당하는지 여부
   (Q13의 답변 내용 참조)

② 식별력이 없는 표장에 해당하는지 여부
   (Q12의 답변 내용 참조)

③ 입체상표 등록을 불허하는 상품의 형상에 해당하는지 여부
   (Q19의 답변 내용 참조)

④ 상표등록을 불허하는 지리적 표시에 해당하는지 여부
   (Q17의 답변 내용 참조)

그 밖에, 상대적 거절사유의 심사에는 구체적으로 다음과 같은 사항이 포함됩니다.

① 타인의 기존 상호권, 성명권, 초상권, 저작권, 디자인권 등 권리와 충돌하는지 여부

② 타인이 동일·유사한 상품에 이미 등록 또는 출원한 상표와 동일·유사한지 여부

| Q40 | 실체심사에 소요되는 기간은?

| A40 | 중국법의 규정에 따르면, 상표국은 상표등록출원서류를 받은 날로부터 9개월 내에 심사를 완료하고 출원공고결정 또는 거절결정을 내려야 합니다.

다만, 실무상에서 상기 심사에 소요되는 기간은 통상적으로 출원일로부터 약 4개월입니다.

📖 **구체적인 법률근거** 상표법 제28조

| Q41 | 실체심사의 결과는 어떻게 분류되는지?

| A41 | 상표등록출원에 대한 상표국의 실체심사 결과는 다음과 같은 3가지로 분류됩니다.

① 모든 지정상품에서의 출원을 허용하는 출원공고결정을 내림

② 모든 지정상품에서의 출원을 거절하는 결정을 내림

③ 일부 지정상품에서의 출원을 허용하는 출원공고결정을 내림과 동시에 나머지 지정상품에서의 출원을 거절하는 결정을 내림

📖 **구체적인 법률근거** 상표법실시조례 제21조

Q42 중국에서의 상표등록출원 절차에는 우선심사제도가 있는지?

A42 없습니다.

한국에는 일정한 요건을 갖춘 상표등록출원을 다른 상표등록출원보다 빠르게 심사해 주는 제도, 즉 우선심사제도가 있지만 중국에는 이러한 제도가 없습니다.

내일이라도 당장 중국에 진출하고 싶은 한국기업의 대표님이 저희 사무소를 방문하여, 중국인 친구가 1개월 내에 중국상표를 등록해 주는 대가로 2,000만 원의 보수를 요구하는데 어떻게 했으면 좋을지 모르겠다고 상담하기에, 중국에는 한국과 같은 우선심사제도가 없으므로 이것은 명백한 사기라고 조언 드렸던 사례가 있습니다.

Q43 상표국의 거절결정에 대해 출원인은 어떤 조치를 취할 수 있는지?

A43 출원인은 상표국으로부터 거절결정 통지서를 받은 날로부터 15일 내에 상표평심위원회에 심판을 청구할 수 있습니다.

상표평심위원회는 심판청구를 접수한 날로부터 9개월 내에 심판결정을 내리고 출원인에게 서면으로 통지해야 하며, 특수한 사정이 있어 심판기간을 연장할 필요가 있을 경우에는 시장감독관리총국의 허가를 거쳐 3개월 연장할 수 있습니다.

그 밖에, 출원인이 상표평심위원회의 심판결정에 불복할 경우에는 그 통지를 받은 날로부터 30일 내에 베이징 지식재산권법원에 1심 행정소송을 제기할 수 있으며, 1심 판결에 불복할 경우에는 베이징시 고급법원에 항소를 제기할 수 있습니다.

📖 **구체적인 법률근거** 상표법 제34조

Q44	상표공존합의서만 있으면 동일·유사한 상표도 등록 가능한지?

A44 2021년 6월까지 상표국에 등록되어 있는 상표의 누계 총 수량은 약 3,355만건에 달합니다. 따라서 현재 한국기업들이 중국에서 의미나 발음이 괜찮은 영문 또는 중문 상표등록출원을 할 경우에는 이미 등록되었거나 선출원된 상표(이하 "인용상표"라 한다)와 동일하거나 유사하다는 이유로 거절되는 경우가 많습니다.

이러한 경우, 상표대리업체들이 제기하는 해결방안 중의 하나가 바로 심판절차에서 인용상표의 등록인과 체결한 상표공존합의서[7]를 상표평심위원회에 제출하는 것입니다.

그렇다면 중국에서 과연 상표공존합의서만 있으면 인용상표가 존재함에도 불구하고 동일·유사한 상표(이하 "후출원상표"라 한다)도 등록 가능한지에 대해 살펴보도록 하겠습니다.

중국 상표법 제30조에 의하면, 출원한 상표가 타인이 동일·유사한 상품에 있어서 이미 등록하였거나 출원공고결정을 받은 상표와 동일·유사한 경우, 상표국은 출원을 거절하고 공고하지 않게 됩니다. 또한 중국 상표법에는 상표공존합의에 대한 아무런 규정도 없습니다.

따라서 후출원상표가 인용상표와 동일하거나 유사할 경우에는 상표공존합의서의 유무와 관계없이 해당 출원은 마땅히 거절되어야 할 것으로 보이며, 실무상에서도 중국법원은 상표공존합의서의 효력을 무조건 부정하는 태도였습니다.

그런데 최근 몇 년사이 중국법원은 점차 제한된 범위 내에서 상표공존합의서의 효력을 승인하는 쪽으로 입장을 바꾸었으며, 상표공존합의서에 기초하여 후출원상표의 등록허용 여부를 결정함에 있어서 주요하게 다음과 같은 사항들을 고려하고 있습니다.

---

7) 인용상표의 등록인이 후출원된 유사상표의 등록에 대해 동의한다는 내용의 서류를 말합니다.

① 상표공존합의서의 형식 및 내용

- 당사자 쌍방이 모두 합의서의 구속을 받는 데 동의하였는지 여부

- 당사자 쌍방이 모두 합의서에 서명 또는 날인하였는지 여부

- 인용상표와 후출원상표의 혼동을 방지하는 조치에 대한 약정을 하였는지 여부

② 관련 공중의 혼동 가능성

- 인용상표와 후출원상표의 지정상품이 유사하면 유사할수록 혼동 가능성이 높음

- 인용상표와 후출원상표가 유사하면 유사할수록 혼동 가능성이 높음

- 혼동 가능성이 높을수록 상표공존합의서의 효력을 인정하지 않을 확률이 높아짐

③ 공중이익 및 시장질서에 대한 손해

- 인용상표와 후출원상표의 공존을 허용하였을 경우, 공중이익 및 시장질서에 대한 손해가 클 것으로 예상되면 상표공존합의서의 효력을 인정하지 않을 가능성이 높음

- 국민건강 및 공중안전과 관련된 상표공존합의서는 그 효력 인정에 있어서 더욱 조심스러운 입장을 취하여 최대한 관련 공중의 혼동 및 오인을 방지하여야 함

즉 실무상에서 상표공존합의서만 있으면 인용상표와 동일·유사한 후출원상표의 등록이 무조건 보장되는 것은 아니지만 일정한 조건을 충족하는 전제하에서 등록 가능성이 대폭 높아집니다.

Q45 중국상표 등록에 필요한 비용은?

A45 상표등록에 필요한 비용은 주요하게 관납료와 출원대리비용입니다. 그 밖에, 상표등록출원이 거절되어 심판을 청구할 경우에는 심판대리 비용도 발생하게 됩니다.

관납료는 상표국에 지급해야 하는 비용으로서 구체적인 기준은 다음 과 같습니다.

① 종이형식으로 상표등록출원을 진행할 경우

1개 상표 1개 상품 별로 300위안이며, 지정한 상품의 종류가 10개 를 초과할 경우에는 초과된 1개 상품마다 30위안의 관납료를 추가 납부하여야 함.

② 전자파일형식으로 상표등록출원을 진행할 경우

1개 상표 1개 상품 별로 270위안이며, 지정한 상품의 종류가 10개 를 초과할 경우에는 초과된 1개 상품마다 27위안의 관납료를 추가 납부하여야 함.

예컨대 "아모레퍼시픽" 상표를 화장품(제3류)과 의류(제25류)에 종이 형식으로 상표등록출원을 할 경우에 필요한 관납료는 600위안(300위 안×2)이며, 제3류 및 제25류에서 지정한 상품의 종류가 각각 15개와 12개일 경우에는 총 210위안(30위안×5+30위안×2)의 관납료를 추 가 납부해야 합니다.

출원대리비용 및 심판대리비용은 상표업무를 대리하는 중국 특허법인 이나 법률사무소에 지급하는 비용으로서 그 기준은 업체별로 다르며 가격은 협상할 수 있습니다.

한국기업의 차원에서는 가격도 저렴하고 서비스도 좋은 중국 상표대 리업체를 선정하는 것이 베스트이겠지만, 한국어로 소통도 가능하고 서비스도 좋은 상표대리업체는 일반적인 업체에 비해 어느정도 가격 이 높습니다.

실무상에서는 한국기업들이 언어장벽으로 인해 한국 특허법인에 중국 상표 관련 업무를 의뢰하고 한국 특허법인이 다시 중국 상표대리업체에 의뢰하는 경우가 많지만, 지금은 한국어로 대응할 수 있는 중국 상표대리업체도 적지 않기에 한국기업들이 직접 중국 상표대리업체에 의뢰하는 케이스가 점차 증가하고 있습니다.

Q46 | 중국상표 등록에 소요되는 기간은?

저희들의 실무경험에 의하면, 통상적으로는 출원일로부터 7개월 정도의 기간이 소요됩니다.

상표국은 출원서류를 받은 날로부터 9개월 내에 심사를 완료하고 등록요건을 충족한다고 판단할 경우에는 출원공고를 하며, 해당 출원에 대해 이의를 신청할 수 있는 기한은 출원공고일로부터 3개월입니다.

위 기한 내에 누군가의 이의신청이 없을 경우, 상표국은 해당 상표의 등록을 허가하고 상표등록증을 발급하게 됩니다.

다만, 위 기한 내에 이의신청이 있을 경우, 해당 상표의 출원은 거절될 리스크도 있으며, 이의신청이 최종적으로 기각될지라도 등록절차는 많이 지연됩니다.

구체적인 법률근거 상표법 제28조, 제33조, 제35조

제3장
중국상표 무단선점
대응방법

제3장
중국상표 무단선점 대응방법

Q47 중국기업이 한국기업의 상표를 무단 선점하였을 경우의 대응방법은?

A47 실무상에서 중국기업이 한국기업의 상표를 중국에서 무단 선점하는 사례가 다발하고 있습니다. 특히 화장품, 의류, 식품, 유아용품, 완구, 외식업 등 한류와 관련된 산업분야에서 한국기업의 피해사례가 더욱 많습니다.

무단선점에 대한 한국기업의 가장 효과적인 대응방법은 중국에서의 조속한 상표등록출원과 우선권주장이지만, 중국기업이 이미 한국기업의 상표를 중국에서 출원하였거나 등록하였을 경우의 대응방법은 상황별로 다음과 같습니다.

① 이의신청

중국기업이 한국기업의 상표를 무단 출원하였고 상표국이 실체심사를 거쳐 출원공고결정을 내린 경우, 한국기업은 공고일로부터 3개월 내에 상표국에 이의신청을 제기할 수 있음.

② 무효선고

중국기업이 한국기업의 상표를 무단 출원하여 등록 받았을 경우, 한국기업은 상표등록일로부터 5년 내에 상표평심위원회에 해당 상표의 무효선고를 청구할 수 있음.

③ 불사용취소

중국기업이 한국기업의 상표를 무단 출원하여 등록 받았고 또한 등록일로부터 이미 3년이 경과하였으며, 중국기업이 해당 상표를 상업적으로 사용한 실적이 없다고 추정될 경우, 한국기업은 상표국에 해당 상표의 불사용취소를 청구할 수 있음.

④ 양수도협상

위 3가지 방법에 의한 대응이 불가능하다고 판단되거나 부득이한 사정으로 인해 조속히 무단 선점된 상표를 회수해야 할 경우, 한국 기업은 중국기업과 해당 상표의 양수도협상을 진행할 수 있음.

⑤ 신규상표출원

위 4가지 방법에 의한 대응이 불가능하거나 그 대가가 너무 클 경우에는 무단 선점된 상표를 과감하게 포기함과 동시에 조속히 신규 상표를 고안하여 출원하는 방법도 검토해 볼 수 있음.

📖 **구체적인 법률근거** 상표법 제33조, 제45조 제1항, 제49조 제2항

▪▪▪▪ 제1절 이의신청

Q48 | 이의신청의 구체적인 사유에는 어떤 것이 있는지?

A48 이의신청을 제기할 수 있는 구체적인 사유는 다음과 같습니다.

① 동일·유사한 상품에 출원한 상표가 타인이 중국에서 등록하지 않은 저명상표를 복제·모방 또는 번역한 것이어서 혼동을 초래하기 쉬운 경우

② 동일하지 않거나 유사하지 않은 상품에 출원한 상표가 타인이 이미 중국에서 등록한 저명상표를 복제·모방 또는 번역한 것이어서 공중에게 혼동을 초래하고 당해 저명상표 등록인의 이익에 손해를 끼칠 우려가 있을 경우

③ 대리인 또는 대표자가 자신의 명의로 피대리인 또는 피대표자의 상표를 무단 출원한 경우

④ 동일·유사한 상품에 출원한 상표가 타인이 먼저 사용한 미등록상표와 동일·유사하며, 출원인이 타인과 계약관계, 업무거래관계 또는

기타 관계가 있어 해당 상표가 존재함을 명백히 알고 있는 경우

⑤ 출원한 상표에 상품의 지리적 표시가 있지만 해당 상품이 그 지리적 표시에 기재된 지역에서 유래하지 않아 공중을 오도하는 경우

⑥ 출원한 상표가 타인이 동일·유사한 상품에 이미 등록한 상표 또는 출원공고결정을 받은 상표와 동일·유사한 경우

⑦ 출원한 상표가 선원주의 원칙에 위배되는 경우

⑧ 출원한 상표가 선사용주의 원칙에 위배되는 경우

⑨ 출원한 상표가 타인의 선권리에 손해를 주는 경우

⑩ 출원한 상표가 타인이 이미 사용하였고 또한 일정한 영향력이 있는 상표를 부당한 수단으로 선점하는 것에 해당하는 경우

⑪ 사용을 목적으로 하지 않는 악의적인 상표등록출원에 해당하는 경우

⑫ 상표로 사용할 수 없는 표장으로 상표등록출원을 한 경우

⑬ 식별력이 없는 표장으로 상표등록출원을 한 경우

⑭ 입체상표로의 등록이 금지된 상품의 형상으로 상표등록출원을 한 경우

⑮ 상표대리업체가 그 대행서비스업 범위를 초과하여 자체상표의 등록출원을 한 경우

학리상에서 상기 사유 중의 ①~⑩은 "상대적 거절사유"로 분류되며, ⑪~⑮는 "절대적 거절사유"로 분류됩니다.

📖 구체적인 법률근거 상표법 제4조, 제10조, 제11조, 제12조, 제13조 제2항 및 제3항, 제15조, 제16조 제1항, 제19조 제4항, 제30조, 제31조, 제32조, 제33조

| Q49 | 이의신청을 제기할 자격이 있는 당사자는 누구인지? |

| A49 | 이의신청을 제기할 자격이 있는 당사자는 거절사유의 종류에 따라 다음과 같이 분류됩니다. |

거절사유	이의신청인
상대적 거절사유	선권리자 또는 이해관계자
절대적 거절사유	누구든지 가능함

※ 상대적 거절사유와 절대적 거절사유는 Q48의 답변 내용을 참고하여 주십시오.

참고로 여기에서 말하는 "이해관계자"는 선권리의 피허가자 또는 상속인, 선권리자의 지배주주 등을 포함합니다.

 구체적인 법률근거 **상표법 제33조**

| Q50 | 거래관계가 있는 중국기업이 한국기업의 상표를 무단 출원하였을 경우에는 어떤 사유로 이의신청을 제기할 수 있는지? |

A50 중국기업과 한국기업 간에 발생한 업무거래의 종류가 다름에 따라 한국기업이 이의신청을 제기하는 사유도 다르며, 구체적으로 다음과 같습니다.

순번	업무거래의 종류	이의신청 사유
1	- 중국기업이 한국기업의 대리상임 (독점대리상 여부와는 관계없음)	- 대리인 또는 대표자가 자신의 명의로 피대리인 또는 피대표자의 상표를 무단 출원한 경우
2	- 중국기업이 한국기업과 대리상 이외의 기타 업무관계가 있음(예컨대 매매, OEM, 프랜차이즈, 투자, 협찬, 행사공동주최, 업무고찰, 업무협상, 광고대리 및 기타 상업거래)	- 동일·유사한 상품에 출원한 상표가 타인이 먼저 사용한 미등록상표와 동일·유사하며, 출원인이 타인과 계약관계, 업무거래관계 또는 기타 관계가 있어 해당 상표가 존재함을 명백히 알고 있는 경우

참고로 두번째 이의신청 사유 중의 "…타인이 먼저 사용한 미등록상표…"는 한국기업이 중국에서 먼저 사용한 미등록상표에 제한됩니다.

그 밖에, 위 이의신청에 있어서는 중국기업이 신의성실의 원칙을 위반하였음을 부대적인 이의신청 사유로 할 수도 있습니다.

📖 구체적인 법률근거 상표법 제7조 제1항, 제15조, 제33조
상표심사지침 348페이지

Q51 거래관계가 없는 중국기업이 한국기업의 상표를 무단 출원하였을 경우에는 어떤 사유로 이의신청을 제기할 수 있는지?

A51 한국기업의 상표를 무단 출원한 중국기업이 상표브로커[8]로 판단될 가능성이 높은지 여부에 따라 한국기업이 이의신청을 제기하는 사유도 다르며, 실무상에서 의거하고 있는 이의신청 사유는 주로 다음과 같습니다.

순번	상표브로커 여부	이의신청 사유
1	상표브로커일 가능성이 높음	- 출원한 상표가 타인의 선권리에 손해를 주는 경우 - 출원한 상표가 타인이 이미 사용하였고 또한 일정한 영향력이 있는 상표를 부당한 수단으로 선점하는 것에 해당하는 경우 - 사용을 목적으로 하지 않는 악의적인 상표등록출원에 해당하는 경우
2	상표브로커일 가능성이 낮음	- 출원한 상표가 타인의 선권리에 손해를 주는 경우 - 출원한 상표가 타인이 이미 사용하였고 또한 일정한 영향력이 있는 상표를 부당한 수단으로 선점하는 것에 해당하는 경우

참고로 상기 이의신청 사유 중의 "타인이 이미 사용하였고 또한 일정한 영향력이 있는 상표"는 한국기업이 중국에서 이미 사용한 실적이 있고 또한 중국에서 일정한 인지도가 있는 미등록상표를 의미합니다.

그 밖에, 위 이의신청에 있어서는 중국기업이 신의성실의 원칙을 위반하였음을 부대적인 이의신청 사유로 할 수도 있습니다.

📖 구체적인 법률근거 상표법 제4조 제1항, 제7조 제1항, 제32조

---

8) 중국법이나 판례에는 상표브로커에 대한 명확한 규정, 해석이 없기에 상표브로커에 해당하는지 여부는 중국기업이 출원 또는 등록한 상표의 수량, 지정상품, 구체적인 내용, 사업규모, 상표양도 상황 등을 종합적으로 고려하여 판단해야 합니다.

| Q52 | 이의신청에서 제출해야 하는 서류는 어떤 것인지? |

| A52 | 한국기업이 중국기업을 상대로 상표국에 이의신청을 제기할 경우에 필요한 서류는 다음과 같습니다. |

순번	서류명칭	비 고
1	상표이의신청서류 목록	– 규정된 서식이 있음
2	상표이의신청서	– 규정된 서식이 있음
3	상표이의이유서	– 규정된 서식이 있음
4	증거목록	– 규정된 서식이 있음
5	증거자료	– 외국어로 작성된 증거자료는 중문으로 번역하여야 함 – 한국에서 형성된 일반적인 증거자료에 대해서는 한국에서 공증·인증 받을 필요가 없지만 중요한 증거자료일 경우에는 한국에서 공증·인증 받는 것이 적절함
6	위임장	– 규정된 서식이 있음 – 한국에서 공증·인증 받을 필요는 없음
7	사업자등록증 사본	– 이의신청인이 한국인일 경우에는 여권 또는 주민등록증 사본을 제출해야 함 – 사업자등록증, 여권 및 주민등록증은 중문으로 번역하여야 함 – 사업자등록증, 여권 및 주민등록증 사본을 한국에서 공증·인증 받을 필요는 없음
8	선권리자 또는 이해관계자 증명	– 상대적 거절사유에 의한 이의신청에 제한됨 – 상대적 거절사유에 대한 해석은 Q48에 대한 답변 내용 참조

상기 모든 서류는 각각 2부씩 제출하여야 합니다.

Q53 이의신청을 제기할 수 있는 기한은?

A53 출원공고일로부터 3개월입니다.

즉, 이의신청을 제기할 자격이 있는 당사자는 상표국이 실체심사에 통과된 계쟁상표를 출원공고한 날로부터 3개월 내에 상표국에 이의신청을 제기할 수 있습니다.

📖 구체적인 법률근거 **상표법 제33조**

A54 이의신청의 구체적인 절차는 다음과 같습니다.

① 상표국이 실체심사에 통과된 계쟁상표를 공고한 후, 이의신청을 제기할 자격이 있는 당사자(이하 "이의신청인"이라 한다)는 상표국에 이의신청을 제기할 수 있음

② 상표국은 이의신청인과 피이의신청인이 진술한 사실 및 이유를 청취하고 조사·확인을 거친 후 공고기간 만료일로부터 12개월 내에 계쟁상표의 등록 여부를 결정함과 동시에 이의신청인과 피이의신청인에게 서면으로 통지하여야 함

③ 특수한 사정이 있어 위 기한을 연장할 필요가 있을 경우에는 시장감독관리총국의 허가를 거쳐 6개월 연장할 수 있음

④ 상표국이 계쟁상표에 대한 등록거절결정을 하고 피이의신청인이 해당 결정에 불복할 경우에는 통지를 받은 날로부터 15일 내에 상표평심위원회에 심판을 청구할 수 있음

⑤ 상표평심위원회는 청구를 접수한 날로부터 12개월 내에 심판결정을 하고 이의신청인과 피이의신청인에게 서면으로 통지하여야 함

⑥ 특수한 사정이 있어 위 기한을 연장할 필요가 있을 경우에는 시장감독관리총국의 허가를 거쳐 6개월 연장할 수 있음

 **구체적인 법률근거** 상표법 제35조

A55 한국기업이 중국기업을 상대로 제기한 이의신청에서 성공하였을 경우에는 계쟁상표의 등록을 저지하는 효과를 볼 수 있지만 계쟁상표가 자동적으로 한국기업의 명의로 등록되는 것은 아닙니다.

따라서 한국기업은 이의신청을 제기함과 동시에 계쟁상표의 신규출원도 함께 진행할 필요가 있습니다. 그렇지 않을 경우, 비록 한국기업이 이의신청을 통해 성공적으로 중국기업에 의한 계쟁상표의 등록을 저지하였다고 해도 제3자가 한국기업보다 먼저 계쟁상표와 동일·유사한 상표의 등록을 출원하면 한국기업은 시간과 비용만 허비하였을 뿐 아무것도 얻는 게 없습니다.

아울러 한국기업은 계쟁상표의 신규출원 시기에 대해서도 유의할 필요가 있습니다. 왜냐하면 중국 상표실무에 있어서 상표등록출원에 대한 심사기간은 약 4개월이지만 이의신청에 대한 심리기간은 약 10개월이기에 의의신청을 제기한 후 한국기업이 계쟁상표를 너무 빨리 출원하면 이의신청절차에서 계쟁상표에 대한 등록거절결정이 내려지기 전에 신규출원에 대한 심사절차가 완료되어 신규출원이 거절될 수 있으며, 반대로 한국기업이 계쟁상표를 너무 늦게 출원하면 제3자가 먼저 계쟁상표와 동일·유사한 상표의 등록을 출원할 수 있는 리스크가 그만큼 커지기 때문입니다.

따라서 저희들은 실무상에서 이의신청을 제기하는 시점과 이의신청 후 3개월 증거보충 기간이 만료되는 시점에서 각각 한 번씩 계쟁상표에 대한 신규출원을 진행할 것을 한국기업들에 권장하고 있습니다.

그 밖에, 이의신청절차에서 계쟁상표에 대한 등록거절결정이 아직 내려지지 않았지만 해당 계쟁상표의 존재를 이유로 상표국이 신규출원에 대한 거절결정을 내렸을 경우, 한국기업은 상표평심위원회에 등록거절결정 불복심판을 제기함과 동시에 계쟁상표에 대한 이의신청절차가 진행되고 있음을 설명하여, 상표평심위원회가 이의신청 결과에 기초하여 불복심판결정을 내려줄 것을 요청할 수 있습니다.

Q56 이의신청 결과에 불복할 경우의 대응방법은?

A56 이의신청 결과에 불복할 경우의 대응방법은 당사자별로 다르며, 구체적으로 다음과 같습니다.

① 피이의신청인의 경우

피이의신청인이 계쟁상표에 대한 상표국의 등록거절결정에 불복할 경우에는 먼저 상표평심위원회에 심판을 청구할 수 있습니다.

아울러 피이의신청인이 상표평심위원회의 결정에 불복할 경우에는 통지를 받은 날로부터 30일 내에 베이징 지식재산권법원에 1심 행정소송을 제기할 수 있고, 1심 판결에 불복할 경우에는 베이징시 고급법원에 항소를 제기할 수 있으며, 베이징시 고급법원의 판결은 확정판결로 됩니다.

② 이의신청인의 경우

이의신청인이 계쟁상표에 대한 상표국의 등록허가결정에 대해 불복할 경우에는 상표평심위원회에 심판을 청구할 수 없고, 계쟁상표가 등록된 후 무효선고를 청구할 수밖에 없습니다.

중국 상표법에 이러한 제도설계를 한 이유는 이의신청인에게도 상표국의 결정에 대한 심판청구권을 부여하게 되면 상표등록에 소요되는 기간이 지나치게 길어져 출원인의 경제활동에 불편을 초래하기 때문입니다.

📖 **구체적인 법률근거** 상표법 제35조

Q57 아직 공고되지 않은 상표에 대해 이의를 제기할 수 있는지?

A57 제기할 수 없습니다.

중국기업이 출원한 계쟁상표가 한국기업이 중국에서 아직 등록하지 않은 상표를 도용한 것이라면 한국기업은 계쟁상표가 공고된 후에 비로소 이의신청을 제기할 수 있습니다.

Q58 상표 심사단계에서 상표국에 정보제공을 할 수 있는지?

A58 정보제공을 할 수 없습니다.

한국에서는 출원된 상표가 등록되지 말아야 할 정당한 이유가 있을 경우, 제3자가 해당 상표등록출원에 대해 한국특허청에 정보제공을 하는 방식으로 대응할 수도 있지만, 중국에는 이러한 정보제공제도가 없습니다.

Q59 이의신청 관련 행정소송의 피고는 누구인지?

A59 피이의신청인이 상표평심위원회의 등록불허심판결정에 불복하여 베이징 지식재산권법원에 행정소송을 제기할 경우 피고는 상표평심위원회입니다.

아울러 상표평심위원회에 비해 행정소송의 결과와 더욱 밀접한 이해관계가 있는 이의신청인은 제3자의 신분으로 소송에 참여할 수밖에 없습니다.

따라서 이의신청 관련 행정소송의 법정심리에 있어서 피고는 담담한 표정으로 간략하게 변론의견을 진술하는 것과는 정반대로 제3자가 엄숙한 표정으로 변론의견을 자세히 진술하고 원고와 격돌하는 아이러니한 상황이 자주 발생하고 있습니다.

중국 법조계와 학계에서도 상표 이의신청 관련 행정소송은 특수한 소송이므로 그 피고를 목전의 상표평심위원회로부터 이의신청인으로 개정해야 한다는 목소리가 점차 높아지고 있습니다.

Q60 무효선고의 구체적인 사유에는 어떤 것이 있는지?

A60 이미 등록된 상표에 대해 무효선고를 할 수 있는 구체적인 사유는 다음과 같습니다.

① 타인이 중국에서 등록하지 않은 저명상표를 복제, 모방 또는 번역하여 동일·유사한 상품에 상표등록을 한 경우

② 타인이 중국에서 등록한 저명상표를 복제, 모방 또는 번역하여 동일하지 않거나 유사하지 않은 상품에 상표등록을 한 경우

③ 대리인 또는 대표자가 자신의 명의로 피대리인 또는 피대표자의 상표를 무단 등록한 경우

④ 동일·유사한 상품에 등록한 상표가 타인이 먼저 사용한 미등록상표와 동일·유사하며, 상표등록인이 타인과 계약관계, 업무거래관계 또는 기타 관계가 있어 해당 상표가 존재함을 명백히 알고 있는 경우

⑤ 등록상표에 상품의 지리적 표시가 있지만 해당 상품이 그 지리적 표시에 기재된 지역에서 유래하지 않아 공중을 오도하는 경우

⑥ 등록상표가 타인이 동일·유사한 상품에 이미 등록한 상표 또는 출원공고결정을 받은 상표와 동일·유사한 경우

⑦ 등록상표가 선원주의 원칙에 위배되는 경우

⑧ 등록상표가 선사용주의 원칙에 위배되는 경우

⑨ 등록상표가 타인의 선권리에 손해를 주는 경우

⑩ 등록상표가 타인이 이미 사용하였고 또한 일정한 영향력이 있는 상표를 부당한 수단으로 선점한 것에 해당하는 경우

⑪ 사용을 목적으로 하지 않는 악의적인 상표등록에 해당하는 경우

⑫ 상표로 사용할 수 없는 표장으로 상표등록을 한 경우

⑬ 식별력이 없는 표장으로 상표등록을 한 경우

⑭ 입체상표로의 등록이 금지된 상품의 형상으로 상표등록을 한 경우

⑮ 상표대리업체가 그 대행서비스업 범위를 초과하여 자체상표를 등록한 경우

⑯ 기만적 수단이나 기타 부당한 수단으로 상표등록을 한 경우

즉 상표 이의신청과 무효선고의 사유는 거의 비슷하다고 보시면 됩니다.

따라서 계쟁상표에 대해 이의신청을 제기하였으나 상표국이 최종적으로 등록을 허여하는 결정을 내렸을 경우, 이의신청인은 동일한 이유로 상표평심위원회에 무효선고를 청구할 수 있으며, 이러한 경우에는 일사부재리의 원칙이 적용되지 않습니다.

참고로 학리상에서 상기 사유 중의 ①~⑩은 "상대적 무효사유"로 분류되며, ⑪~⑯은 "절대적 무효사유"로 분류됩니다.

 상표법 제4조, 제10조, 제11조, 제12조, 제13조 제2항 및 제3항, 제15조, 제16조 제1항, 제19조 제4항, 제30조, 제31조, 제32조, 제44조, 제45조

| Q61 | 무효선고를 청구할 자격이 있는 당사자는 누구인지? |

| A61 | 무효선고를 청구할 자격이 있는 당사자는 무효사유의 종류에 따라 다음과 같이 분류됩니다.

무효사유	무효선고 청구자
상대적 무효사유	선권리자 또는 이해관계자
절대적 무효사유	누구든지 가능함

※ 상대적 무효사유와 절대적 무효사유는 Q60의 답변 내용을 참고하여 주십시오.

참고로 여기에서 말하는 "이해관계자"는 선권리의 피허가자 또는 상속인, 선권리자의 지배주주 등을 포함합니다.

아울러 절대적 무효사유에 해당할 경우, 상표국은 자체적으로 계쟁상표에 대한 무효를 선고할 수도 있습니다.

구체적인 법률근거 상표법 제44조 제1항, 제45조 제1항

Q62	거래관계가 있는 중국기업이 한국기업의 상표를 무단 등록하였을 경우에는 어떤 사유로 무효선고를 청구할 수 있는지?

A62 중국기업과 한국기업 간에 발생한 업무거래의 종류가 다름에 따라 한국기업이 무효선고를 청구할 수 있는 사유도 다르며, 구체적으로 다음과 같습니다.

순번	업무거래의 종류	무효선고 사유
1	중국기업이 한국기업의 대리상임 (독점대리상 여부와는 관계없음)	대리인 또는 대표자가 자신의 명의로 피대리인 또는 피대표자의 상표를 무단 출원한 경우
2	중국기업이 한국기업과 대리상 이외의 기타 업무관계가 있음(예컨대 매매, OEM, 프랜차이즈, 투자, 협찬, 행사공동주최, 업무고찰, 업무협상, 광고대리 및 기타 상업거래)	동일·유사한 상품에 출원한 상표가 타인이 먼저 사용한 미등록상표와 동일·유사하며, 출원인이 타인과 계약관계, 업무거래관계 또는 기타 관계가 있어 해당 상표가 존재함을 명백히 알고 있는 경우

참고로 두번째 무효선고 사유 중의 "…타인이 먼저 사용한 미등록상표…"는 한국기업이 중국에서 먼저 사용한 미등록상표에 제한됩니다.

그 밖에, 위 무효선고 청구에 있어서는 중국기업이 신의성실의 원칙을 위반하였음을 부대적인 무효선고 사유로 할 수도 있습니다.

📖 **구체적인 법률근거** 상표법 제7조 제1항, 제15조, 제45조 제1항
상표심사지침 348페이지

Q63	거래관계가 없는 중국기업이 한국기업의 상표를 무단 등록하였을 경우에는 어떤 사유로 무효선고를 청구할 수 있는지?

A63 한국기업의 상표를 무단 등록한 중국기업이 상표브로커[9]인지 여부에 따라 한국기업이 무효선고를 청구할 수 있는 사유도 다르며, 실무상에서 의거하고 있는 무효선고 사유는 주로 다음과 같습니다.

순번	상표브로커 여부	무효선고 사유
1	상표브로커일 가능성이 높음	- 등록상표가 타인의 선권리에 손해를 주는 경우 - 등록상표가 타인이 이미 사용하였고 또한 일정한 영향력이 있는 상표를 부당한 수단으로 선점한 것에 해당하는 경우 - 사용을 목적으로 하지 않는 악의적인 상표등록에 해당하는 경우 - 기타 부당한 수단으로 상표등록을 한 경우
2	상표브로커일 가능성이 낮음	- 등록상표가 타인의 선권리에 손해를 주는 경우 - 등록상표가 타인이 이미 사용하였고 또한 일정한 영향력이 있는 상표를 부당한 수단으로 선점한 것에 해당하는 경우

참고로 상기 무효선고 사유 중의 "타인이 이미 사용하였고 또한 일정한 영향력이 있는 상표"는 한국기업이 중국에서 이미 사용한 실적이 있고 또한 중국에서 일정한 인지도가 있는 미등록상표를 의미합니다.

그 밖에, 위 무효선고 청구에 있어서는 중국기업이 신의성실의 원칙을 위반하였음을 부대적인 무효선고 사유로 할 수도 있습니다.

📖 구체적인 법률근거 상표법 제4조 제1항, 제7조 제1항, 제32조, 제44조 제1항, 제45조 제1항

---

9) 중국법이나 판례에는 상표브로커에 대한 명확한 규정이나 해석이 없기에 상표브로커에 해당하는지 여부는 중국기업이 출원 또는 등록한 상표의 수량, 지정상품, 구체적인 내용, 사업규모, 상표양도 상황 등을 종합적으로 감안하여 판단해야 합니다.

Q64 무효선고 청구에서 제출해야 하는 서류는 어떤 것인지?

A64 한국기업이 중국기업이나 중국인을 상대로 무효선고를 청구할 경우에 필요한 서류는 다음과 같습니다.

순번	서류명칭	비 고
1	상표무효선고 청구서류 목록	- 규정된 서식이 있음
2	상표무효선고 청구서	- 규정된 서식이 있음
3	상표무효선고 청구이유서	- 규정된 서식이 있음
4	증거목록	- 규정된 서식이 있음
5	증거자료	- 외국어로 작성된 증거자료는 중문으로 번역하여야 함 - 한국에서 형성된 일반적인 증거자료에 대해서는 한국에서 공증·인증 받을 필요가 없지만 중요한 증거자료일 경우에는 한국에서 공증·인증 받는 것이 적절함
6	위임장	- 규정된 서식이 있음 - 한국에서 공증·인증 받을 필요는 없음
7	사업자등록증 사본	- 무효선고청구인이 한국인일 경우에는 여권 또는 주민등록증 사본을 제출해야 함 - 사업자등록증, 여권 및 주민등록증은 중문으로 번역하여야 함 - 사업자등록증, 여권 및 주민등록증 사본을 한국에서 공증·인증 받을 필요는 없음
8	선권리자 또는 이해관계자 증명	- 상대적 무효사유에 의한 무효선고청구에 제한됨 - 상대적 무효사유에 대한 해석은 Q60에 대한 답변 내용 참조

Q65	무효선고를 청구할 수 있는 기한은?

A65	무효선고를 청구할 수 있는 기한은 무효사유의 종류에 따라 다르며, 구체적으로 다음과 같습니다.

① 절대적 무효사유10)에 해당할 경우

- 상표국은 언제든지 자체적인 판단에 의해 무효선고를 결정할 수 있음

- 누구나 언제든지 상표평심위원회에 무효선고를 청구할 수 있음

② 상대적 무효사유11)에 해당할 경우

- 선권리자 또는 이해관계자는 상표등록일로부터 5년 내에 상표평심위원회에 무효선고를 청구할 수 있음

- 저명상표에 대한 악의적인 등록에 해당할 경우, 그 소유자는 언제든지 무효선고를 청구할 수 있음

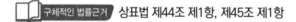 **구체적인 법률근거** 상표법 제44조 제1항, 제45조 제1항

Q66	무효선고의 절차는 어떻게 되는지?

A66	무효선고의 절차는 그 무효사유가 다름에 따라 일정한 차이가 있으며, 구체적으로 다음과 같습니다.

① 상대적 무효사유에 해당할 경우

- 상표평심위원회는 계쟁상표에 대한 선권리자 또는 이해관계자의 무효선고 청구를 접수한 후, 관련 당사자에게 서면으로 통지하여 기한 내에 답변하도록 하여야 함

- 상표평심위원회는 청구를 접수한 날로부터 12개월 내에 계쟁상

---

10) Q60에 대한 답변 내용 참조
11) Q60에 대한 답변 내용 참조

표의 유지 또는 무효선고 재결을 함과 동시에 당사자에게 서면으로 통지하여야 함

- 특수한 사정이 있어 위 기한을 연장할 필요가 있을 경우에는 시장감독관리총국의 허가를 거쳐 6개월 연장할 수 있음

- 무효선고와 관련된 선권리의 확정이 법원에서 심리하고 있거나 행정기관에서 처리하고 있는 다른 사건의 결과를 근거로 하는 경우, 상표평심위원회는 심사를 중지할 수 있음

② 절대적 무효사유에 해당할 경우

ㄱ 상표국의 직권에 의한 무효선고

- 상표국은 계쟁상표에 대한 무효선고결정을 당사자에게 서면으로 통지하여야 함

- 당사자가 상표국의 결정에 불복할 경우에는 통지를 받은 날로부터 15일 내에 상표평심위원회에 심판을 청구할 수 있음

- 상표평심위원회는 청구를 접수한 날로부터 9개월 내에 재결함과 동시에 당사자에게 서면으로 통지하여야 함

- 특수한 사정이 있어 위 기한을 연장할 필요가 있을 경우, 시장감독관리총국의 허가를 거쳐 3개월 연장할 수 있음

ㄴ 누군가의 청구에 의한 무효선고

- 누군가가 상표평심위원회에 계쟁상표의 무효선고를 청구한 경우, 상표평심위원회는 청구를 접수한 후 관련 당사자에게 서면으로 통지하여 기한 내에 답변을 제출하도록 하여야 함

- 상표평심위원회는 청구를 접수한 날로부터 9개월 내에 계쟁상표 유지 또는 무효선고의 재결을 함과 동시에 당사자에게 서면으로 통지하여야 함

- 특수한 사정이 있어 위 기한을 연장할 필요가 있을 경우, 시장감독관리총국의 허가를 거쳐 3개월 연장할 수 있음

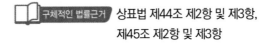 구체적인 법률근거 **상표법 제44조 제2항 및 제3항, 제45조 제2항 및 제3항**

Q67 무효선고 절차에 있어서의 유의점은?

A67 한국기업이 중국기업을 상대로 진행한 무효선고 절차에서 성공하였을 경우에는 계쟁상표의 등록을 무효 시키는 효과를 볼 수 있지만 계쟁상표가 자동적으로 한국기업에 이전되는 것은 아닙니다.

따라서 한국기업은 무효선고 청구를 제기함과 동시에 계쟁상표의 신규출원도 함께 진행할 필요가 있습니다. 그렇지 않을 경우, 비록 한국기업이 무효선고 절차를 통해 성공적으로 계쟁상표를 무효 시켰다 해도 제3자가 한국기업보다 먼저 계쟁상표와 동일·유사한 상표의 등록을 출원하면 한국기업은 시간과 비용만 허비하였을 뿐 아무것도 얻는 게 없습니다.

아울러 한국기업은 계쟁상표의 신규출원 시기에 대해서도 유의할 필요가 있습니다. 왜냐하면 중국 상표실무에 있어서 상표등록출원에 대한 심사기간은 약 4개월이지만 무효선고에 대한 심리기간은 약 9개월이기에 무효선고 절차를 시작한 후 한국기업이 계쟁상표를 너무 빨리 출원하면 무효선고 절차에서 계쟁상표에 대한 무효결정이 내려지기 전에 신규출원에 대한 심사절차가 완료되어 신규출원이 거절될 수 있으며, 반대로 한국기업이 계쟁상표를 너무 늦게 출원하면 제3자가 먼저 계쟁상표와 동일·유사한 상표의 등록을 출원할 수 있는 리스크가 그만큼 커지기 때문입니다.

따라서 저희들은 실무상에서 무효선고 청구를 제기하는 시점과 무효선고 청구를 제기한 후 3개월 증거보충 기간이 만료되는 시점에서 각각 한 번씩 계쟁상표에 대한 신규출원을 진행할 것을 한국기업들에 권장하고 있습니다.

그 밖에, 무효선고 절차에서 계쟁상표에 대한 무효결정이 아직 내려지지 않았지만 해당 계쟁상표의 존재를 이유로 상표국이 신규출원에 대한 거절결정을 내렸을 경우, 한국기업은 상표평심위원회에 거절결정 불복심판을 제기함과 동시에 계쟁상표에 대한 무효선고 절차가 진행되고 있음을 설명하여, 상표평심위원회가 무효선고 결과에 기초하여 불복심판결정을 내려줄 것을 요청할 수 있습니다.

Q68	무효선고 관련 재결에 불복할 경우의 대응방법은?

A68

당사자가 상표평심위원회의 무효선고 관련 재결에 불복할 경우에는 그 통지를 받은 날로부터 30일 내에 베이징 지식재산권법원에 1심 행정소송을 제기할 수 있으며, 법원은 상표 재결절차의 상대방 당사자에게 제3자의 신분으로 소송에 참가하도록 통지해야 합니다.

아울러 당사자가 1심 판결에 불복할 경우에는 베이징시 고급법원에 항소할 수 있으며, 베이징시 고급법원의 판결은 확정판결입니다.

📖 구체적인 법률근거 상표법 제44조 제3항, 제45조 제2항

Q69	무효선고 관련 행정소송의 피고는 누구인지?

A69

당사자가 상표평심위원회의 무효선고 관련 재결에 불복하여 베이징 지식재산권법원에 행정소송을 제기할 경우, 피고는 상표평심위원회입니다.

상표평심위원회에 비해 행정소송의 결과와 더욱 밀접한 이해관계가 있는 상대방 당사자는 제3자의 신분으로 소송에 참여할 수밖에 없습니다.

따라서 무효선고 관련 행정소송의 법정심리에 있어서 피고는 담담한 표정으로 간략하게 변론의견을 진술하는 것과는 정반대로 제3자가 엄숙한 표정으로 변론의견을 자세히 진술하고 원고와 격돌하는 아이러니한 상황이 자주 발생하고 있습니다.

중국 법조계와 학계에서도 상표 무효선고 관련 행정소송은 특수한 소송이므로 그 피고를 목전의 상표평심위원회로부터 당사자로 개정해야 한다는 목소리가 점차 높아지고 있습니다.

Q70 불사용취소는 어떤 제도인지?

A70 중국이나 한국을 포함한 대부분 국가가 표방하고 있는 상표등록제도의 취지는 경영자에게 특정 상표의 배타적사용권을 부여함으로써 자타 상품의 출처를 식별하도록 하는 데 있습니다.

따라서 상표를 등록하기만 하고 정당한 이유 없이 장기적으로 사용하지 않는 것은 상표자원의 중대한 낭비에 해당할 뿐만 아니라 타인의 정상적인 상업활동을 방해하는 행위로 볼 수도 있습니다.

상표등록제도의 이러한 입법취지와 등록상표 불사용이 초래하는 부작용을 감안하여, 중국에서도 등록상표를 정당한 이유 없이 연속 3년간 사용하지 않은 경우, 해당 상표를 취소하는 제도를 두고 있습니다.

어떠한 경우가 상표사용에 해당하는지에 대해서는 Q82에 대한 답변 내용을 참조하여 주십시오.

📖 구체적인 법률근거 / 상표법 제49조 제2항

| Q71 | 불사용취소를 청구할 자격이 있는 당사자는 누구인지? |

| A71 | 누구든지 가능합니다. |

중국법에서는 등록상표 불사용취소를 청구할 수 있는 자격에 대해 특별한 제한을 두지 않고 있습니다.

따라서 등록일로부터 이미 3년이 경과된 등록상표에 대해서는 누구든지 상표국에 불사용취소를 청구할 수 있습니다.

참고로 과거에는 상표국이 능동적으로 등록상표의 불사용취소를 결정할 수도 있었지만, 이러한 제도는 2013년 상표법 개정에서 폐지되었습니다.

📖 구체적인 법률근거 상표법 제49조 제2항

| Q72 | 불사용취소 청구에서 제출해야 하는 서류는 어떤 것인지? |

| A72 | 한국기업이 중국기업을 상대로 등록상표 불사용취소 청구를 제기할 경우에 필요한 서류는 다음과 같습니다. |

순번	서류명칭	비 고
1	불사용취소 신청서	- 규정된 서식이 있음
2	위임장	- 규정된 서식이 있음 - 한국에서 공증·인증 받을 필요는 없음
3	사업자등록증 사본	- 청구인이 한국인일 경우에는 여권 또는 주민등록증 사본을 제출해야 함 - 사업자등록증, 여권 및 주민등록증은 중문으로 번역하여야 함 - 사업자등록증, 여권 및 주민등록증 사본을 한국에서 공증·인증 받을 필요는 없음

Q73 불사용취소의 절차는 어떻게 되는지?

A73 불사용취소의 구체적인 절차는 다음과 같습니다.

① 상표국은 불사용취소 청구를 접수한 날로부터 9개월 내에 계쟁상표의 취소 여부를 결정하여야 함

② 특수한 사정이 있어 위 기한을 연장할 필요가 있을 경우, 시장감독관리총국의 허가를 거쳐 3개월 연장할 수 있음

③ 당사자가 상표국의 결정에 불복할 경우에는 통지를 받은 날로부터 15일 내에 상표평심위원회에 심판을 청구할 수 있음

④ 상표평심위원회는 청구를 접수한 날로부터 9개월 내에 재결함과 동시에 당사자에게 서면으로 통지하여야 함

⑤ 특수한 사정이 있어 위 기한을 연장할 필요가 있을 경우, 시장감독관리총국의 허가를 거쳐 3개월 연장할 수 있음

📖 **구체적인 법률근거** 상표법 제49조 제2항, 제54조

Q74	불사용취소는 어떻게 결정하는지?

A74 상표국은 계쟁상표에 대한 불사용취소 청구를 접수한 후 상표등록인에게 통지하여 2개월 내에 다음과 같은 두 가지 사항 중의 하나를 충족시킬 것을 요구합니다.

- 청구일로부터 역산하여 3년 내에 계쟁상표를 실제로 사용하였음을 입증할 수 있는 증거자료를 제출해야 함

- 위 기간 내에 계쟁상표를 실제로 사용하지 아니하였을 경우에는 정당한 이유로 인해 계쟁상표를 사용하지 아니하였음을 설명해야 함

상기 통지일로부터 2개월이 경과하였지만 상표등록인이 계쟁상표의 사용에 관한 증거자료를 제출하지 않았거나 제출한 증거자료가 무효하며 또한 계쟁상표의 불사용에 관한 정당한 이유가 없을 경우, 상표국은 계쟁상표에 대해 등록취소결정을 내립니다.

아울러 "사용에 관한 증거자료"는 상표등록인이 자체적으로 계쟁상표를 사용한 증거자료 및 타인에게 계쟁상표의 사용을 허가한 증거자료를 모두 포함합니다.

실무상에서 중국법원은 상표사용에 대해 비교적 엄격한 기준을 적용하고 있으며, 등록 유지를 목적으로 하는 상징적인 상표사용은 상표법 의미상의 사용으로 인정하지 않습니다.

📖 구체적인 법률근거 **상표법실시조례 제66조 제1항 및 제2항**

| Q75 | 정당한 이유에 의한 등록상표 불사용은 어떤 것인지? |

| A75 | 정당한 이유가 있어 등록상표를 사용하지 못한 경우는 다음과 같습니다.

① 불가항력

"불가항력"이란 예견할 수 없고 회피할 수 없으며 극복할 수 없는 객관적인 상황을 말합니다. 대표적인 예로서 지진·홍수·태풍·전쟁 등이 있으며, 불가항력으로 인해 경제활동에 종사할 수 없어 등록상표를 사용할 수 없을 경우에는 정당한 이유에 의한 등록상표 불사용으로 인정받을 수 있습니다.

② 정부의 정책적 제한

정부의 정책적 제한에는 특정 종류의 상품에 대한 판매금지령, 수출입제한, 특별허가 등이 포함되며, 이러한 금지령이나 제한으로 인해 경제활동에 종사할 수 없어 등록상표를 사용할 수 없을 경우에는 정당한 이유에 의한 등록상표 불사용으로 인정받을 수 있습니다.

③ 파산으로 인한 청산

중국법에 의하면 기업이 파산으로 인한 청산절차에 진입하면 경제활동에 종사할 수 없습니다. 또한 이로 인해 등록상표를 사용할 수 없을 경우에는 정당한 이유에 의한 등록상표 불사용으로 인정받을 수 있습니다.

④ 상표등록인의 책임이 아닌 기타 정당한 사유

등록상표의 불사용이 상표등록인의 주관적인 의사와 관계없는 기타 정당한 사유에 의한 것인지 여부에 대해서는 구체적인 상황별로 분석할 필요가 있습니다.

구체적인 법률근거 상표법실시조례 제67조

Q76 불사용취소 절차에 있어서의 유의점은?

A76 한국기업이 중국기업을 상대로 제기한 불사용취소 청구에서 성공하였을 경우에는 계쟁상표의 등록을 취소하는 효과를 볼 수 있지만 계쟁상표가 자동적으로 한국기업의 명의로 이전되는 것은 아닙니다.

따라서 한국기업은 불사용취소 청구를 제기함과 동시에 계쟁상표의 신규출원도 함께 진행할 필요가 있습니다. 그렇지 않을 경우, 비록 한국기업이 불사용취소 청구를 통해 성공적으로 계쟁상표의 등록을 취소하였다고 해도 제3자가 한국기업보다 먼저 계쟁상표와 동일·유사한 상표의 등록을 출원하면 한국기업은 시간과 비용만 허비하였을 뿐 아무것도 얻는 게 없습니다.

아울러 한국기업은 계쟁상표의 신규출원 시기에 대해서도 유의할 필요가 있습니다. 왜냐하면 중국 상표실무에 있어서 상표등록출원에 대한 심사기간은 약 4개월이지만 불사용취소 청구에 대한 심리기간은 약 6개월이기에 불사용취소 청구를 제기한 후 한국기업이 계쟁상표를 너무 빨리 출원하면 불사용취소 절차에서 계쟁상표에 대한 취소결정이 내려지기 전에 신규출원에 대한 심사절차가 완료되어 신규출원이 거절될 수 있으며, 반대로 한국기업이 계쟁상표를 너무 늦게 출원하면 제3자가 먼저 계쟁상표와 동일·유사한 상표의 등록을 출원할 수 있는 리스크가 그만큼 커지기 때문입니다.

따라서 저희들은 실무상에서 불사용취소 청구를 제기할 때와 청구를 제기한 후 약 4개월이 되는 시점에서 각각 한 번씩 계쟁상표에 대한 신규출원을 진행할 것을 한국기업들에 권장하고 있습니다.

그 밖에, 불사용취소 절차에서 계쟁상표에 대한 취소결정이 아직 내려지지 않았지만 해당 계쟁상표의 존재를 이유로 상표국이 신규출원에 대한 거절결정을 내렸을 경우, 한국기업은 상표평심위원회에 거절결정불복심판을 제기함과 동시에 계쟁상표에 대한 불사용취소 절차가 진행되고 있음을 설명하여, 상표평심위원회가 불사용취소 결과에 기초하여 불복심판결정을 내려줄 것을 요청할 수 있습니다.

Q77 불사용취소심판 결정에 불복할 경우의 대응방법은?

A77 당사자가 상표평심위원회의 불사용취소심판 결정에 불복할 경우에는 그 통지를 받은 날로부터 30일 내에 베이징 지식재산권법원에 1심 행정소송을 제기할 수 있으며, 법원은 심판절차의 상대방 당사자에게 제3자의 신분으로 소송에 참가하도록 통지해야 합니다.

아울러 당사자가 1심 판결에 불복할 경우에는 베이징시 고급법원에 항소할 수 있으며, 베이징시 고급법원의 판결은 확정판결입니다.

📖 **구체적인 법률근거** 상표법 제54조

Q78 불사용취소심판 관련 행정소송의 피고는 누구인지?

A78 당사자가 상표평심위원회의 불사용취소심판 결정에 불복하여 베이징 지식재산권법원에 행정소송을 제기할 경우, 피고는 상표평심위원회입니다.

상표평심위원회에 비해 행정소송의 결과와 더욱 밀접한 이해관계가 있는 상대방 당사자는 제3자의 신분으로 소송에 참여할 수밖에 없습니다.

따라서 불사용취소심판 관련 행정소송의 법정심리에 있어서 피고는 담담한 표정으로 간략하게 변론의견을 진술하는 것과는 정반대로 제3자가 엄숙한 표정으로 변론의견을 자세히 진술하고 원고와 격돌하는 아이러니한 상황이 자주 발생하고 있습니다.

중국 법조계와 학계에서도 상표 불사용취소심판 관련 행정소송은 특수한 소송이므로 그 피고를 목전의 상표평심위원회로부터 당사자로 개정해야 한다는 목소리가 점차 높아지고 있습니다.

Q79 양수도협상을 통한 중국상표 무단선점 분쟁해결은 어떤 장단점이 있는지?

A79 앞부분에서 설명 드린 바와 같이, 중국기업이 이미 한국기업의 상표를 중국에서 출원하였거나 등록 받았을 경우, 한국기업은 이의신청, 무효심판 또는 불사용취소 청구를 통해 상표권회수의 장애물로 되는 중국기업의 상표를 제거할 수 있습니다.

다만, 상기 법률절차에 있어서 중국기업이 적극적으로 대응하여 심판이나 행정소송도 마다하지 않을 경우에는 한국기업이 선점된 상표권을 성공적으로 회수할 가능성이 낮아질 뿐만 아니라 최종결과를 보기까지 통상적으로 6~7개월 이상의 기간이 소요되며 심지어 수년간 지속되는 경우도 비일비재합니다.

하루빨리 중국시장에 진출할 필요가 있거나 선점된 상표를 포기할 수 없는 부득이한 사정이 있는 한국기업에 대해 상기 법률절차로 인한 시간적 코스트와 사업상의 불확실성은 감당하기 어려울 수도 있습니다.

따라서 한국기업이 양수도협상을 통해 중국기업으로부터 해당 상표권을 회수할 경우의 가장 큰 장점은 짧은 기간 내에 상표권을 유효하게 확보할 수 있다는 것입니다. 물론 이러한 장점의 대가로 적지 않은 양도대금(경우에는 거금)을 지불해야 한다는 단점이 수반됩니다.

상표권 양수도의 구체적인 절차 및 필요한 서류 등에 대해서는 다음 장의 내용을 참조하여 주십시오.

Q80	무단선점 상표 양수도협상에서의 유의점은?

A80 한국기업이 중국기업과 진행하는 양수도협상의 궁극적인 목표는 보다 적은 양도금으로 법률 리스크가 최소화된 무단선점 상표(이하 "계쟁상표"라 한다)를 짧은 기간 내에 회수하는 것이며, 이러한 목표를 실현하기 위해서는 다음과 같은 사항에 유의할 필요가 있습니다.

① 계쟁상표에 법률상의 하자가 존재하는지 여부에 대한 확인

물심양면으로 많은 대가를 치러 힘들게 양도받은 계쟁상표가 제3자의 등록상표 또는 선출원 상표와 유사하여 최종적으로 등록이 거절되거나 취소될 경우, 이러한 양수도협상은 당초에 진행하지 않기보다도 못합니다.

따라서 중국기업과의 양수도협상을 시작하기 전에 상표대리업체에 의뢰하여 상기 법률상의 하자가 존재하는지 여부에 대해 꼼꼼히 확인할 필요가 있습니다.

② 중국업체나 중국인을 통한 양수도협상 진행

한국기업, 특히 규모가 큰 한국기업이 직접 중국기업에 계쟁상표의 양도를 제안하면 중국기업은 통상적으로 보다 많은 양도대금, 심지어 천문학적인 양도대금을 요구하게 됩니다.

한국기업이 중국에서도 계쟁상표를 확보하려고 하는 것은 한국기업에 대한 계쟁상표의 중요성을 충분히 설명하고 있기 때문입니다.

따라서 실무상에서 한국기업은 상표대리업체에 의뢰하여 중국업체나 중국인(이하 "협상대리인"이라 한다)의 명의로 해당 중국기업과 계쟁상표에 대한 양수도협상을 진행하는 것이 통상적입니다.

아울러 위 업무의뢰에 있어서 상표대리업체는 협상대리인에게 한국기업의 구체적인 신분을 밝히지 않는 것이 적절합니다.

③ 협상대리인의 계쟁상표 무상양도 의무에 관한 약정

협상대리인이 계쟁상표를 양도 받은 후 이러저러한 이유로 한국기업에 대한 계쟁상표의 무상양도를 거부하는 것을 방지하기 위해 상표대리업체는 관련 의무사항을 기재한 계약서를 협상대리인과

미리 체결하여 두는 것이 적절합니다.

해당 계약서에도 한국기업의 구체적인 정보를 기재할 필요는 없고, "협상대리인은 중국기업으로부터 계쟁상표를 양도 받은 후, 즉시 상표대리업체가 지정하는 제3자에게 계쟁상표를 무상으로 양도해야 한다"는 취지의 약정을 두면 됩니다.

제4장
중국상표의 사용, 양도 및 갱신

제4장
중국상표의 사용, 양도 및 갱신

Q81 "상표사용"이란 무엇인가?

A81 상표법 의미상의 "상표사용"이란 상표를 상품, 상품의 포장 또는 용기 및 상품의 거래문서에 사용하거나 상표를 광고·홍보, 전시 및 기타 상업활동에 사용하여 상품의 출처를 식별하도록 하는 행위를 말합니다.

상표사용에 대한 해석방법은 한 상표의 등록, 존망 및 상표권침해 판단과 관련되는 중요한 문제입니다.

예컨대 상표등록에 있어서의 선사용주의, 타인이 이미 사용하였고 일정한 영향력이 있는 상표의 등록금지, 3년 불사용으로 인한 등록상표의 취소, OEM계약 관련 상표권침해 등은 모두 상표사용을 어떻게 해석하는지에 따라서 그 결과가 완전히 달라질 수 있습니다.

📖 구체적인 법률근거 **상표법 제31조, 제32조, 제48조, 제49조 제2항**

Q82 상표사용은 구체적으로 어떤 형식을 포함하는지?

A82 상표심사지침에 따르면 "상표사용"은 구체적으로 다음과 같은 형식을 포함합니다.

① 상표가 지정상품에 사용되는 구체적인 형식

- 접착, 각인, 낙인 또는 편직 등의 방식으로 상표를 상품, 상품의 포장·용기·라벨 등에 부착하거나 상품에 추가된 표어판, 제품설명서, 카탈로그, 가격표 등에 사용하는 것

- 상품판매계약, 영수증, 어음, 인수증, 상품수출입검역검사증명, 통관신고서류, 전자상거래경영의 거래서류 또는 거래기록 등을 포함한 상품판매 관련 거래문서에 상표를 사용하는 것

- 상표를 TV·라디오, 인터넷 등 미디어에 사용하거나 공개적으로 발행하는 출판물에 발표하는 것 및 광고판, 우편광고 또는 기타 광고방식으로 상표 또는 상표가 사용된 상품에 대해 광고·홍보를 진행하는 것

- 상표를 전시회 및 박람회에서 사용하는 것(전람회의 인쇄물 및 기타 자료, 사원증, 안내판, 배경판 등에 상품과 서비스의 출처를 제시하는 용도로 사용하는 것을 포함하지만 이에 국한되지 않음)

- 상표사용이 국가기관, 검사기관, 감정기관 및 산업협회에서 발행하는 법률문서, 증명문서에 체현되는 것

- 법률규정에 부합하는 기타 사용형식

② 상표가 지정서비스에 사용되는 구체적인 형식

- 상표를 서비스장소에 직접 사용하는 것(서비스의 카탈로그, 서비스장소의 간판, 매장의 장식, 업무인원의 복장, 포스터, 메뉴판, 가격표, 추첨권, 사무용 문구, 편지지 및 기타 지정서비스와 관련된 용품에 사용하는 것을 포함)

- 상표를 서비스와 관련된 문서자료에 사용하는 것(예컨대 영수증, 송금서, 서비스제공계약서, 유지보수증명서, 전자상거래경영의 거래서류 또는 거래기록 등을 포함)

- 상표를 TV·라디오, 인터넷 등 미디어에 사용하거나 공개적으로 발행하는 출판물에 발표하는 것 및 광고판·우편광고 또는 기타 광고방식으로 상표 또는 상표가 사용된 서비스에 대해 광고·홍보를 진행하는 것

- 상표를 전시회 및 박람회에서 사용하는 것(전람회의 인쇄물 및 기타 자료, 사원증, 안내판, 배경판 등에 상품과 서비스의 출처를 제시하는 용도로 사용하는 것을 포함하지만 이에 국한되지 않음)

- 상표사용이 국가기관, 검사기관, 감정기관 및 산업협회에서 발행하는 법률문서, 증명문서에 체현되는 것

- 법률규정에 부합하는 기타 사용형식

다만, 상표심사지침은 국가지식재산권국이 제정한 것이기에 중국법원은 상표사용 여부의 판단에 있어서 위 규정의 제한을 받을 필요가 없으며, 상표사용의 구체적인 형식에 대해 위 규정과 다른 해석을 할 가능성도 충분히 존재합니다.

참고로 상표법 의미상의 상표사용은 중국(홍콩, 마카오 및 대만은 제외함) 내에서의 사용으로 제한됩니다. 따라서 한국에서 아무리 유명한 상표일지라도 중국에서 사용된 실적이 없으면 상표의 등록, 유지 및 권리보호 등 절차에 있어서 불이익을 당할 수 있습니다.

구체적인 법률근거 ▶ 상표심사지침 368, 369 페이지

Q83 상표사용으로 인정받지 못하는 경우는?

A83 상표심사지침에 따르면 다음과 같은 경우에는 상표법상의 "상표사용"으로 인정받지 못합니다.

① 상표등록정보의 공포 또는 상표등록인이 그 등록상표에 대해 향유하고 있는 전용권에 관한 성명

② 공개된 상업분야에서 사용하지 않음

③ 등록상표의 주요한 부분 또는 현저한 특징을 변경하여 사용함

④ 양도 또는 허가 행위만 있을 뿐 실제로 사용하지 않음

⑤ 상표등록유지만을 목적으로 상징적으로 사용함

위 규정 중의 ①과 ④는 최고법원의 사법해석에서도 상표사용으로 인정하지 않는 경우로 규정되어 있습니다.

아울러 베이징시 제1중급법원은 재판실무에 있어서 상표권 관련 소송, 행정단속 등 법률조치는 상표법 의미상의 상표사용에 해당하지 아니한다는 취지로 판시한 바 있습니다.

 상표심사지침 368페이지
최고법원의 상표행정사건 법률해석 제26조 제3항

Q84 등록상표의 문자나 도형을 변경하여 사용할 수 있는지?

A84 등록상표의 문자나 도형을 임의로 변경하여 사용할 수 없습니다.

상표등록인이 등록상표의 문자나 도형을 임의로 변경하여 사용하였을 경우에는 먼저 관할 시장감독관리국에서 기한을 정하여 시정을 명합니다.

위 시정명령에도 불구하고 상표등록인이 기한 내에 해당 불법행위를 시정하지 아니한 경우, 상표국은 그 등록상표를 취소하게 됩니다.

등록상표를 변경하여 사용할 필요가 있을 경우에는 상표국에 신규로 상표등록출원을 하여 등록받은 후에 사용하는 것이 적절합니다. 그렇지 않을 경우에는 타인의 등록상표에 대한 권리침해 또는 원 등록상표가 취소되는 법률 리스크가 존재합니다.

다만, 실무상에서 사용상의 수요로 인해 등록상표를 미세하게 변경하여 사용하는 것까지 상표국이나 시장감독관리부서가 일일이 관여하는 것은 아닙니다.

 상표법 제49조 제1항

Q85 흑백으로 된 등록상표를 컬러로 변경하여 사용할 수 있는지?

A85 가능합니다.

다만, 이러한 경우에 있어서 컬러상표는 등록상표가 아니므로 "注冊商标"12) 또는 등록기호13)를 표기할 수 없습니다.

 상표법 제56조

---

12) 등록상표의 중문표기입니다.
13) 등록기호는 Ⓡ 또는 ⓡ 입니다.

Q86 등록상표를 지정상품 이외의 상품에 사용할 수 있는지?

A86 사용할 수 있습니다.

다만, 이러한 경우에는 미등록상표의 사용에 해당하기 때문에 타인이 해당 상품에 당해 상표와 동일·유사한 상표를 사용하는 것을 제지할 수 없습니다.

그 밖에, 타인이 해당 상품에 당해 상표와 동일·유사한 상표를 이미 등록하였을 경우에는 타인의 등록상표에 대한 권리침해를 구성할 리스크도 존재합니다.

Q87 상표등록인의 명칭 또는 주소가 변경되면 어떻게 해야 하는지?

A87 상표등록인의 명칭 또는 주소는 상표등록출원에 있어서 필수기재사항에 해당합니다.

따라서 상표등록인의 명칭 또는 주소가 변경될 경우에는 중국에서 등록한 모든 상표에 대해 상표국에 변경등기신청을 하여야 합니다.

위 변경등기신청을 언제까지 하여야 하는지에 대해서는 중국법에 명확한 규정이 없지만 가급적으로 빨리 진행하는 것이 적절합니다.

그렇지 않을 경우, 해당 등록상표는 상표국에 의해 취소될 리스크가 존재할 뿐만 아니라 권리행사에 있어서 차질이 발생할 수도 있습니다.

📖 구체적인 법률근거 상표법 제41조, 제49조 제1항

Q88 미등록상표를 등록상표로 사칭하면 어떤 법률책임이 발생하는지?

A88 미등록상표를 등록상표로 사칭하여 사용한 경우, 관할 시장감독관리 부서가 이를 제지하고 기한 내에 시정할 것을 명합니다.

또한 미등록상표를 등록상표로 사칭하여 진행한 경영행위의 불법경영 금액이 5만 위안 이상인 경우, 시장감독관리국은 불법경영금액의 20% 이하에 해당하는 과태료를 부과할 수 있으며, 불법경영금액이 없거나 5만 위안 미만인 경우에는 1만 위안 이하의 과태료를 부과할 수 있습니다.

📖 **구체적인 법률근거** 상표법 제52조

Q89 미등록상표를 타인에게 사용허가 할 수 있는지?

A89 사용허가 할 수 있습니다.

중국법에는 미등록상표의 사용을 타인에게 허가하는 것을 금지하는 규정이 없습니다.

아울러 실무상에서 중국법원이 미등록상표 사용허가계약일지라도 당사자 간의 진실한 의사표시에 의한 것이고 그 내용이 법률규정에 위반되지 않을 경우에는 유효하다고 인정한 판례도 존재합니다.

Q90	등록상표 사용허가에는 어떤 종류가 있는지?

A90	상표등록인은 그 등록상표를 자체적으로 사용할 수 있을 뿐만 아니라 상표사용허가계약의 체결을 통해 타인에게 등록상표의 사용을 허가할 수도 있습니다.

아울러 중국법의 규정에 따르면 등록상표 사용허가에는 다음과 같은 3가지 종류가 있습니다.

① 독점사용허가

상표등록인이 약정된 기간과 지역 내에서 약정된 방식으로 그 등록상표를 하나의 피허가자에게 사용을 허가함.

이러한 사용허가에 있어서 상표등록인은 제3자에게 동일한 방식으로 등록상표의 사용을 허가할 수 없을 뿐만 아니라 본인도 동일한 방식으로 등록상표를 사용할 수 없음.

② 배타사용허가

상표등록인이 약정된 기간과 지역 내에서 약정된 방식으로 그 등록상표를 하나의 피허가자에게 사용을 허가함.

이러한 사용허가에 있어서 상표등록인은 비록 제3자에게 동일한 방식으로 등록상표의 사용을 허가할 수 없지만 본인은 동일한 방식으로 등록상표를 사용할 수 있음.

③ 통상사용허가

상표등록인이 약정된 기간과 지역 내에서 약정된 방식으로 그 등록상표를 타인에게 사용을 허가함.

이러한 사용허가에 있어서 상표등록인은 제3자에게 동일한 방식으로 등록상표의 사용을 허가할 수 있을 뿐만 아니라 본인도 동일한 방식으로 등록상표를 사용할 수 있음.

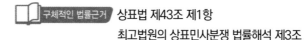 구체적인 법률근거 상표법 제43조 제1항
최고법원의 상표민사분쟁 법률해석 제3조

Q91 등록상표 사용허가에 있어서 유의해야 하는 사항은?

A91 등록상표 사용허가에 있어서 상표등록인은 그 등록상표를 사용하는 피허가자의 상품 품질을 감독하여야 하며, 피허가자는 해당 등록상표를 사용하는 상품의 품질을 보증하여야 합니다.

다만, 현행 중국법에는 상표등록인과 피허가자가 상기 품질감독 및 보증의무를 위반하였을 경우에 대한 구체적인 처벌조항이 없습니다.

아울러 등록상표 사용허가에 있어서 피허가자는 등록상표를 사용하는 상품에 자신의 명칭과 상품의 산지를 명시할 의무가 있습니다.

피허가자가 상기 규정을 위반하였을 경우에는 먼저 관할 시장감독관리부서에서 기한 내에 시정할 것을 명합니다. 기한 내에 시정하지 아니할 경우에는 판매정지를 명하며, 판매정지를 거절할 경우에는 10만 위안 이하의 과태료를 부과하게 됩니다.

구체적인 법률근거 상표법 제43조 제1항 및 제2항
상표법실시조례 제71조

Q92 등록상표 사용허가는 반드시 상표국에 등기해야 하는지?

A92 중국법에 따르면 타인에게 등록상표사용을 허가할 경우, 허가자는 그 상표사용허가를 상표국에 보고하여 등기해야 하며, 상표국은 이를 공고하게 됩니다.

다만, 허가자가 상기 규정을 따르지 않아도 이에 대한 구체적인 처벌 조항이 없기에 위 등기절차는 반드시 진행해야 하는 사항은 아닙니다.

그렇지만 여기에서 유의해야 할 점은 등록상표 사용허가에 대해 등기 절차를 진행하지 않았을 경우에는 선의의 제3자에게 대항할 수 없다는 것입니다.

예컨대 상표등록인 A가 K상표에 대한 독점사용권을 B에게 허가하였지만 상표국에 등기절차를 진행하지 않았습니다. 그 후, A는 C에게도 K상표의 사용을 허가하였고, C는 A가 이미 B에게 K상표의 독점사용권을 허가한 사실을 모르는 상황 하에서 해당 상표를 사용하였을 경우, B는 그 독점사용권에 기초하여 C에게 K상표의 사용중지를 요청할 수 없습니다.

그 밖에, 상표 로열티를 외국에 송금할 경우에는 은행에 상표국의 상표사용허가 관련 등기증명서류도 제출할 필요가 있습니다.

따라서 등록상표 사용허가에 관한 상표국의 등기절차는 실무상에서 필수라고 볼 수 있습니다.

 **구체적인 법률근거** 상표법 제43조 제3항

Q93 한국기업의 등록상표 사용허가 등기에 필요한 서류는?

A93 한국기업의 등록상표 사용허가 등기에 필요한 서류는 다음과 같습니다.

순번	서류명칭	비 고
1	상표사용허가 등기표	- 규정된 서식이 있음
2	위임장	- 규정된 서식이 있음 - 한국에서 공증·인증 받을 필요는 없음
3	사업자등록증 사본	- 상표등록인이 한국인일 경우에는 여권 또는 주민등록증 사본을 제출해야 함 - 사업자등록증, 여권 및 주민등록증은 중문으로 번역하여야 함 - 사업자등록증, 여권 및 주민등록증 사본을 한국에서 공증·인증 받을 필요는 없음

Q94 등록상표 사용허가계약에는 어떤 조항들이 포함되는지?

A94 중국법에는 등록상표 사용허가계약의 필수조항에 대한 구체적인 규정이 없지만 실무상에서는 통상적으로 다음과 같은 조항들이 포함됩니다.

① 허가자와 피허가자의 명칭, 주소 및 법인대표

② 사용을 허가하는 등록상표의 명칭 및 그 등록증번호

③ 사용을 허가하는 상품의 범위

④ 사용허가의 종류

⑤ 사용허가의 기한

⑥ 로열티 및 지불방식

⑦ 피허가자가 등록상표를 사용하는 상품의 품질에 대한 허가자의 감독권

⑧ 등록상표를 사용하는 상품에 대한 피허가자의 품질보장의무

⑨ 등록상표를 사용하는 상품에 대한 피허가자의 명칭 및 산지 명시 의무

⑩ 등록상표 사용허가의 등기

⑪ 계약해지

⑫ 위약책임

⑬ 준거법

⑭ 분쟁해결방식

⑮ 기타 조항

Q95 등록상표 사용허가계약은 언제부터 효력을 발생하는지?

A95 등록상표 사용허가계약은 체결일 또는 당사자 간에 약정한 날로부터 효력을 발생합니다.

즉 당사자간에 별도의 약정이 있는 경우를 제외하고 등록상표 사용허가에 관한 상표국의 등기절차 진행 여부는 사용허가계약의 효력에 영향을 끼치지 않습니다.

구체적인 법률근거 최고법원의 상표민사분쟁 법률해석 제19조

Q96	한국기업이 취득한 상표 로열티에 대해 중국에서 세금을 납부해야 하는지?

A96	한국기업이 중국기업에게 등록상표의 사용을 허가하고 그 대가로 로열티를 취득하였을 경우에는 중국에서 증치세(增值税)14), 기업소득세 및 인지세(印花税)를 납부할 의무가 있습니다.

예컨대 한국기업과 중국기업이 체결한 등록상표사용허가계약서의 약정에 의해 중국기업이 한국기업에 100만 위안의 로열티(세금포함)를 지급할 경우, 한국기업이 중국 세무당국에 납부해야 하는 구체적인 세금 금액은 다음과 같습니다.

① 증치세

　　100만 위안÷(1+6%)×6%=56,603위안

② 기업소득세

　　100만 위안÷(1+6%)×10%=94,339위안

③ 인지세15)

　　100만 위안×0.05%=500위안

아울러 중국기업은 한국기업을 대신해 로열티로부터 상기 세금을 공제하여 중국 세무당국에 납부할 의무가 있습니다.

---

14) 한국의 부가세에 상당하는 세금입니다.
15) 법률개정에 의해 인지세율은 2022년 7월 1일부터 0.03%로 인하됩니다.

Q97 등록상표 양도계약에는 어떤 조항들이 포함되는지?

A97 중국법에는 등록상표 양도계약의 필수조항에 대한 구체적인 규정이 없지만 실무상에서는 통상적으로 다음과 같은 조항들이 포함됩니다.

① 양도자와 양수자의 명칭, 주소 및 법인대표

② 양도하는 등록상표의 명칭 및 그 등록증번호

③ 양도대금 및 지불방식

④ 등록상표를 사용하는 상품에 대한 양수자의 품질보장의무

⑤ 등록상표 양도신청 절차

⑥ 계약해지

⑦ 위약책임

⑧ 준거법

⑨ 분쟁해결방식

⑩ 기타 조항

Q98 동일·유사한 상품에 등록된 여러 개의 유사상표를 보유하고 있을 경우, 일부만 양도 가능한지?

A98 불가능합니다.

중국법의 규정에 따르면 등록상표의 양도에 있어서 양도자는 자신이 동일한 상품에 등록한 유사상표 또는 유사한 상품에 등록한 동일·유사한 상표도 함께 양도하여야 합니다.

예컨대 A사가 제32류의 맥주 및 제32류의 과일주스를 지정상품으로 등록된 두 개의 CASS상표를 보유하고 있을 경우, A사는 두 개의 상표를 복수의 양수인에게 양도하거나 그 중의 한 개만 양도하여서는 안 되며, 반드시 두 개의 상표를 모두 동일한 양수인에게 양도하여야 합니다.

그 원인은 동일·유사한 상품에 등록된 동일·유사한 상표의 일부만 양도하거나 복수의 양수인에게 나누어서 양도할 경우에는 상품의 출처에 대한 소비자들의 혼동을 초래하기 때문입니다.

양도자가 등록상표의 일괄양도에 관한 상기 규정을 위반하였을 경우, 상표국은 기한 내에 시정하도록 통지하며, 양도자가 기한 내에 시정하지 않을 경우에는 해당 등록상표의 양도신청을 포기한 것으로 간주합니다.

📖 구체적인 법률근거 상표법 제42조 제2항
상표법실시조례 제31조 제2항

Q99 등록상표의 양도절차 및 필요한 서류는?

A99 등록상표를 양도할 경우, 양도인과 양수인은 먼저 양수도계약서를 체결한 후 상표국에 양도신청 및 허가 절차를 밟아야 합니다.

등록상표 양도신청의 절차는 양도인과 양수인이 공동으로 진행하여야 하며, 상표국에 제출해야 하는 서류는 다음과 같습니다.

순번	서류명칭	비 고
1	상표 양도신청서	- 규정된 서식이 있음
2	양도인과 양수인의 위임장	- 규정된 서식이 있음 - 한국에서 공증·인증 받을 필요는 없음
3	양도인과 양수인의 사업자등록증 사본	- 한국인일 경우에는 여권 또는 주민등록증 사본을 제출해야 함 - 사업자등록증, 여권 및 주민등록증은 중문으로 번역하여야 함 - 사업자등록증, 여권 및 주민등록증 사본을 한국에서 공증·인증 받을 필요는 없음
4	양도사항에 대한 공동성명	- 규정된 서식이 있음

상표국이 심사를 거쳐 등록상표 양도신청을 허가할 경우에는 양수인에게 관련 증명서를 발급하고 이를 공고합니다.

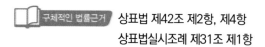 **구체적인 법률근거** 상표법 제42조 제2항, 제4항
상표법실시조례 제31조 제1항

Q100 등록상표의 양도는 언제부터 효력을 발생하는지?

A100 등록상표의 양도는 상표국이 양도신청을 허가하고 이를 공고한 날로부터 효력을 발생합니다.

즉 양수인은 상기 공고일로부터 등록상표의 전용권을 가지게 됩니다.

📖 **구체적인 법률근거** 상표법 제42조 제2항 및 제4항
상표법실시조례 제31조 제1항

Q101 한국기업이 취득한 상표 양도대금에 대해 중국에서 세금을 납부해야 하는지?

A101 납부해야 합니다.

구체적인 세금 종류와 계산방법은 상표 로열티의 경우와 동일하기에 Q96에 대한 답변 내용을 참조하여 주십시오.

Q102	등록상표가 무효, 취소 또는 말소된 후 즉시 동일한 상표의 등록을 출원할 수 있는지?

A102	즉시 출원할 수 없습니다.

중국법에 따르면 등록상표가 무효로 선고되었거나 취소되었거나 기한 내에 갱신등록을 하지 않아 말소되었을 경우, 상표국은 취소일·무효 선고일 또는 말소일로부터 1년 내에 당해 등록상표와 동일·유사한 상표의 출원을 불허합니다.

그 이유는 등록상표가 무효, 취소 또는 말소된 후 즉시 타인에 의한 동일·유사한 상표의 출원을 허가할 경우에는 원 등록상표가 사용된 상품과 신규 등록상표가 사용된 상품이 시장에서 공존하게 되어 소비자들에게 상품 출처의 혼동을 초래할 수 있기 때문에 원 등록상표의 상업적 영향력 해소에 대해 법률상에서 1년이라는 과도기간을 설정한 것입니다.

상기 입법취지에 기초하여 실무상에서 다음과 같은 두 가지 경우에는 예외적으로 1년 과도기간의 제한을 받지 않습니다.

① 원 상표등록인이 동일·유사한 상표의 등록을 출원하는 경우

② 3년 불사용으로 인해 취소된 등록상표와 동일·유사한 상표의 등록을 출원하는 경우

📖 **구체적인 법률근거** 상표법 제50조

Q103 등록상표의 갱신절차는 언제 진행해야 하는지?

A103 등록상표의 유효기간이 만료된 후에도 계속 사용할 필요가 있을 경우, 상표등록인은 기간 만료 전 12개월 내에 갱신절차를 진행하여야 합니다.

상표등록인이 위 기간 내에 갱신절차를 진행하지 않았을 경우, 상표국은 6개월의 유예기간을 줄 수 있습니다.

갱신등록의 유효기간은 매회 10년이며 해당 상표의 직전 유효기간 만료일 다음날로부터 계산합니다.

기간이 만료되었지만 갱신절차를 진행하지 않은 경우, 상표국은 해당 등록상표를 말소하게 됩니다.

 구체적인 법률근거 **상표법 제40조**

Q104 한국기업의 등록상표 갱신절차에 필요한 서류는?

한국기업의 등록상표 갱신절차에 필요한 서류는 다음과 같습니다.

순번	서류명칭	비 고
1	상표 갱신신청서	- 규정된 서식이 있음
2	위임장	- 규정된 서식이 있음 - 한국에서 공증·인증 받을 필요는 없음
3	사업자등록증 사본	- 한국인일 경우에는 여권 또는 주민등록증 사본을 제출해야 함 - 사업자등록증, 여권 및 주민등록증은 중문으로 번역하여야 함 - 사업자등록증, 여권 및 주민등록증 사본을 한국에서 공증·인증 받을 필요는 없음

제5장
중국상표권 보호

제5장
중국상표권 보호

··· 제1절 권리침해 형태

Q105 등록상표권을 침해하는 행위에는 어떤 것들이 있는지?

A105 중국법의 규정에 따르면 다음과 같은 행위는 등록상표권 침해에 해당합니다.

① 상표등록인의 허가 없이 동일한 상품에 그 등록상표와 동일한 상표를 사용하는 행위

② 상표등록인의 허가 없이 동일한 상품에 그 등록상표와 유사한 상표를 사용하거나 또는 유사한 상품에 그 등록상표와 동일·유사한 상표를 사용하여 용이하게 혼동을 초래하는 행위

③ 등록상표권을 침해한 상품을 판매하는 행위

④ 타인의 등록상표 표지를 위조, 무단 제조하거나 위조, 무단 제조한 등록상표 표지를 판매하는 행위

⑤ 상표등록인의 동의 없이 그 등록상표를 교체하고 또한 상표가 교체된 해당 상품을 시장에 유통시키는 행위

⑥ 타인의 등록상표권 침해행위에 고의로 편의를 제공하여 상표권침해를 방조하는 행위

⑦ 타인의 등록상표권에 기타 손해를 초래하는 행위

동일·유사한 상품에 타인의 등록상표와 동일·유사한 표장을 상품의 명칭 또는 상품의 장식으로 사용하여 공중을 오도(误导)한 경우에는 상기 ②에 규정된 등록상표권 침해행위에 해당합니다.

아울러 상기 ⑥에서 말하는 "편의를 제공하여 상표권침해를 방조하는 행위"에는 구체적으로 등록상표권 침해행위를 위해 저장, 운송, 우편 발송, 인쇄, 은닉, 경영장소, 인터넷 상품거래 플랫폼 등 서비스 또는 시설을 제공하는 행위가 포함됩니다.

그리고 다음과 같은 경우는 상기 ⑦에 해당합니다.

ㄱ. 타인의 등록상표와 동일·유사한 문자를 기업의 상호로 하여 동일· 유사한 상품에 특출하게 사용함으로써 용이하게 관련 공중의 오인 을 초래하는 경우

ㄴ. 타인의 저명상표 또는 그 주요부분을 복제, 모방, 번역하여 동일하 지 않은 상품 또는 유사하지 않은 상품에 상표로 사용함으로써 공 중을 오도하여 해당 저명상표등록인의 이익에 손해를 초래할 우려 가 있을 경우

ㄷ. 타인의 등록상표와 동일·유사한 문자를 도메인이름으로 등록하 고, 그 도메인이름으로 관련 상품의 전자거래를 진행함으로써 용 이하게 관련 공중의 오인을 초래하는 경우

구체적인 법률근거 상표법 제57조
상표법 실시조례 제75조, 제76조
최고법원의 상표민사분쟁 법률해석 제1조

Q106 등록상표와 동일한 표장을 사용하면 모두 상표권침해에 해당하는지?

A106 아닙니다.

다음과 같은 경우에는 등록상표와 동일한 표장을 사용하였다 하더라도 상표권침해에 해당하지 않습니다.

① 등록상표에 포함된 그 상품의 보통명칭, 도형, 모델번호 또는 직접적으로 상품의 품질, 주요원료, 기능, 용도, 중량, 수량 및 기타 특징을 표시하는 것 또는 등록상표에 포함된 지명(地名)에 대해 상표권자는 타인의 정당한 사용을 금지할 권리가 없습니다.

② 입체표장의 등록상표에 포함된 상품 자체의 성질로 인한 형상, 기술적 효과를 얻기 위해 필요한 상품의 형상 또는 상품으로 하여금 실질적 가치를 구비하도록 하는 형상에 대해 상표권자는 타인의 정당한 사용을 금지할 권리가 없습니다.

③ 상표등록인이 출원하기 전에 타인이 동일·유사한 상품에 해당 상표를 사용하였고 또한 일정한 인지도가 있을 경우, 상표권자는 선사용자가 원 사용범위 내에서 해당 상표를 계속 사용하는 것을 금지할 권리가 없습니다. 다만, 상표등록인은 선사용자에게 해당 상표의 사용에 있어서 적당한 구별표지를 부가할 것을 요청할 수는 있습니다.

구체적인 법률근거 **상표법 제59조**

Q107 상표권침해에 해당할 경우에는 모두 손해배상책임을 부담해야 하는지?

A107 아닙니다.

다음과 같은 경우에는 상표권침해에 해당하더라도 손해배상책임을 부담하지 않습니다.

① 상표권자가 청구한 손해배상에 대해 권리침해자가 상표권자의 등록상표불사용을 이유로 항변할 경우, 법원은 상표권자에게 청구일 전 3년 내에 해당 상표를 실제로 사용한 증거를 제출하도록 요구할 수 있습니다. 상표권자가 청구일 전 3년 내에 해당 상표를 실제로 사용하였음을 입증할 수 없을 뿐만 아니라 자신이 권리침해행위로 인해 받은 기타 손실도 입증할 수 없을 경우, 권리침해자는 손해배상책임을 부담하지 않습니다.

② 상표권을 침해한 상품임을 알지 못하고 판매하였으며, 해당 상품을 자신이 합법적으로 취득하였음을 입증할 수 있고 또한 제공자를 설명할 수 있을 경우에는 손해배상책임을 부담하지 않습니다.

📖 **구체적인 법률근거** 상표법 제64조

Q108 상표권침해에 대해서는 어떤 법적 제재를 가할 수 있는지?

A108 상표권침해에 대해서는 다음과 같은 법적 제재를 가할 수 있습니다.

① 세관에 의한 통관 유치

구체적인 내용은 Q112에 대한 답변 내용을 참조하여 주십시오.

② 시장감독관리국에 의한 행정단속

구체적인 내용은 Q127에 대한 답변 내용을 참조하여 주십시오.

③ 민사책임 추궁

구체적인 내용은 Q204및 Q 205에 대한 답변 내용을 참조하여 주십시오.

④ 형사책임 추궁

구체적인 내용은 Q239에 대한 답변 내용을 참조하여 주십시오.

Q109	OEM거래에서 타인의 등록상표를 무단 사용하는 행위는 권리침해에 해당하는지?

A109 OEM (Original Equipment Manufacturing)란, 주문자가 제조업체에 주문자의 상표를 부착한 상품의 제작을 의뢰하고, 제조업체는 주문자의 요청에 따라 해당 상품을 생산하여 주문자에게 공급하며, 주문자는 제조업체에 제작비용을 지불하는 경제활동을 말합니다.

OEM는 노동밀집형 생산방식으로서 중국이 "세계의 공장"으로 된 가장 중요한 원동력의 하나이며, 지금도 중국경제에서 상당히 큰 비중을 차지하고 있지만, 국제 OEM계약에 있어서 주문자가 외국기업이고 해당 상표의 권리가 중국에서 다른 업체에 귀속되어 있을 경우, 상표권 침해 분쟁이 다발하고 있습니다.

즉, 국제 OEM거래에 있어서 중국 상표권자가 제조업체를 상대로 중국법원에 상표권 침해소송을 제기하는 이슈가 다발하고 있지만, 이러한 상표권침해 분쟁에 있어서 중국법원에는 통일된 판결기준이 없었기에 거의 비슷한 사건에서도 관할법원이 다름에 따라 완전히 반대되는 판결이 내려지는 경우도 종종 발생하였습니다.

그러다가 2015년도의 중국 50대 지식재산권 분쟁사건의 하나로 되는 "PRETUL" 자물쇠 OEM 관련 상표권침해소송 재심에 있어서 최고법원은 국제 OEM거래에서 타인의 등록상표를 무단 사용하는 행위는 권리침해를 구성하지 아니한다는 입장을 취하였으며, 주요한 이유는 다음과 같습니다.

① OEM제품은 중국시장에서 유통되지 않기에 OEM제품에 사용된 상표는 중국경내에서 식별력을 발휘하지 않으며, 중국의 관련 공중은 OEM제품과 상표권자의 상품 출처에 대해 혼동을 초래할 가능성이 없음

② 국제 OEM거래에 있어서 제조업체가 주문자의 의뢰 하에 OEM제품에 관련 상표를 부착하는 행위는 물리적 행위에 해당할 뿐 상표법상의 상표사용에 해당하지 않음

③ 상표가 식별기능을 발휘하지 못하고, 상표법상의 상표사용에 해당하지 않는 상황 하에서 상품 출처의 혼동을 논의하는 것은 실무상

에서 무의미함

그런데 2019년의 "HONDA" 오토바이 OEM 관련 상표권침해소송 재심에 있어서 최고법원은 "PRETUL" 사건과 거의 비슷한 상황임에도 불구하고 국제 OEM 거래에서 타인의 등록상표를 무단 사용하는 행위는 권리침해를 구성한다고 입장을 바꾸었으며, 주요한 이유는 다음과 같습니다.

① 상표사용은 객관적인 행위이며 통상적으로 물리적 부착, 시장에서의 유통 등 여러가지 단계를 포함하며, 상표법상의 상표사용에 해당하는지 여부에 대한 판단에 있어서는 상표법에 근거하여 전면적으로 일치한 해석을 하여야 함

② OEM제품에 상표를 사용하는 것이 상품 출처를 구별할 수 있는 가능성을 구비하도록 하면, 이러한 사용상태는 상표법상의 상표사용에 해당한다고 인정하여야 함

③ 관련 공중에는 피소권리침해상품의 소비자 이외에 피소권리침해상품의 영업이나 판매와 밀접한 관련이 있는 경영자 및 외국에 여행가는 중국소비자도 포함시켜야 함

따라서 실무상에서 한국기업이 중국제조업체와 OEM방식으로 거래할 경우에는 중국 상표권자의 등록상표권을 침해하는지 여부에 대해 사전 검토를 진행하는 것이 법률 리스크 회피에 큰 도움이 될 것입니다.

A110 중국법에는 상표병행수입에 대한 구체적인 해석이나 규정은 없습니다.

실무상의 해석에 따르면 "상표병행수입"이란 동일한 상표가 둘 이상의 국가에서 동시에 보호받는 상황 하에서 한 국가의 수입자가 본국 상표권자의 허가 없이 다른 국가로부터 적법하게 제조된 동일한 상표의 상품을 수입하는 행위를 말하며, 실무상에서 자주 발생하는 한국기업 관련 상표병행수입 비즈니스 모델은 다음과 같습니다.

① 한국 A사는 한국과 중국에서 모두 화장품을 지정상품으로 K상표를 등록함

② A사는 한국에서 제조한 K화장품을 한국 뿐만 아니라 중국에서도 판매함

③ A사는 중국 B사를 독점대리상으로 위임하여 중국에서 K화장품을 판매함

④ B사가 판매한 K화장품은 중국 소비자들로부터 큰 인기를 얻음

⑤ K화장품의 한국시장에서의 판매가격은 중국시장에 비해 훨씬 저렴함

⑥ 중국 C사는 B사의 허가없이 한국에서 K화장품을 대량적으로 구매하여 중국에서 판매함

참고로 상표병행수입 현상이 발생하게 되는 근본적인 원인은 상표보호의 지역제한과 국제무역의 자유화 및 국가 간의 가격차입니다.

Q111 중국에서의 상표병행수입은 합법적인지?

A111 상술한 바와 같이 중국법에는 상표병행수입에 대한 규정이 없습니다. 따라서 중국법원은 실무상에서 일반적으로 다음과 같은 기준을 적용하여 구체적인 상표병행수입 행위의 적법성 여부를 판단하고 있습니다.

① 중국소비자들이 해당 상품의 출처에 대해 혼동을 초래하는지 여부

상표병행수입으로 인해 중국소비자들이 병행수입품과 정규품의 출처에 대해 혼동을 초래할 가능성이 있는지 여부에 의해 그 적법성을 판단합니다. 즉 중국소비자들이 해당 상품의 출처에 대한 혼동을 초래하게 되면 그 상표병행수입은 위법하다고 인정합니다.

② 수입품이 정규품에 비해 실질적인 차이가 있는지 여부

특히 품질면에서 병행수입품이 정규품에 비해 실질적인 차이가 존재하여 중국소비자들이 해당 상품의 출처에 대해 혼동을 초래하게 되면 그 상표병행수입은 위법하다고 판단합니다.

③ 중국 상표권리자의 신용과 명예에 손해를 초래하는지 여부

예컨대 병행수입자가 중국으로 수입한 상품의 설명서에 중국소비자들이 혐오하는 내용을 추가하여 중국에서 판매할 경우에는 중국 상표권리자의 신용과 명예에 손해를 끼치므로 그 상표병행수입도 위법하다고 판단될 가능성이 있습니다.

④ 상품의 완전성을 훼손하는지 여부

예컨대 병행수입자가 중국으로 수입한 상품에 부착된 위조방지용 식별코드를 제거하여 중국에서 판매할 경우에는 중국소비자들로 하여금 해당 상품의 출처에 대해 의구심을 가지도록 하며 또한 상표권리자의 품질관리체계를 파괴하기 때문에 그 상표병행수입도 위법하다고 판단될 가능성이 있습니다.

요약하여 말씀드리면, 구체적인 상표병행수입 행위의 적법성 판단에 있어서는 해당 행위가 상표법이 부여한 상표의 기능에 대해 부정적인 영향을 끼치는지 여부를 기준으로 하고 있습니다.

참고로 한 국가가 상표병행수입을 허용하는지 여부의 문제는 단순한 법률문제가 아니라 그 경제정책, 즉 소비자들의 이익을 우선시하는지 아니면 기업의 이익을 우선시하는지에 의해 결정되는 문제입니다.

■■■ 제2절 세관보호

Q112 상표권에 대한 세관보호란 어떤 제도인지?

A112 중국세관이 상표권자의 신청 또는 직권에 의해 등록상표 권리침해혐의가 있는 수출입화물에 대한 유치(扣留) 및 조사 절차를 거쳐 권리침해를 구성한다고 판단할 경우에는 해당 화물을 몰수, 파기하는 제도를 말합니다.

이 제도는 수출입단계에서부터 상표권침해행위를 제지함으로써 상표권자가 적은 비용으로 모조품의 확산을 어느 정도 견제할 수 있다는 효과를 기대할 수 있습니다.

참고로 중국에서는 저작권, 저작인접권, 특허권, 실용신안권 및 디자인권에 대해서도 상표권과 같은 내용의 세관보호제도가 실시되고 있습니다.

📖 **구체적인 법률근거** 지식재산권 세관보호조례 제2조

(세관이 모조품을 유치하고 있는 현장)

Q113 세관 상표권등록은 세관보호의 필수조건인지?

A113 아닙니다.

세관에 등록하지 않은 상표권에 대해서도 세관보호를 신청할 수 있습니다.

다만, 세관에 등록된 상표권에 대해서는 세관이 직권에 의해 능동적으로 보호하여 주며, 보호절차에 있어서도 등록되지 않은 상표권에 비해 유리한 면이 있습니다.

구체적인 내용에 대해서는 상표권에 대한 세관보호의 세부절차에서 안내하여 드리겠습니다.

Q114 한국기업은 직접 중국세관에서 상표권등록을 할 수 있는지?

A114 중국 내에 대표기구가 있는 경우를 제외하고 직접 할 수 없습니다.

한국기업이 중국세관에서 상표권등록절차를 진행할 경우에는 중국 내의 대리인을 선임하여야 합니다.

실무상에서는 중국 법률사무소 또는 특허법인에 의뢰하여 위 등록업무를 진행하는 경우가 대부분입니다.

📖 **구체적인 법률근거** 지식재산권 세관보호조례 관련 실시방법 제2조

Q115	세관 상표권등록에 있어서 제출해야 하는 서류는?

A115	세관 상표권등록 절차에 있어서 상표권자는 온라인상으로16) 신청서를 제출해야 하며, 신청서에는 다음과 같은 내용이 포함되어야 합니다.

① 상표권자의 명칭 또는 이름, 주소지 또는 국적, 연락처, 담당자의 이름, 전화·팩스번호, 이메일 주소

② 등록상표의 명칭, 지정상품의 분류 및 상품명칭, 상표도형, 등록유효기간, 등록상표의 양도·변경 및 갱신상황

③ 피허가인의 명칭, 사용을 허가한 상품, 허가기한 등

④ 상표권자가 적법하게 상표권을 행사하는 화물의 명칭, 산지, 수출입세관, 수출입업체, 주요특징, 가격 등

⑤ 이미 알고 있는 모조품의 제조업체, 수출입업체, 수출입세관, 주요특징, 가격 등

아울러 위 신청서의 제출에 있어서 상표권자는 세관에 다음과 같은 서류도 제출할 필요가 있습니다.

① 상표권자의 사업자등록증 또는 여권 사본

② 상표등록증 사본

　- 신청인이 상표등록사항을 변경하였거나 등록유효기간을 갱신하였거나 등록상표를 양도하였거나 또는 국제등록상표의 세관등록을 신청할 경우에는 상표국에서 발행한 증명서류를 제출하여야 함

③ 상표권자가 타인에게 등록상표의 사용을 허가하고 사용허가계약을 체결하였을 경우에는 해당 계약서의 사본을 제출해야 하며, 사용허가계약을 체결하지 아니하였을 경우에는 피허가인, 허가범위 및 허가기간 등 사항에 대한 설명서를 제출해야 함

④ 상표권자가 적법하게 상표권을 행사하는 화물 및 그 포장의 사진

---

16) 상표권을 포함한 지식재산권 등록은 현재 중국세관총서에서 지정한 http://202.127.48.145:8888/에서 신청서류를 접수하고 있습니다.

⑤ 이미 알고 있는 모조품의 수출입에 관한 증거

- 법원 또는 시장감독관리국이 상표권자와 타인 간의 상표권침해 분쟁사건을 이미 처리하였을 경우에는 관련 법률문서의 사본

참고로 상표권등록업무의 담당부서는 세관총서(海关总署)이며, 세관 총서에서 상표권등록 절차를 완료하면 중국 내의 모든 세관에서 효력을 발생합니다.

📖 **구체적인 법률근거** 지식재산권 세관보호조례 제7조
지식재산권 세관보호조례 관련 실시방법 제6조, 제7조

Q116 세관 상표권등록에 소요되는 기간은?

A116 법률규정에 따르면 세관총서는 상표권자가 모든 신청서류를 제출한 날로부터 30근무일 내에 상표권등록 여부를 결정하고 서면으로 상표 권자에게 통지하여야 합니다.

다만, 저희들의 실무경험에 의하면 위 상표권등록에 소요되는 기간은 약 20근무일입니다.

📖 **구체적인 법률근거** 지식재산권 세관보호조례 제8조 제1항

Q117 세관 상표권등록에 소요되는 비용은?

A117 과거에 세관총서는 상표권등록 절차에 있어서 상표권자로부터 800위 안(약 한화 15만원)의 등록비용을 수취하였지만, 2015년 11월 1일부터는 상표권등록을 장려하기 위해 무료로 등록절차를 진행하여 주고 있습니다.

따라서 한국기업이 세관 상표권등록 절차에서 부담하는 비용은 주요하게 대리인으로 선임한 법률사무소 또는 특허법인의 수임료입니다.

실무상에서 위 수임료 기준은 대리업체별로 다르지만 한화 70~80만원 정도로 충분히 대응 가능합니다.

Q118 세관은 어떻게 상표권을 보호하여 주는지?

A118 세관의 상표권 보호는 상표권자의 신고에 의한 피동적인 보호와 세관의 직권에 의한 능동적인 보호 등 두 가지 경우로 나뉩니다.

① 상표권자의 신고에 의한 피동적인 보호절차

- 상표권자가 권리침해혐의가 있는 화물(이하 "대상화물"이라 한다)의 수출입에 관한 단서를 발견하였을 경우에는 수출입지역의 세관에 대상화물의 유치(扣留)를 신청함과 동시에 권리침해사실을 입증할 수 있는 증거를 제출하여야 함

- 유치신청에 있어서 상표권자는 세관에 대상화물의 가치와 동일한 금액의 담보를 제공하여야 함

- 유치신청이 규정에 부합되고 또한 담보를 제공하였을 경우, 세관은 대상화물을 유치하고 상표권자에게 서면으로 통지하며 유치증빙을 송하인 또는 하수인에게 송달함

- 유치신청이 규정에 부합하지 않거나 담보를 제공하지 아니하였을 경우, 세관은 해당 신청을 기각하고 상표권자에게 통지함

- 세관이 대상화물의 유치일로부터 20근무일 내에 법원의 압류통지를 받았을 경우에는 이에 협력해야 하며, 그렇지 않을 경우에는 유치를 해제하여야 함

② 세관의 직권에 의한 능동적인 보호절차

- 세관총서에 등록된 상표권(이하 "등록상표권"이라 한다)을 침해한 수출입화물을 발견하였을 경우, 세관은 즉시 상표권자에게 서면으로 통지하여야 함

- 상표권자가 통지를 받은 날로부터 3근무일 내에 유치신청을 제출함과 동시에 상응한 담보를 제공하였을 경우, 세관은 대상화물을 유치하고 상표권자에게 서면으로 통지하며 유치증빙을 송하인 또는 하수인에게 송달함

- 세관은 유치일로부터 30근무일 내에 대상화물의 등록상표권 침해 여부에 대해 조사하고 판단해야 하며, 등록상표권을 침해하였다고 판단할 수 없을 경우에는 즉시 상표권자와 송하인, 하수인에게 서면으로 통지하여야 함

- 세관이 대상화물의 유치일로부터 50근무일 내에 법원의 압류통지를 받았을 경우에는 이에 협력하여야 함

- 위 기한 내에 세관이 법원의 압류통지를 받지 못하였고 또한 조사결과 대상화물의 등록상표권 침해를 판단할 수 없을 경우에는 유치를 해제하여야 함

- 조사를 거쳐 대상화물이 등록상표권을 침해하였다고 판단할 경우, 세관은 대상화물을 몰수하고 관련 상황을 상표권자에게 서면으로 통지함

- 세관이 대상화물의 수출입행위가 범죄를 구성하였다고 판단할 경우에는 해당 사건을 공안부서에 이관하여야 함

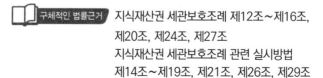 **구체적인 법률근거** 지식재산권 세관보호조례 제12조~제16조, 제20조, 제24조, 제27조
지식재산권 세관보호조례 관련 실시방법
제14조~제19조, 제21조, 제26조, 제29조

Q119 세관 상표권보호에서 상표권자가 제공해야 하는 담보금액의 기준은?

A119 세관 상표권보호 절차에서 상표권자가 제공해야 하는 담보는 세관총서에 상표권을 등록하였는지 여부에 따라 다르며, 구체적으로 다음과 같습니다.

① 세관총서에 상표권을 등록하지 않았을 경우

　상표권자는 세관에 대상화물의 가치와 동일한 금액의 담보를 제공하여야 함

② 세관총서에 상표권을 등록하였을 경우

　㉠ 사건별 담보제공

　　- 대상화물의 가치가 2만 위안 미만일 경우에는 세관에 대상화물의 가치에 상당한 담보를 제공하여야 함

　　- 대상화물의 가치가 2만~20만 위안일 경우에는 세관에 대상화물 가치의 50%에 상당한 담보를 제공하여야 함(최소담보금액은 2만 위안)

　　- 대상화물의 가치가 20만 위안을 초과할 경우에는 세관에 10만 위안의 담보를 제공하여야 함

　㉡ 연간 근담보제공

　　- 상표권자는 세관총서의 허가를 받아 은행이나 기타 금융기관에서 발행한 보증증권을 제출하여 1년 기간 중에 신청하는 세관 상표권보호조치의 근담보로 할 수 있음

　　- 근담보의 담보금액은 상표권자가 전연도에 유치신청을 제출함으로 인해 발생한 창고보관료, 처리비용 등 비용의 합계임

　　- 상표권자가 전연도에 유치신청을 제출하지 않았거나 유치신청을 제출함으로 인해 발생한 창고보관료, 처리비용 등 비용의 합계가 20만 위안 미만일 경우, 근담보의 담보금액은 20만 위안임

📖 구체적인 법률근거 지식재산권 세관보호조례 제14조
지식재산권 세관보호조례 관련 실시방법
제15조, 제23조, 제24조

Q120 세관은 어떤 경우에 통관 유치를 해제하여야 하는지?

A120 다음과 같은 상황의 하나에 해당할 경우, 세관은 대상화물의 통관 유치를 해제하여야 합니다.

① 상표권자의 신고에 의한 피동적인 보호절차에서 대상화물을 유치하였지만, 유치일로부터 20근무일 내에 법원의 집행협조통지서를 받지 못하였을 경우

② 세관의 직권에 의한 능동적인 보호절차에서 대상화물을 유치하였지만, 유치일로부터 50근무일 내에 법원의 집행협조통지서를 받지 못하였을 뿐만 아니라 대상화물이 상표권을 침해하였다고 판단할 수도 없을 경우

③ 대상화물의 송하인 또는 하수인이 세관에 대상화물의 가치와 동일한 금액의 담보를 제공하고 통관을 신청한 경우

④ 송하인 또는 하수인이 대상화물의 상표권 불침해를 입증할 수 있는 충분한 증거를 세관에 제공하였을 경우

⑤ 세관이 대상화물의 상표권침해 여부를 판단하기 전에 상표권자가 유치신청을 철회하였을 경우

즉 위 상황의 하나에 해당할 경우, 대상화물은 상표권침해혐의가 아직 소명되지 않았더라도 수출 또는 수입될 수 있습니다.

📖 구체적인 법률근거 지식재산권 세관보호조례 제24조

Q121 세관은 몰수한 모조품을 어떻게 처분하는지?

A121 세관은 상표권침해에 해당한다고 판단하여 몰수한 모조품을 다음과 같이 처분합니다.

① 모조품을 직접 공익사업에 이용할 수 있을 경우에는 공익기관에 전달함

② 상표권자가 모조품을 구매할 의향이 있을 경우에는 유상으로 상표권자에게 양도함

③ 모조품을 ①또는 ②의 방식에 의해 처분할 수 없지만 그 본체나 포장에 부착된 상표를 제거할 수 있을 경우에는 경매하며, 경매금은 국고로 환수함

④ 모조품을 ① 및 ②의 방식에 의해 처분할 수 없을 뿐만 아니라 그 본체나 포장에 부착된 상표를 제거할 수도 없을 경우에는 파기함

> **구체적인 법률근거** 지식재산권 세관보호조례 제27조
> 지식재산권 세관보호조례 관련 실시방법 제33조

Q122 모조품 단속에 있어서 세관 상표권등록이 필요한 이유는?

A122 상표권자의 차원에서 보면 중국 내의 모조품 단속에 있어서 세관 상표권등록이 필요한 이유는 다음과 같습니다.

① 세관이 능동적으로 모조품을 단속하는 전제조건임

각 세관은 세관총서에 등록된 상표권에 한하여 수출입화물을 모니터하고 모조품으로 의심되는 화물에 대해 공권력을 동원하여 조사합니다.

반대로 세관총서에 상표권을 등록하지 않았을 경우, 상표권자는 자체적으로 모조품 수출입에 관한 정보와 증거를 수집해야 하기에 비용 대비 효과면에 보면 크게 실망스러울 수 있습니다.

② 세관이 보다 쉽게 모조품을 발견하는데 도움됨

세관총서의 상표권등록 절차에서는 상표권자의 연락처, 상표권의 적법한 사용방식, 기존 상표권침해자, 정품인지 여부를 식별하는 방법이나 도형, 사진 등 여러가지 유용한 정보를 제공하기에 세관이 통관절차에 있어서 모조품을 쉽게 발견하는데 큰 도움이 됩니다.

③ 상표권자의 자금부담을 경감하는데 도움됨

세관총서에 상표권등록을 하였는지 여부에 의해 상표권침해 혐의가 있는 화물의 통관 유치 절차에 있어서 상표권자가 제공해야 하는 담보금의 금액은 크게 다릅니다.

담보금에 관한 세부 사항은 Q119에 대한 답변 내용을 참조하여 주십시오.

④ 상표권침해를 견제하는 효과를 발휘함

세관총서에 등록된 상표권은 공식사이트를 통해 공개되기에 누구든지 무료로 자유롭게 조회할 수 있습니다.

따라서 상표권자가 그 상표권을 세관총서에 등록하였을 경우, 모조품 수출입업무에 종사하고 있는 불법업체들도 상표권자가 이미 중국시장에서 공권력을 동원한 모조품 단속에 나섰음을 알게 되어 예전처럼 대놓고 행동하지 못하기에 그 침해규모도 어느 정도 위축받게 됩니다.

Q123 경고장 발송은 어떤 제도인지?

A123 상표권침해 사건의 실무에 있어서 권리자가 상표권침해자에 대한 행정단속신청 또는 민사소송제기 전에 변호사를 통해 상표권침해자에게 권리침해행위의 중지 및 손해배상을 주장하는 취지의 경고장을 발송하는 사례가 많이 존재합니다.

다만, 상기 경고장 발송은 상표권침해 사건의 처리에 있어서 필수적인 법률절차가 아니기에 발송 여부는 당사자의 자체적인 판단에 의해 결정할 수 있습니다.

참고로 실무상에서 경고장은 "변호사서한"(律师函) 또는 "내용증명"이라고도 부르지만, 중국에서는 한국이나 일본처럼 발송하는 문서의 내용을 우체국이 증명하여 주는 내용증명제도는 없습니다.

A124 상술한 바와 같이 상표권침해 사건의 처리에 있어서 경고장 발송은 비록 필수적인 절차는 아니지만 일반적으로 다음과 같은 작용을 할 수 있습니다.

① 소송시효를 중단시키는 작용

중국법에 따르면 상표권침해행위에 대한 소송시효는 3년이며, 권리자 또는 이해관계자는 해당 권리가 침해당한 것을 알거나 응당 알아야 하는 날로부터 소송시효를 계산하게 됩니다. 따라서 상표권침해자에 대한 경고장 발송은 소송시효를 중단시키는 작용이 있습니다.

② 권리침해를 견제하는 작용

실무상에서 상표권침해자는 경고장을 받으면 권리침해행위를 중지하거나 공개적인 권리침해행위를 은밀한 행위로 바꾸는 경우가 대부분이며, 이는 결과적으로 권리침해를 견제하는 적극적인 효과를 발휘하게 됩니다. 특히 온라인 쇼핑몰에서 모조품을 판매하는 행위에 대해 해당 판매업체에 경고장을 발송하면 상대적으로 좋은 효과를 볼 수 있습니다.

③ 악의적인 권리침해임을 증명하는 작용

상표권침해자가 권리자로부터 상표권침해를 고지하는 취지의 경고장을 받았음에도 불구하고 해당 권리침해행위를 중지하지 않을 경우, 그 후에 진행되는 상표권침해소송에 있어서 법원은 악의적인 권리침해로 인정하여 징벌적 손해배상책임을 부과할 가능성이 높아집니다.

Q125 경고장 발송에 있어서의 유의점은?

A125 저희들의 실무경험에 의하면 상표권침해에 대한 경고장 발송에 있어서는 일반적으로 다음과 같은 사항에 유의할 필요가 있습니다.

① 상표권침해에 관한 증거를 확보하여야 함

상표권침해에 관한 확실한 증거를 확보하지 못하거나 확보한 증거가 부실한 상황 하에서 함부로 경고장을 발송하면 오히려 상대방으로부터 영업방해를 이유로 손해배상청구 소송을 당할 수도 있습니다.

② 경고장 발송 시기를 잘 판단하여야 함

상표권침해자가 경고장을 받으면 자신의 법적 책임을 회피하거나 경감하기 위해서 통상적으로 권리침해제품의 판매 중지, 인터넷상의 권리침해정보 삭제 등 방어조치를 취하기에 경고장 발송 후의 상표권침해 관련 증거수집은 훨씬 어려워집니다.

따라서 상표권침해행위의 중지 뿐만 아니라 상표권침해자에 대한 손해배상청구도 고려할 경우에는 관련 증거를 충분히 수집한 후에 경고장을 발송하는 것이 적절합니다.

Q126	경고장은 어떻게 작성하는지?

A126	경고장에는 통상적으로 다음과 같은 사항을 기재하게 됩니다.

① 상표권침해자의 명칭, 주소, 법인대표 등 기본정보

② 법률사무의 명칭 및 담당변호사의 이름

③ 상표권침해사실의 개요

④ 법률사무소의 견해 및 요청사항

⑤ 담당변호사의 연락처

⑥ 법률사무소의 날인 및 담당변호사의 서명

⑦ 발송일자

예시

경고장

수신자: 베이징 대성무역유한회사
주소: 중국 베이징시 조양구 왕징대로 118호
법인대표: 왕중화   직무: 동사장

발송자: 베이징시 리팡법률사무소 김춘국 변호사

　당 사무소는 중화인민공화국 법률에 따라 적법하게 설립된 법률사무소로서 한국 광화문주식회사(이하 "의뢰인"이라 한다)의 의뢰 하에 김춘국 변호사를 지정하여 귀사가 의뢰인의 상표권을 침해한 행위에 대해 다음과 같이 경고장을 발송한다.

1. 사실관계
　의뢰인은 한국에서 적법하게 설립되어 존속하고 있는 화장품업체로서 2018년 11월 1일자로 상표국에 제25류의 의류 등을 지정상품으로 K상표(이하 "본건상표"라 한다)를 출원하였고, 본건상표는 2019년 10월 20일 상표국으로부터 등록허가결정을 받았으며, 그 유효기간은 2029년 10월 19일까지이다.
　의뢰인은 2017년부터 한국에서 본건상표가 사용된 의류(이하 "본건제품"이라 한다)를 제조하여 판매하기 시작하였고, 중국에서는 2019년말부터 본건제품을 판매하기 시작하였으며, 의뢰인의 지속적인 홍보활동을 통해 본건제품은 중국소비자들 중에서 상당한 인기를 누리고 있다.

그런데 귀사는 의뢰인의 허가 없이 2020년초부터 티몰, 징둥, 핀둬둬 등 온라인 쇼핑몰에서 본건상표를 무단사용한 의류(이하 "모조품"이라 한다)를 대량적으로 판매하고 있다.

2. 당 사무소의 견해 및 요청사항

상표법 제3조 제1항의 규정에 의하면 의뢰인은 중국에서 본건상표의 전용권을 향유하며, 귀사가 의뢰인의 허가 없이 본건상표를 무단사용한 모조품을 온라인 쇼핑몰에서 판매하는 행위는 상표법 제57조 제1호에 규정된 상표권침해에 해당하는 바, 당 사무소는 귀사에 다음과 같은 사항을 강력히 요청한다.

① 이 경고장을 받은 후 3일 내에 티몰, 징둥, 핀둬둬 등 온라인 쇼핑몰에서 모조품을 판매하는 행위를 정지하며, 상기 온라인 쇼핑몰에 게시된 의뢰인의 권리를 침해하는 모든 정보를 삭제할 것

② 이 경고장을 받은 후 3일 내에 온라인 및 오프라인 상에서 의뢰인의 상표권을 침해하는 기타 모든 불법행위를 즉시 정지할 것

참고로 이 경고장의 발송은 의뢰인이 관련 법률규정에 따라 귀사의 법적 책임을 추궁할 수 있는 권리의 포기를 의미하지 않으며, 귀사가 상기 요청사항에 소극적으로 응할 경우, 의뢰인은 이미 확보된 증거에 근거하여 즉시 상응한 법적조치를 취함으로써 엄정히 귀사의 책임을 물을 것이다.

❖김춘국 변호사의 연락처:
주소: 중국 베이징시 동성구 향하원가 1호 신덕경회센터 12층
전화: +86-10-64096099
팩스: +86-10-64096260
E-mail: chunguojin@lifanglaw.com

베이징시 리팡법률사무소(날인)
김춘국 변호사(서명)
일자: 2021년 11월 10일

비고: 이 경고장은 귀사가 광화문주식회사의 상표권을 침해한 행위에 대해 발송한 것으로서 당 사무소의 사전 허가 없이 이 경고장을 다른 용도에 사용하여서는 아니된다.

▪▪▪ 제4절 행정단속

Q127 상표권침해에 대한 행정단속은 어떤 조치인지?

A127 중국에서 상표권침해행위가 발생하였을 경우, 권리자는 법원에 민사소송을 제기하는 외에 시장감독관리국이라는 행정부서에 고발(擧報)하여 단속을 진행할 수도 있습니다.

시장감독관리국이 고발장을 접수한 후 조사를 거쳐 상표권침해행위에 해당한다고 판단할 경우에는 해당 행위의 즉각 정지를 명하고, 권리침해상품 및 주요하게 권리침해상품의 제조와 등록상표 표지의 위조에 사용된 도구를 몰수하고 폐기합니다.

아울러 상표권침해자의 불법경영금액이 5만 위안 이상인 경우에는 불법경영금액의 5배 이하에 해당하는 과태료를 부과할 수 있고, 불법경영금액이 없거나 불법경영금액이 5만 위안 미만인 경우에는 25만 위안 이하의 과태료를 부과할 수 있습니다.

동일한 당사자가 5년 이내에 2회 이상의 상표권침해행위를 실시하였거나 기타 중대한 사안이 있을 경우, 시장감독관리국은 엄중하게 처벌합니다.

상표권침해사건의 당사자가 시장감독관리국의 행정단속결정에 불복할 경우에는 행정심판 또는 행정소송을 제기할 수도 있지만, 실무상에서는 행정단속결정에 불복하여 후속법률절차를 진행하는 경우가 많지 않습니다.

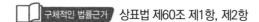 **구체적인 법률근거** 상표법 제60조 제1항, 제2항

(시장감독관리국이 모조품을 단속하고 있는 현장)

Q128 상표권침해 행정단속의 관할부서는 어떻게 확정하는지?

A128 Q127에 대한 답변에서 설명 드린 바와 같이 상표권침해에 대한 행정 단속업무는 시장감독관리국에서 담당하며, 구체적인 관할은 다음과 같은 원칙에 따라 확정합니다.

① 관할기관의 등급 확정

시장감독관리국은 국가총국, 성(省)급, 시(市)급, 현17)(县)급 등 여러 개의 등급으로 나뉘지만 법률에 특별한 규정이 없는 한 상표권 침해 행정단속업무의 담당기관은 일반적으로 현급(县级) 시장감독 관리국 또는 그 파출기구입니다.

② 관할기관의 소재지 확정

상표권침해는 오프라인 또는 온라인으로 이루어지는지 여부에 따라 그 관할기관의 소재지가 다르며, 구체적으로 다음과 같습니다.

㉠ 오프라인 침해일 경우

상표권침해제품의 제조지, 운송지, 창고보관지, 판매지 등 불법 행위가 발생한 지역의 시장감독관리국에서 관할하게 됨.

---

17) 현급 시(市) 및 구(区)를 포함합니다.

예컨대 A사가 베이징시 조양구에서 모조품을 제조하거나 판매하였을 경우, 베이징시 조양구 시장감독관리국이 해당 사건에 대한 행정단속 관할권을 가집니다.

ⓒ 온라인 침해일 경우

- 전자거래 플랫폼경영자가 상표권침해행위를 하였을 경우에는 그 주소지의 시장감독관리국에서 관할함.
예컨대 1688 전자거래 플랫폼의 경영자인 항저우알리바바가 해당 플랫폼에서 자체적으로 모조품을 판매하였을 경우, 권리자는 항저우알리바바 주소지인 항저우시 빈강구(濱江区) 시장감독관리국에 고발장을 제출하여야 합니다.

- 자체적으로 제작한 웹사이트를 통해 상표권침해행위를 하였을 경우에는 그 주소지의 시장감독관리국에서 관할함.
예컨대 베이징시 조양구에 등기한 A사가 자체적으로 제작한 웹사이트를 통해 모조품을 판매하였을 경우, 권리자는 베이징시 조양구의 시장감독관리국에 고발장을 제출하여야 합니다.

- 타인의 온라인서비스를 이용하여 상표권침해행위를 하였을 경우에도 그 주소지의 시장감독관리국에서 관할함.
예컨대 베이징시 조양구에 등기한 A사가 위챗(微信)[18]을 통해 모조품을 판매하였을 경우, 권리자는 베이징시 조양구 시장감독관리국에 고발장을 제출하여야 합니다.

- 전자거래 플랫폼 내의 경영자가 상표권침해행위를 하였을 경우에는 그 실제경영지의 시장감독관리국에서 관할하며, 전자거래 플랫폼경영자 소재지의 시장감독관리국이 먼저 고발장을 접수하였을 경우에는 해당 시장감독관리국에서 관할할 수도 있음.
예컨대 베이징시 조양구에 등기하였지만 실제 사업장이 상하이시 포동구에 있는 A사가 1688 전자거래 플랫폼에 입점하여 B사의 상표권을 침해한 모조품을 판매하였을 경우, B사는 상하이시 포동구 또는 항저우알리바바의 주소지인 항저우시 빈강구(濱江区)의 시장감독관리국에 고발장을 제출할 수 있습니다.

---

18) 중국기업 텐센트가 운영하고 있는 초대형 모바일 메신저로서 약 10억명의 사용자를 보유하고 있습니다.

다만, 중국에서는 법률규정과 실무상의 관행에 일정한 차이가 있기 때문에 상표권침해 행정단속 고발장을 제출하기 전에 관련 시장감독 관리국과 연락을 취하여 해당 행정단속의 관할권 문제를 확인하는 것이 적절합니다.

📖 **구체적인 법률근거** 상표법 제60조 제1항
시장감독관리 행정처벌절차규정 제6조, 제9조
시장감독관리 고발처리방법 제4조 제1항, 제25조, 제27조

Q129 상표권침해 행정단속 절차는?

A129 시장감독관리국의 상표권침해에 대한 행정단속은 직권에 의한 자발적인 단속, 다른 부서의 이관에 의한 단속, 상급 부서의 명령에 의한 단속 및 권리자의 고발에 의한 단속으로 분류되지만, 실무상에서 절대 대부분의 행정단속은 권리자의 고발에 의한 것입니다.

따라서 이 책자에서는 권리자의 고발에 의한 행정단속에 대해서만 설명 드리며, 그 절차의 개요는 다음과 같습니다.

① 상표권침해 고발에 대한 입건

- 시장감독관리국은 고발장을 받은 날로부터 15근무일 내에 심사하고 입건 여부를 결정하여야 함

- 특수한 상황이 있을 경우에는 시장감독관리국 책임자의 허가를 거쳐 위 심사기간을 15근무일 연장할 수 있음

- 입건하였을 경우, 시장감독관리국의 조사부서(이하 "조사부서"라 한다)는 2명 이상의 담당자를 지정해야 함

② 상표권침해에 대한 조사 및 증거수집

- 조사부서는 상표권침해 현장에 대해 공식적인 조사를 진행하고 당사자를 심문하며, 상표권침해 관련 증거를 수집함

- 조사부서는 관련 증거에 대한 보전조치를 취하고, 상표권침해 혐의가 있는 상품을 봉인하거나 압류할 수 있음

- 상표권침해에 대한 조사업무는 2명 이상의 담당자가 함께 진행하여야 함

③ 상표권침해 혐의가 있는 상품에 대한 권리자의 감별

- 조사부서는 상표권침해 혐의가 있는 상품에 대해 권리자에게 정품[19] 감별을 요청할 수 있음

- 통상적으로 권리자는 직접 해당 상품이 정품인지 여부를 감별하게 됨

④ 시장감독관리국 내부의 심사·확인

- 조사부서는 사건조사가 완료된 후, 조사종결보고서(처리의견을 포함)를 작성하고 시장감독관리국 내부의 심사부서(이하 "심사부서"라 한다)에 제출하여 심사·확인을 받아야 함

- 심사부서는 해당 상표권침해사건의 관할권, 당사자 정보, 증거상황, 법률적용의 정확성, 절차의 적법성, 처벌수위의 타당성 등에 대해 전면적으로 심사·확인하고 심사의견을 제시함

- 심사부서는 조사부서로부터 관련 서류를 받은 날로부터 10 근무일 내에 상기 심사·확인업무를 완성하여야 하며, 특수한 상황이 있을 경우에는 시장감독관리국 책임자의 허가를 거쳐 적당히 기간을 연장할 수 있음

⑤ 시장감독관리국 책임자에 의한 초보적인 심사결정

- 심사부서가 행정처벌을 부과하는 데 동의하였을 경우, 조사부서는 사건 관련 서류에 심사의견을 첨부해 시장감독관리국의 책임자에게 제출함

- 시장감독관리국의 책임자는 해당 행정처벌의견에 대한 허가 여부를 결정함

---

19) 상표권자가 자체적으로 제조한 상품 또는 제3자가 상표권자의 허가를 받아 제조한 상품을 의미합니다.

⑥ 당사자의 항변절차

- 시장감독관리국의 책임자가 해당 행정처벌의견에 동의하였을 경우, 시장감독관리국은 부과하고자 하는 행정처벌 관련 사실, 이유 및 근거를 서면으로 당사자에게 제시하고 항변권을 행사할 수 있음을 통지함

- 부과하고자 하는 행정처벌이 영업정지, 사업자등록증 말소, 비교적 큰 금액의 과태료 등에 해당할 경우, 당사자는 청문회를 요청할 수 있음

⑦ 행정처벌 결정

- 당사자가 항변권을 포기하거나 시장감독관리국이 항변내용 또는 청문보고서에 대한 심사를 거쳐 확실히 행정처벌을 부과할 필요가 있다고 판단될 경우, 시장감독관리국 책임자는 사안의 경중을 참작하여 행정처벌결정을 내림

- 일반적으로 상표권침해에 대한 행정단속 고발은 입건일로부터 90일 내에 처리결정을 내려야 하며, 특수한 사정이 있을 경우에는 시장감독관리국 책임자의 허가를 거쳐 30일 연장할 수 있음

- 다만, 행정단속 과정 중의 청문회 개최, 감정, 공고 등 절차에 필요한 기간은 상기 처리기간에 산입하지 않음

 구체적인 법률근거 시장감독관리 고발처리방법 제17조, 제19조, 제27조 제1항, 제30조, 제33조, 제45조~제51조, 제54조

Q130 상표권침해 조사에 있어서 시장감독관리국은 어떤 권한이 있는지?

A130 상표권침해에 대한 조사에 있어서 시장감독관리국은 다음과 같은 권한을 가집니다.

① 당사자에 대한 심문

② 상표권침해와 관련된 계약서, 영수증, 장부 및 기타 자료의 열람, 복사

③ 상표권침해 장소에 대해 현장조사

④ 상표권침해 관련 물품에 대한 검사

⑤ 상표권침해를 입증할 수 있는 물품에 대한 봉인, 압류

아울러 시장감독관리국이 상기 권한을 행사할 경우, 당사자는 협조해야 하며 거절 또는 방해해서는 안 됩니다.

📖 **구체적인 법률근거** 상표법 제62조 제1항, 제2항

A131 상표권침해에 대한 행정단속을 효율적이면서도 순조롭게 진행하기 위해 권리자는 행정단속 고발장을 제출하기 전에 자체적으로 또는 대리인을 통해 다음과 같은 준비작업을 면밀히 진행할 필요가 있습니다.

① 등록상표의 유효성에 대한 확인

실무상에서 행정단속에 이용될 예정인 등록상표의 유효기간이 만료되었거나 상표등록인의 명칭 또는 주소가 변경되었음에도 불구하고 갱신·변경 절차를 진행하지 않은 경우도 종종 있기에, 먼저 해당 등록상표의 유효성에 대해 확인할 필요가 있습니다.

② 당사자적격에 대한 확인

상표권침해에 대한 행정단속 고발장을 제출할 수 있는 권리자는 상표등록인 또는 이해관계자로 제한되며, 여기에서 말하는 "이해관계자"에는 해당 등록상표의 피허가자, 상속인 등이 포함됩니다. 따라서 고발장을 제출할 예정인 당사자가 상기 권리자에 해당하는지 여부를 미리 확인하여 둘 필요가 있습니다.

③ 상표권침해에 대한 초보적인 조사

권리자가 자체적으로 또는 변호사나 조사업체를 통해 오프라인 및 온라인상의 상표권침해 형태, 규모, 범위 등에 대한 초보적인 조사를 진행하여 상표권침해행위에 대한 행정단속 진행 여부를 결정하여야 합니다.

④ 행정단속 고발대상 선정 및 정식조사

인력 및 비용 상의 문제로 인해 모든 상표권침해자에 대해 행정단속을 진행할 수 없기에 초보적인 조사를 통해 확보한 상표권침해자 리스트 중에서 침해규모가 크거나 단속하기 쉬운 업체를 1~2개 정도 선정하여 행정단속 고발대상으로 하고, 자체적으로 또는 변호사나 조사업체를 통해 오프라인 및 온라인상의 조사를 진행한 후 상표권침해 혐의가 있는 상품을 구매함과 동시에 그 구매과정을 공증해야 합니다.

Q132 상표권침해 행정단속 고발에 있어서 필요한 서류는?

A132 상표권침해에 대한 행정단속 고발에 있어서 관할 시장감독관리국이 다름에 따라 요청하는 서류의 종류에 다소 차이가 있을 수 있지만, 실무상에서 한국기업이 변호사를 통해 관련 절차를 진행할 경우에 준비해야 하는 서류는 통상적으로 다음과 같습니다.

순번	서류명칭	비고
1	위임장	- 어느 로펌의 어느 변호사에게 행정단속업무를 의뢰하며, 구체적인 대리권한은 무엇인지를 명확히 하는 서류임
2	서명권 피위임자의 신분증명	- 행정단속 관련 서류에 한국기업을 대표하여 서명할 권한이 있음을 증명하는 서류임 - 한국에서 공증·인증 절차를 밟아야 함
3	사업자등록증 사본	- 한국에서 공증·인증 절차를 밟아야 함
4	상표등록증 사본	- 마드리드 국제출원을 통해 등록된 상표일 경우에는 상표등록증명서 사본을 제출해야 함 - 상표등록증과 사업자등록증에 기재된 주소는 일치해야 함
5	이해관계자임을 증명하는 서류	- 이해관계자의 명의로 행정단속 고발장을 제출할 경우에만 필요하며, 상표사용허가계약서(사본), 상속 관련 증명서류(사본) 등을 말함
6	승낙서	- 행정단속에 이용되는 등록상표의 권리안정성 및 사용허가 상황에 대해 권리자가 확인하는 서류임 - 규정된 서식이 있음
7	상품구매 공증서류	- 권리자 또는 권리자가 위임한 변호사나 조사업체가 상표권침해 혐의가 있는 상품을 구매하는 과정을 공증한 서류임
8	고발장	- 법률사무소에서 작성하여 드림
9	증거목록	- 법률사무소에서 작성하여 드림
10	법률사무소 사업자 등록증 사본	- 법률사무소에서 제공함
11	법률사무소 소개장	- 법률사무소가 구체적으로 어느 변호사를 파견하여 행정단속 고발업무를 수행하는지에 대해 관할 시장 감독관리국에 고지하는 서류임
12	변호사증 사본	- 담당변호사가 제공함

A133 중국법에는 상표권침해 행정단속 고발장의 기재사항 및 서식에 대한 명확한 규정이 없습니다.

다만, 저희들의 실무경험에 의하면 한국기업이 중국변호사를 선임하여 중국기업에 대한 행정단속을 진행할 경우에는 고발장에 다음과 같은 사항을 기재할 필요가 있습니다.

① 고발인 관련 사항

　- 명칭, 주소

② 대리인 관련 사항

　- 이름, 근무처, 주소, 전화번호, 이메일

③ 피고발인 관련 사항

　- 명칭, 주소, 담당자, 전화번호

④ 청구사항

⑤ 사실과 이유

예시

고발장

광저우시 월수구 시장감독관리국 귀중

고발인: 광화문 주식회사
주소: 한국 서울시 마포구 마포대로 1000호

대리인: 김춘국
근무처: 베이징시 리팡법률사무소　직무: 변호사
주소: 중국 베이징시 동성구 향하원가 1호 신덕경회센터 12층
전화: +86-10-64096099　E-mail: chunguojin@lifanglaw.com

피고발인: 광저우 대성무역회사
주소: 중국 광둥성 광저우시 월수구 천성로 500호

담당자: 왕중화   전화: +86-138-1111-88XX

청구사항:
1. 피고발인의 점포에 보관되어 있는 고발인의 상표권을 침해한 화장품, 포장박스 및 기타 관련 상품을 압류, 몰수하고 파기하여 줄 것을 요청함
2. 피고발인에 대한 즉각적인 권리침해행위 정지명령을 내려 줄 것을 요청함

사실과 이유:
 고발인은 한국에서 적법하게 설립되어 존속하고 있는 화장품업체로서 2021년 3월부터 중국 및 한국 시장에서 K브랜드 화장품을 판매하고 있다. 아울러 고발인은 2018년 5월 5일에 화장품을 지정상품으로 하여 상표국으로부터 K상표등록증을 발급받았으며, K상표는 현재까지 유효하게 존속하고 있다.
 고발인의 최근 조사결과에 의하면, 피고발인은 현재 광저우시 월수구 천성로 500호에 소재한 점포에서 K상표가 사용된 화장품을 대량적으로 파매하고 있는 중이다.
 고발인이 공증절차를 거쳐 피고발인의 상기 점포로부터 K상표가 부착된 화장품을 구매하여 확인한 결과, 이 화장품은 고발인이 제조하였거나 고발인의 허가를 받아 제조된 것이 아니다.
 따라서 피고발인의 상기 행위는 상표법 제57조 제1호에 규정된 상표등록인의 허가 없이 동일한 상품에 그 등록상표와 동일한 상표를 사용하는 행위에 해당하며, 고발인의 K상표권에 대한 침해를 구성한다.
 위 제반사항을 감안하여 고발인은 상표법 제57조 제1호 및 제60조의 규정에 근거해 귀국에서 피고발인의 상기 불법행위에 대해 조사·확인하고, 고발인의 청구사항을 인용함과 동시에 피고발인에 대해 엄정한 처벌을 내릴 것을 강력히 요청한다.
 아울러 고발인은 상기 고발내용의 진실성과 정확성을 보증하며, 이에 대한 법적 책임을 부담할 것을 약속한다.

고발인: 광화문 주식회사
대리인: 김춘국(서명)
일자: 2021년 9월 1일

Q134 상표권자는 행정단속을 통해 손해배상금을 획득할 수 있는지?

A134 손해배상금을 획득하지 못할 가능성이 높습니다.

왜냐하면 시장감독관리국은 상표권침해사건 당사자의 요청에 응하여 손해배상금에 대한 조정을 진행할 수는 있으나 당사자 간에 합의를 달성하지 못하였을 경우, 이를 강제할 수는 없기 때문입니다.

즉 상표권침해에 대한 행정단속 절차에 있어서 시장감독관리국은 상표권침해자에게 손해배상금 지불을 명령할 권한이 없습니다.

따라서 상표권자가 손해배상금 획득을 목적으로 할 경우에는 행정단속이 아니라 민사소송을 선택하거나 두 절차를 병행하는 것이 적절합니다.

📖 **구체적인 법률근거** 상표법 제60조 제3항

I. 소송 준비작업

1. 중국변호사 선임

Q135 상표권침해소송에서 선임할 수 있는 중국변호사 인수는?

A135 상표권침해소송에 있어서 당사자는 1~2명의 중국변호사를 소송대리인으로 선임할 수 있습니다.

중국 사법부의 통계에 의하면 2020년 말까지 중국변호사 인수는 약 52만명이며 2017년부터는 매년 평균 5만명 이상이 증가되고 있습니다.

중국에서 변호사가 되려면 먼저 해마다 한 번씩 진행하는 법률직업자격(法律职业资格) 시험을 통과하여 법률직업자격증 (法律职业资格证) 을 취득한 후 중국 법률사무소에서 1년간의 수습기간을 거쳐야 합니다.

수습기간이 만료된 후 변호사협회의 면접시험에 합격되면 관할 사법 행정부서로부터 변호사증 (律师执业证) 이 발급되며 이 시점부터 변호사의 명의로 법률서비스를 제공할 수 있습니다.

📖 구체적인 법률근거 / 변호사법 제5조

Q136 중국변호사는 반드시 상표권침해소송 관할법원 소재지에서 선임하여야 하는지?

A136 아닙니다.

중국변호사가 중국 내에서 업무를 수행함에 있어서는 지역의 제한을 받지 않습니다.

예컨대 베이징에서 근무하는 변호사를 선임하여 광둥성 법원에서 진행하는 소송을 대리하게 하는 것은 법률적으로 전혀 문제가 되지 않습니다.

다만, 홍콩·마카오 및 대만지역일 경우에는 중국 대륙과 완전히 다른 법률제도를 실시하고 있기에 이러한 지역에서의 소송업무는 중국변호사가 대리할 수 없으므로 현지의 변호사를 선임하여야 합니다.

📖 **구체적인 법률근거** 변호사법 제10조 제2항

Q137 상표권침해소송 수임계약은 중국변호사와 직접 체결할 수 있는지?

A137 직접 체결할 수 없습니다.

법률업무 수임계약은 반드시 법률사무소와 체결하여 합니다. 다만, 수임계약에 있어서 해당 법률업무를 수행하는 중국변호사를 지정하는 것은 가능합니다.

참고로 중국변호사는 반드시 1개의 중국 법률사무소에 소속되어야 하며, 개인적으로 법률업무를 처리하고 수임료를 수취할 경우에는 변호사법에 의해 처벌받게 됩니다.

📖 **구체적인 법률근거** 변호사법 제25조 제1항, 제40조 제1호

Q138 한국변호사를 선임하여 중국에서 상표권침해소송을 진행할 수 있는지?

A138 외국인, 무국적인, 외국기업 및 단체(이하 "외국당사자"라 한다)가 중국법원에서 소송을 제기하거나 응소함에 있어서 변호사를 선임하여 소송을 대리하게 할 경우에는 반드시 중국변호사를 선임하여야 합니다.

다만, 외국당사자는 본국의 변호사를 선임하여 일반인의 신분으로 중국 민사소송 업무를 대리하게 할 수는 있습니다.

즉, 중국 민사소송에 있어서 한국기업이나 한국인은 한국변호사를 선임하여 소송을 대리하게 할 수 있지만 한국변호사는 일반인의 신분으로 소송을 대리할 수밖에 없습니다.

구체적인 법률근거 민사소송법 제263조
민사소송법 해석 제528조

A139 중국에서는 변호사 수임료에 대해 정부지도가격과 시장조정가격을 실시하고 있으나 각 성·자치구·직할시 별로 그 기준이 다릅니다.

예컨대 베이징시에서는 2018년 3월까지는 변호사 수임료에 대한 정부지도가격 기준이 있었으나 2018년 4월부터는 전면적으로 시장가격에 따르도록 하였습니다.

이와 반대로 상하이시에는 현재도 변호사 수임료에 대한 정부지도가격 기준이 존재하지만, 정부지도가격은 강제성이 없기에 당사자 간의 협상에 의해 수임료가 결정됩니다.

중국 상표권침해소송 실무에 있어서는 통상적으로 일괄보수형식에 의해 변호사 수임료를 책정하지만 상당한 금액의 손해배상이 예상되는 사건에서는 〈착수금+성공보수〉형식을 채택하는 경우도 있습니다. 여기에서 말하는 "성공보수"는 권리침해자로부터 실제로 지급받은 손해배상금에 약정된 비율을 곱하여 산출한 금액을 의미합니다.

아울러 성공보수의 비율에 대해서는 공식적인 기준이 없기에 당사자 간의 협상에 의해 결정하게 되며, 착수금 금액이 적으면 성공보수 비율을 상대적으로 높게 책정하는 것이 실무상의 관행입니다.

다만, 법률사무소가 〈착수금+성공보수〉형식에 의해 수취하는 수임료 총액은 소송물가액의 30%를 초과하여서는 아니됩니다.

 구체적인 법률근거 │ 변호사 서비스비용 수취 관리방법 제4조, 제13조

Q140 중국 소송에서 "꽌시"가 그렇게 중요할까요?

A140 실무상에서 한국기업들은 소송업무를 대리할 중국변호사를 선임할 때 관할법원과의 "꽌시"(关系)가 어느 정도로 밀접한지에 대해 큰 관심을 가집니다.

해당 법률사무소에 관할법원에서 근무했던 경력이 있는 고위 법관 출신의 변호사가 재직하여 있으면 수임료가 훨씬 비싸더라도 대개는 이러한 법률사무소를 선정하는 경우가 많습니다.

그런데 "꽌시"가 그렇게 중요할까요?

경우에 따라서 일부 효과를 볼 수도 있겠지만 그렇게 신뢰할 수 있는 버팀목은 아닙니다. 그러한 "꽌시"가 현재도 유지되고 있는지를 확인할 방법도 없을 뿐만 아니라 자칫하면 사기당할 가능성도 있으며 운 나빠서 탄로되면 뇌물죄로 형사처벌 받을 가능성도 있습니다.

아울러 현재 중국의 사법환경은 과거에 비해 투명도가 대폭적으로 높아졌기에 법관도 섣불리 뇌물을 받지 못합니다.

"꽌시"보다 중요한 것은 증거입니다. 증거가 없으면 제아무리 강한 "꽌시"라고 해도 승소하기 어렵습니다.

A141 중국변호사가 대리인의 신분으로 상표권침해소송 절차에 참가하기 위해서는 의뢰인이 서명 또는 날인한 위임장을 중국법원에 제출해야 합니다. 위임장의 구체적인 서식은 Q167에 대한 답변 내용을 참조하여 주십시오.

일반적으로 중국변호사가 제공하는 위임장의 서식에는 그 대리권한을 특별수권으로 기재하는 경우가 대부분인데 "특별수권"이라 함은 의뢰인을 대신하여 다음과 같은 소송업무를 독자적으로 결정하여 처리할 수 있는 권리를 말합니다.

① 소송청구의 승인, 포기 및 변경

② 상대방 당사자와의 화해

③ 반소 또는 상소의 제기

특히 ①, ②는 의뢰인의 권리에 큰 영향을 끼치는 사항이기에 이러한 권한을 변호사에게 부여함에 있어서는 각별히 조심할 필요가 있습니다.

과거에 한국기업이 직업윤리가 결여된 중국변호사에게 이러한 특별수권을 하였다가 낭패를 본 사례도 있는 것으로 알고 있습니다. 역시 신뢰할 수 있는 중국변호사를 선임하는 것이 중요합니다.

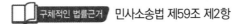 구체적인 법률근거 ┃ 민사소송법 제59조 제2항

2. 원고, 피고 및 소송시효 확인

Q142 상표권침해소송의 원고는 누구인지?

A142 등록상표에 대한 침해행위가 발생하였을 경우, 상표등록인 및 그 권리·의무를 적법하게 승계 받은 상속인은 법원에 상표권침해소송을 제기할 수 있습니다.

다만, 상표등록인이 상표사용허가계약의 체결을 통해 타인에게 그 등록상표의 사용을 허가한 후 해당 상표에 대한 침해행위가 발생하였을 경우에는 상표사용허가계약의 종류에 따라 상표권침해소송의 원고는 다르며, 구체적으로 다음과 같습니다.

상표사용허가계약 의 종류	상표권침해소송의 원고적격
독점사용허가계약	- 피허가자가 소송을 제기할 수 있음
배타사용허가계약	- 피허가자는 상표등록인과 공동으로 소송을 제기할 수 있음 - 상표등록인이 소송을 제기하지 않은 상황 하에서 피허가자가 소송을 제기할 수 있음
통상사용허가계약	- 상표등록인이 소송을 제기할 수 있음 - 피허가자가 상표등록인으로부터 명확한 수권을 받았을 경우에는 소송을 제기할 수 있음

독점사용허가, 배타사용허가 및 통상사용허가에 대한 해석은 Q90에 대한 답변 내용을 참조하여 주십시오.

 구체적인 법률근거 상표법 제60조 제1항
최고법원의 상표민사분쟁 법률해석 제4조

Q143 중국인의 이름과 신분증번호만 알고 있을 경우 그 주소를 확인할 수 있는지?

A143 가능합니다.

중국인의 이름과 신분증번호 또는 신분증번호만 알고 있을 경우에는 중국변호사에게 의뢰하여 공안국(公安局)[20]에 해당 중국인의 주소를 포함한 호적등기 사항 조회를 신청할 수 있습니다.

지역별로 다소 다를 수도 있지만 위 조회에 있어서 중국변호사가 제출하여야 하는 서류는 통상적으로 다음과 같습니다.

① 변호사증 원본 및 사본

② 변호사 본인의 신분증

③ 법률사무소 소개장

④ 의뢰인의 위임장

⑤ 의뢰인의 여권 또는 사업자등록증 사본

그 밖에, 이름만 알고 있을 경우 중국에는 동성동명인 사람이 너무 많기에 희귀한 이름이 아닌 이상 조회하기 어렵습니다.

---

20) 한국의 경찰서에 해당하는 부서입니다.

Q144 중국인의 여권정보만 알고 있을 경우 그 주소를 확인할 수 있는지?

A144 확인할 수 없습니다.

그 이유는 중국정부가 아직 변호사에게 여권정보에 의한 호적등기정보 조회서비스를 제공하지 않고 있기 때문입니다.

실무상에서는 이러한 경우 비공식적인 방법에 의해 해당 중국인의 주소를 확인하고 있는 것으로 알고 있습니다.

따라서 중국인과 상표 관련 계약서를 체결함에 있어서는 그 여권 뿐만 아니라 신분증 원본도 확인하고 사본을 남겨두는 것이 향후에 있게 되는 소송에 있어서 피고 신분 확인에 도움됩니다.

Q145 중국기업의 명칭만 알고 있을 경우 그 주소를 확인할 수 있는지?

A145 가능합니다.

현재 중국에는 기업의 기본등기정보를 무료로 조회할 수 있는 다음과 같은 여러 개의 검색 사이트가 있습니다.

- 国家企业信用信息公示系统 (http://www.gsxt.gov.cn)

- 企查查 (www.qcc.com)

- 天眼查 (www.tianyancha.com)

따라서 기업의 명칭만 알면 그 주소, 사업내용, 등록자본금, 법인대표, 이사, 감사, 신용불량기록 등 기본등기정보를 간편하게 찾아볼 수 있습니다.

Q146 상표권침해사건의 소송시효는?

A146 3년입니다.

소송시효는 상표등록인 또는 이해관계자(이하 총칭하여 "상표권자"라 한다)가 자신의 권리가 침해된 사실 및 그 침해자를 알거나 응당 알아야 하는 날(이하 총칭하여 "권리침해발생일"이라 한다)로부터 기산합니다.

상표권자가 권리침해발생일로부터 3년이 경과한 후에 소송을 제기할 경우, 침해행위가 소송 제기 시에도 여전히 지속되고 있으며 또한 해당 상표가 유효한 상황이라면 법원은 피고에게 침해행위 정지를 명하고, 손해배상금은 상표권자가 소송을 제기한 날로부터 3년 소급하여 계산합니다.

과거에 상표권침해사건의 소송시효는 2년이었지만 새롭게 제정된 민법총칙(民法总则)[21]이 2017년 10월 1일부터 시행됨으로 인해 상표권침해사건의 소송시효도 3년으로 변경되었습니다.

그 밖에, 관련 권리가 침해 받은 날로부터 20년이 경과하였을 경우, 법원은 그 권리를 더 이상 보호하여 주지 않습니다.

참고로 여기에서 말하는 이해관계자는 등록상표 사용허가계약의 피허가인, 등록상표의 합법적인 상속인 등을 포함합니다.

 상표민사분쟁사건 사법해석 제4조 제1항, 제18조
민법전 제188조

---

21) 민법총칙은 민법전의 구성부분으로서 2017년 10월 1일에 먼저 시행되었고, 민법전은 2021년 1월 1일부터 전면적으로 시행되었습니다.

Q147 상표 사용허가계약 또는 양도계약 관련 분쟁의 소송시효는?

A147 3년입니다.

소송시효는 권리자가 자신의 권리가 침해된 사실 및 그 침해자를 알거나 응당 알아야 하는 날(이하 총칭하여 "권리침해발생일"이라 한다)로부터 기산합니다.

참고로 과거에 중국상표 사용허가계약 또는 양도계약 관련 분쟁의 소송시효는 2년이었지만 새롭게 제정된 민법총칙이 2017년 10월 1일부터 시행됨과 더불어 상기 분쟁의 소송시효도 3년으로 변경되었습니다.

상표계약 관련 분쟁에 있어서도 권리가 침해 받은 날로부터 20년이 경과하였을 경우, 법원은 그 권리를 더 이상 보호하여 주지 않습니다.

 구체적인 법률근거 민법전 제188조

Q148 어떤 경우에 소송시효가 중단되는지?

A148 중국법의 규정에 따르면 다음과 같은 상황의 하나가 발생하였을 경우, 소송시효는 중단됩니다.

① 권리자가 의무자에게 이행청구를 제출함

② 의무자가 의무이행에 동의함

③ 권리자가 소송을 제기하거나 중재를 신청함

④ 소송제기 또는 중재신청과 동등한 효력을 가진 기타 상황이 발생함

①, ②의 경우에는 해당 의사표시가 상대방에게 도착한 날로부터 소송시효를 다시 계산하게 되며 ③, ④의 경우에는 해당 절차가 종료된 날로부터 소송시효를 다시 계산하게 됩니다.

 구체적인 법률근거 민법전 제195조

Q149   소송시효가 만료된 사건을 기소할 수 있는지?

A149   기소할 수 있습니다.

원고가 소송시효 만료 후에 소송을 제기할 경우일지라도 법원은 일단 해당 소송을 접수하여야 합니다.

다만, 소송 접수 후 피고가 소송시효 항변을 제출하고 법원이 심리를 거쳐 항변사유가 성립된다고 인정할 경우에는 원고의 소송청구를 기각합니다.

여기에서 유의할 점은, 피고가 소송시효 항변을 제출하지 않는 한 법원은 직권에 의해 능동적으로 소송시효가 만료되었음을 판단하지 않는다는 것입니다.

📖 구체적인 법률근거 민사소송법 해석 제219조

3. 재산조사 및 가압류, 가처분

Q150   소송 전에 중국기업의 구체적인 재산정보를 조사할 수 있는지?

A150   조사할 수 없습니다.

법원으로부터 확정판결을 받아 강제집행 절차에 들어가면 법원의 집행부서에 신청하여 중국기업의 예금, 부동산, 차량, 주식 등 재산정보를 공식적으로 조회할 수 있으나 소송 전이나 소송 중에 법원에 중국기업에 대한 재산조회를 신청할 수는 없습니다.

실무상에서는 신용정보업체에 의뢰하여 중국기업에 대한 신용조사보고서를 제공받아 그 대체적인 경영상황을 파악하고 소송제기 여부를 결정하는 경우도 있습니다.

다만, 신용조사보고서는 법원에 제출하여도 유효한 증거서류로 인정받기 어렵습니다.

Q151	소송 전에 중국기업의 재산에 대한 가압류는 가능한지?

A151 가능합니다.

이해관계자는 사정이 긴급하여 즉시 가압류(财产保全) 신청을 제기하지 않으면 그 합법적 권익에 보완하기 어려운 손해를 초래할 경우에는 소송제기 전에 해당 재산 소재지의 법원 또는 사건에 대해 관할권이 있는 법원에 가압류를 신청할 수 있습니다.

가압류를 신청함에 있어서는 가압류신청 금액에 상당한 담보를 제공하여야 하며, 법원은 가압류신청을 접수한 후 48시간 내에 허가 여부를 결정하게 됩니다. 과거에 담보금은 전부 현금으로 공탁해야 하였기에 채권자의 부담이 컸지만 현재는 중국에서도 한국의 보증보험증권과 비슷한 제도가 있어 담보제공이 훨씬 편하게 되었습니다.

법원이 가압류조치를 취한 후 신청인이 30일 내에 소송 또는 중재를 제기하지 않으면, 법원은 해당 재산에 대한 가압류를 해제하게 됩니다.

실무상에서 법원은 소송 전의 가압류가 아니라 소장을 접수함과 동시에 원고의 가압류신청을 접수하여 허가 결정을 내리고 해당 재산에 대한 가압류조치를 취한 후 피고에게 소장을 송달하는 방식을 많이 이용하고 있습니다.

즉 소송 전의 가압류가 아니라 소송 중의 가압류를 많이 허용하지만 소장을 피고에게 송달하기 전에 해당 재산에 대한 가압류조치를 취하는 방법으로 소송 전의 가압류와 같은 효과를 달성하고 있습니다.

아울러 원고는 소송절차 진행 중에도 피고의 재산에 대한 가압류신청을 할 수 있으며, 이러한 경우에 있어서도 원고는 담보를 제공하여야 합니다.

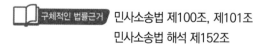 **구체적인 법률근거** 민사소송법 제100조, 제101조
민사소송법 해석 제152조

Q152 담보권이 설정되어 있는 재산에 대해 가압류 조치를 취하는 것은 가능한지?

A152 가능합니다.

소송 전 또는 소송 중에 있어서 채권자는 저당권, 질권, 유치권 등 담보권이 설정되어 있는 채무자의 재산에 대한 가압류를 법원에 신청할 수 있습니다. 이러한 경우에 있어서도 채권자는 상응한 담보를 제공하여야 합니다.

다만, 상기 가압류는 담보권자가 향유하고 있는 우선변제권에는 영향을 끼치지 않습니다.

📖 **구체적인 법률근거** 민사소송법 제100조, 제101조
민사소송법 해석 제152조, 제157조

Q153 이미 가압류가 되어있는 재산에 대해 중복적으로 가압류를 할 수 있는지?

A153 중복적으로 가압류를 할 수 없습니다.

다만, 이미 가압류가 되어있는 재산의 가치가 가압류금액을 초과할 경우에는 초과된 부분에 대해서 법원에 별도의 가압류 신청을 제기할 수 있습니다.

예컨대 법원이 A사의 신청에 의해 B사의 예금을 동결하였으나 A사가 신청한 가압류금액은 100만 위안이고 B사의 예금 잔고는 300만 위안일 경우, B사에 대해 별도의 채권회수 소송을 제기하는 C사는 나머지 200만 위안의 부분에 대해 법원에 가압류를 신청할 수 있습니다.

📖 **구체적인 법률근거** 민사소송법 제103조 제2항

가압류비용 기준은 어떻게 되는지?

A154 원고가 법원에 피고의 재산에 대한 가압류를 신청할 경우, 법원이 수취하는 가압류비용 기준은 다음과 같습니다.

가압류금액	가압류비용
1,000 위안 이하 부분	30 위안
1,000 위안 초과 10만 위안 이하 부분	1.0%
10만 위안 초과 부분	0.5%

※ 다만, 법원이 수취하는 가압류 비용은 최다로 5,000 위안을 초과하지 아니합니다.

예컨대 신청한 가압류금액이 60만 위안(약 한화 1억 원)일 경우, 법원에 납부하여야 하는 가압류 비용은 다음과 같습니다.

❖ 30 위안+(99,000 위안×1.0%)+(50만 위안×0.5%)=3,520 위안

 구체적인 법률근거 / 소송비용 납부방법 제14조

Q155 상표권침해금지 가처분신청을 할 수 있는지?

A155 신청할 수 있습니다.

상표권침해금지 가처분신청에 있어서 신청인은 관할법원에 신청서와 관련 증거를 제출해야 하며, 신청서에는 다음과 같은 사항을 명확히 기재하여야 합니다.

① 신청인과 피신청인의 신분, 송달주소 및 연락처

② 가처분 내용과 기한

③ 신청이 의거하고 있는 사실과 이유

  - 피신청인의 행위가 신청인의 합법적 권익에 보완하기 어려운 손해를 초래하거나 판결의 집행을 어렵게 하는 등 손해를 초래하는 데 대한 구체적인 설명을 포함

④ 가처분을 위해 담보를 제공하는 재산정보나 은행잔고증명서 또는 담보제공이 불필요한 이유

⑤ 명시해야 하는 기타 사항

아울러 법원은 상표권침해금지 가처분신청의 수용 여부를 판단함에 있어서 다음과 같은 요소를 종합적으로 고려합니다.

① 보호를 요청하는 상표권의 안정성을 포함하여 신청인의 청구가 사실적 기초와 법률근거가 있는지 여부

② 가처분조치를 강구하지 않으면 신청인의 합법적 권익에 보완하기 어려운 손해를 초래하거나 판결의 집행을 어렵게 하는 등 손해를 초래하는지 여부

③ 가처분조치를 강구하지 아니함으로 인해 신청인에게 초래하게 될 손해가 가처분조치를 강구함으로 인해 피신청인에게 초래하게 될 손해를 초과하는지 여부

④ 가처분조치가 사회공공이익에 손해를 초래하는지 여부

⑤ 기타 고려요소

상황이 긴급할 경우, 법원은 가처분신청을 접수한 후 48시간 내에 수용 여부에 대한 판단을 내려야 하며, 가처분결정을 내렸을 경우에는 즉시 집행하여야 합니다. 다만, 실무상에서는 48시간 내에 가처분결정이 이루어지는 경우가 거의 없는 것으로 알고 있습니다.

법원이 가처분결정을 내릴 경우에는 통상적으로 신청인에게 담보제공을 명령하며, 신청인이 담보를 제공하지 않으면 신청을 각하합니다.

그 밖에, 가처분조치를 강구한 후 30일 내에 신청인이 본안 소송을 제기하지 않으면 법원은 가처분조치를 해제하여야 합니다.

참고로 사법실무에 있어서 법원은 아직까지 상표권침해금지 가처분신청에 대해 상대적으로 심중한 입장을 고수하고 있습니다.

 구체적인 법률근거 민사소송법 제100조, 제101조
최고법원의 지식재산권 분쟁 가처분 관련 규정 제2조, 제4조, 제7조

II. 관할법원 선택

Q156 중국법원의 심급은 어떻게 되는지?

A156 중국법원의 기본체계는 기층법원, 중급법원, 고급법원 및 최고법원 등 4개 등급으로 분류 되어있습니다. 또한 한국법원은 "3급3심제"이지만 중국법원은 "4급2심제"를 채택하고 있습니다.

현재 중국 대륙지역에는 총 3,000여 개의 기층법원, 300여 개의 중급법원, 31개의 고급법원 및 1개의 최고법원이 설치되어 있습니다.

최고법원은 베이징에 소재하여 있으며, 현재 선전·선양·난징·정저우·충칭·시안 등 대도시에 6개의 순회법정을 설치하고 있습니다. 순회법정의 판결은 최고법원의 판결로 간주합니다.

베이징시의 경우 16개의 기층법원, 4개의 중급법원, 1개의 고급법원이 설치되어 있고, 한인 타운으로 유명한 왕징(望京) 지역은 베이징시 조양구(朝阳区) 법원의 관할 하에 있으며, 조양구 법원은 기층법원에 해당합니다.

📖 **구체적인 법률근거** 민사소송법 제17조, 제18조, 제19조, 제20조

A157 상표권침해소송은 통상적으로 다음과 같은 지역의 중급법원에서 1심 관할권을 가집니다.

① 권리침해행위의 실시지(实施地)

② 권리침해상품의 저장지(儲藏地)

③ 권리침해상품의 봉인·압류지(查封扣押地)

④ 피고의 주소지

여기에서 말하는 "권리침해상품의 저장지"란 권리침해상품을 대량적으로 또는 경상적으로 저장·은닉하는 지역을 의미하며, "권리침해상품의 봉인·압류지"란 세관, 시장감독관리국 등 행정부서에서 법에 따라 권리침해상품을 봉인·압류한 지역을 의미합니다.

아울러 한 건의 상표권침해사건에 있어서 여러 개의 1심 관할법원이 존재할 경우, 최종적으로 어느 법원에 소장을 제출할지는 원고의 판단에 따릅니다.

그 밖에, 최고법원 또는 고급법원으로부터 지정된 일부 기층법원은 상표권침해소송에 대한 1심 관할권을 가집니다. 예컨대 베이징시 조양구 법원은 비록 기층법원이지만 베이징시 고급법원으로부터 특별히 지정되었기에 1심 상표권침해소송에 대한 관할권이 있습니다.

따라서 상표권침해 관련 소장의 제출에 있어서는 관할법원을 미리 확인할 필요가 있다는 점 유의하시기 바랍니다.

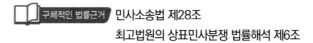

구체적인 법률근거 민사소송법 제28조
최고법원의 상표민사분쟁 법률해석 제6조

Q158 중국기업이 상표 로열티를 지급하지 않을 경우에는 어느 법원에 소송을 제기해야 하는지?

A158 한국 A사는 자신이 보유하고 있는 중국 등록상표를 베이징시에 소재하여 있는 B사에 사용권을 부여하였지만 B사는 피일차일 미루면서 약정대로 로열티를 지급하지 않고 있으며, 상표사용허가계약에는 중재 및 관할법원에 대한 약정이 없습니다.

상술한 경우 A사는 어느 중국법원에 소송을 제기하여야 할까요?

정답은 피고로 되는 B사 소재지의 법원, 즉 베이징시 법원입니다.

위 거래에 있어서 중국 상하이시에 소재하여 있는 C사가 B사의 로열티 지급에 대해 연대보증책임을 약속하였을 경우, A사는 베이징시 또는 상하이시의 법원을 관할법원으로 하여 B사와 C사를 공동피고로 소송을 제기할 수 있습니다.

아울러 위 거래에 있어서 상표사용지역, 즉 계약이행지가 광둥성 선전시일 경우 A사는 선전시의 법원을 관할법원으로 하여 소송을 제기할 수도 있습니다.

📖 **구체적인 법률근거** 민사소송법 제21조, 제23조

Q159 중국기업이 상표양도대금을 지급하지 않을 경우에는 어느 법원에 소송을 제기해야 하는지?

A159 상표양도대금 관련 소송의 관할법원 확정은 로열티 관련 소송의 경우와 동일합니다.

구체적인 내용은 Q158에 대한 답변 내용을 참조하여 주십시오.

Q160	중국기업과의 상표 관련 계약에 있어서 관할법원에 대해 합의할 수 있는지?

A160 계약 또는 기타 재산권익에 관한 분쟁에 있어서 당사자는 피고소재지, 계약이행지·체결지, 원고소재지, 목적물소재지 등 분쟁과 실제 관련이 있는 지역의 법원을 서면으로 합의하여 관할법원으로 지정할 수 있습니다.

예컨대 베이징시 순의구(順义区) 소재 한국 현지법인 A사가 상하이 소재 B사와 상표사용허가계약을 체결할 경우에 있어서 해당 상표의 사용지역은 톈진이고, 계약체결지는 선전일 경우, 쌍방은 상표사용허가계약에 베이징, 상하이, 톈진 또는 선전 중의 하나 또는 여러 개 지역의 법원을 관할법원으로 합의할 수 있습니다.

다만, 관할법원에 대한 이러한 합의는 심급관할 및 전속관할에 관한 규정을 위반하여서는 아니됩니다.

예컨대 베이징시의 법원을 관할법원으로 선택함에 있어서 순의구 법원(기층법원)이 상표 관련 계약분쟁사건에 대해 관할권이 없음에도 불구하고 관할법원으로 합의하면 이러한 합의는 무효입니다.

그 밖에, 상표 관련 계약에는 관할법원에 대한 약정이 없지만 분쟁이 발생하여 소송을 제기하기 전에 당사자 간에 서면으로 관할법원을 합의하였을 경우에도 유효합니다.

 구체적인 법률근거 민사소송법 제34조
민사소송법 해석 제29조

상표 관련 계약에는 당사자 일방 소재지의 법원을 관할법원으로 합의 하였으나 계약 체결 후 당사자의 소재지가 변경되었을 경우에는 어떻 게 처리하는지?

A161 거래계약에 당사자 일방 주소지의 법원을 관할법원으로 약정하였으나 계약 체결 후 그 주소지가 변경되었을 경우에는 여전히 원 주소지의 법원이 해당 계약 관련 소송에 대한 관할권을 가집니다.

예컨대 베이징시 조양구 소재 한국 현지법인 A사가 상하이 소재 B사 에게 상표사용권을 부여함에 있어서 A사 소재지의 법원을 관할법원으 로 합의하였지만, 계약 체결 후 A사의 주소지는 베이징시 동성구로 변경되었습니다. 이러한 상황 하에서 B사가 로열티를 체불함으로 인 해 A사가 소송을 제기할 경우 관할법원은 여전히 베이징시 조양구 법 원입니다.

다만, 당사자 간에 주소지 변경과 관할법원의 관계에 대해 별도의 약 정이 있을 경우, 위 법률규정은 적용되지 않습니다.

그 밖에, 법원에서 소송을 접수한 후에 발생한 당사자 주소지의 변경 은 관할권에 영향을 끼치지 않습니다.

📖 구체적인 법률근거 ▶ 민사소송법 해석 제32조, 제37조

Q162 중국상표 관련 소송에서 관할법원 선정이 중요한 이유는?

A162 첫째, 관할법원을 잘못 선택하여 소장을 접수시켰을 경우에는 피고측에서 관할권 이의를 제출할 수 있고 해당 사건은 최종적으로 관할권이 있는 법원으로 이송되지만, 이 절차는 상당히 긴 시간이 걸립니다. 한시라도 급히 권리침해행위를 제지하거나 로열티 또는 양도대금을 받고 싶은 원고측의 입장에서는 가능한 이런 사태가 발생하는 것을 회피하여야 합니다.

둘째, 원고 소재지의 법원 또는 원고 소재지와 가까운 지역의 법원을 관할법원으로 하면 많은 시간과 비용을 절약할 수 있습니다. 아무리 간단한 소송이라도 1심 절차에 있어서 적어도 한 번은 법원에 가야 하는데 중국은 땅이 넓어서 이동에 많은 시간이 걸리고 교통비용도 만만치 않습니다.

셋째, 중국당국의 지속적이면서도 강도 높은 반부패 운동으로 인해 중국법원의 재판은 과거에 비해 그 공정성 및 투명도가 대폭 제고되었습니다. 하지만 중국은 한국과 달리 절대 대부분의 법관들이 한 평생 한 지역에서 근무하기에 어찌할 수 없이 현지사회와 여러모로 깊숙한 유착관계가 이루어져 있습니다. 따라서 중국에서의 소송은 베이징, 상하이, 광저우, 선전 등 특대도시와 연해 지역의 대도시를 제외하고 관할법원의 선택에 있어서 가능한 피고 소재지의 법원을 피하는 것이 바람직하다고 봅니다.

Ⅲ. 소송 서류 작성

Q163 중국법원에 상표 관련 민사소송을 제기할 경우에는 어떤 서류가 필요한지?

A163 한국기업이 중국법원에 상표권침해 또는 상표계약분쟁 관련 민사소송을 제기할 경우에는 다음과 같은 서류가 필요합니다.

순번	서류명칭	원본/사본	부수	비 고
1	소장	원본	1	피고의 인수에 상응한 사본을 추가로 제출하여야 함
2	증거목록	원본	1	피고의 인수에 상응한 사본을 추가로 제출하여야 함
3	증거	사본	1	피고의 인수에 상응한 사본을 추가로 제출하여야 함
4	변호사 위임장	원본	1	한국에서 공증·인증 절차를 밟아야 함
5	법인대표 신분증명서	원본	1	한국에서 공증·인증 절차를 밟아야 함
6	법인대표 여권	사본	1	한국에서 공증·인증 절차를 밟아야 함
7	사업자등록증	사본	1	한국에서 공증·인증 절차를 밟아야 함
8	법률사무소 소개장	원본	1	소송업무를 수임한 중국법률사무소에서 발행하여야 함
9	변호사증	사본	1	소송업무를 담당하게 되는 중국 변호사가 제공하여야 함

통상적으로 한국기업과 중국법률사무소 간에 체결한 수임계약서는 법원에 제출할 필요가 없지만, 원고가 피고에게 변호사 수임료의 보상도 주장할 경우, 일부 법원은 원고에게 수임계약서도 증거서류의 하나로 제출할 것을 요구합니다.

그 밖에, 원고가 한국인일 경우에는 5, 6, 7번 서류는 제출할 필요가 없고 대신 본인의 여권 사본을 한국에서 공증·인증하여 1부 제출하면 됩니다.

Q164 중국상표 관련 민사소장은 어떻게 작성하는지?

A164 중국상표 관련 민사소송에 있어서 법원에 제출하는 소장에는 다음과 같은 사항을 기재하여야 합니다.

① 원고 관련 사항

- 원고가 자연인일 경우: 이름, 성별, 연령, 민족, 직업, 근무처, 주소, 연락처

- 원고가 회사일 경우: 명칭, 주소, 법인대표의 이름·직무·연락처

② 피고 관련 사항

- 피고가 자연인일 경우: 이름, 성별, 근무처, 주소

- 피고가 회사일 경우: 명칭, 주소

③ 소송청구 및 사실과 이유

④ 증거 및 증거의 출처, 증인 이름과 주소

 **구체적인 법률근거** 민사소송법 제121조

예시

소장

원고: 광화문 주식회사
주소: 한국 서울시 마포구 마포대로 1000호
법인대표: 홍길동　　직무: 대표이사
전화번호: +82-2-69590780

피고: 베이징 대성무역유한회사
주소: 중국 베이징시 조양구 왕징대로 118호
법인대표: 왕중화　　직무: 동사장

소송청구:
1. 피고는 원고의 상표권을 침해하는 행위를 즉각 정지하라.
2. 피고는 원고의 경제손실 100만 위안을 배상하라.

3. 피고는 원고의 합리적인 지출 10만 위안을 배상하라.

4. 피고는 중국지식재산권신문에 사죄성명을 게시하라.

5. 피고는 원고가 납부한 본건소송의 인지대를 부담하라.

사실과 이유:

원고는 한국에서 적법하게 설립되어 존속하고 있는 화장품회사이며, 그 법인대표 홍길동은 2017년 12월 1일자로 상표국에 화장품 등을 지정상품으로 K상표(이하 "본건상표"라 한다)를 출원하였고, 본건상표는 2018년 11월 3일 상표국으로부터 등록허가결정을 받았으며, 유효기간은 2028년 11월 2일까지이다.

원고는 2017년 1월부터 한국에서 본건상표가 사용된 화장품(이하 "본건제품"이라 한다)을 제조하여 판매하기 시작하였고, 중국에서는 홍길동으로부터 본건상표에 대한 8년 독점사용권을 부여받아 2019년 2월부터 티몰에 입점해 본건제품을 판매하기 시작하였다.

현재까지 중국시장에서의 본건제품 월 평균 판매량은 약 2만개이며, 원고의 지속적인 홍보활동을 통해 본건제품은 중국 20~30대 여성소비자들 중에서 상당히 높은 인기를 누리고 있다.

그런데 피고는 원고의 허가 없이 2019년 8월부터 1688 온라인쇼핑몰에서 본건상표를 무단사용한 화장품(이하 "모조품"이라 한다)을 대량적으로 판매하고 있다. 원고의 초보적인 조사에 따르면 현재까지 피고가 1688 온라인쇼핑몰에서 판매한 모조품의 수량은 10만개를 초과한다.

상기 상황을 종합적으로 감안하여 원고는 상표법 제57조 제1항, 제63조 제1항·제2항 및 제3항, 민사소송법 제119조 등 법률규정에 근거해 귀 법원에 소송을 제기하는 바이며, 귀 법원에서 관련 사실을 조사·확인한 기초상에서 법에 따라 심리하여 원고의 모든 소송청구를 인용하여 줄 것을 강력히 요청한다.

베이징시 조양구 법원 귀중

원고: 광화문 주식회사

대리인: 김춘국 (서명)

일자: 2021년 3월 1일

Q165 증거목록은 어떻게 작성하는지?

A165 증거목록에는 증거번호, 증거명칭, 출처, 증명사항, 원본 유무, 페이지 수 등 내용을 법관이 알아보기 쉽도록 일사불란하게 기재할 필요가 있습니다.

실무상에서 변호사가 뒤죽박죽인 증거목록을 제출함으로 인해 법정에서 담당 법관의 호된 꾸지람을 듣는 경우도 가끔 보게 되는데 이는 첫 시작부터 어수선한 인상을 남겨주어 소송의 결과에도 영향을 끼칠 수 있습니다.

예시

순번	증거명칭	출처	증명사항	원본 유무	페이지
1	상표등록증 사본	원고	홍길동은 화장품을 지정상품으로 상표국에 본건상표를 등록하였고, 본건상표는 현재 유효하게 존속하고 있음	있음	1~2
2	상표사용허가 계약서 사본	원고	원고는 홍길동으로부터 적법하게 본건상표의 독점사용권을 취득하였으며, 해당 독점사용권은 유효하게 존속하고 있음	있음	3~6
3	공증서류-1	공증 부서	피고가 불법적으로 1688 온라인쇼핑몰에서 모조품을 대량적으로 판매한 사실	있음	7~35
4	공증서류-2	공증 부서	원고가 피고의 1688 온라인쇼핑몰을 통해 모조품을 구매한 사실	있음	36~50

Q166 소장 작성에서의 유의점은?

A166 소송의 종류 및 구체적인 사안이 다름에 따라 소장 작성에서 유의해야할 점은 다양하겠지만 일반적으로 다음과 같은 사항에 유념할 필요가 있다고 봅니다.

첫째, 사실부분은 간단명료하게 작성하세요.

중국에는 "말이 많으면 실수하기 마련이다"는 속담이 있는데 소장 작성에 있어서도 이 점에 충분히 유의해야 합니다.

특히 중국법에 의하면 소장에서 원고가 자신에게 불리한 증거나 사실을 인정하였을 경우, 법원은 이를 유효한 증거로 채택하기에 각별한 주의가 필요합니다.

둘째, 법률근거를 지나치게 명확하고 상세하게 기재하지 마세요.

원고가 소장을 통해 달성하여야 할 가장 중요한 과제는 자신에게 유리한 사실부분을 간단 명료하게 법관에게 알려주는 것이며, 구체적으로 어떠한 법률근거에 의해 어떻게 판결을 내려야 할지는 법관의 몫입니다.

또한 소장에 원고가 주장하는 법률근거를 지나치도록 명확하고 상세하게 기재하면 피고에게 충분히 대응할 수 있는 시간적 여유를 주기에 원고에게는 불리한 결과로 됩니다.

셋째, 증거를 너무 빨리 전면적으로 제출하지 마세요.

사실관계가 비교적 간단한 사건일 경우에는 별로 영향이 없지만 여러모로 다툼의 소지가 있는 사건에 있어서 법원에 소장을 제출함과 동시에 원고가 가지고 있는 모든 증거도 함께 제출하면 피고에게 충분히 대응할 수 있는 시간적 여유를 주게 되며, 일부 증거는 제출하지 않으면 원고에게 더욱 유리한 경우도 있습니다.

법원에서 증거제출기한을 지정하지 않았을 경우에는 법정에서 직접 제출하는 것이 피고의 대응에 혼란을 일으키는 적극적인 효과를 볼 수도 있습니다.

넷째, 원고가 선임한 변호사에 관련된 정보는 가능한 소장에 기재하지 마세요.

법원은 원고의 소장을 접수한 후 피고에게 소장과 증거서류의 사본만 송달하게 됩니다. 따라서 소장에 원고가 선임한 변호사에 관련된 정보가 기재되어 있지 않으면 피고는 원고가 변호사를 선임하였는지조차 알 수 없습니다.

그렇지 않을 경우 피고는 소송 개시 전부터 원고가 선임한 변호사 및 소속 법률사무소의 상황을 어느정도 파악하고 그에 대항할 수 있는 실력의 변호사를 위임할 수 있기에 원고에게는 불리한 결과를 가져올 수도 있습니다.

| Q167 | 변호사 위임장은 어떻게 작성하는지?

| A167 | 한국기업이 중국에서 소송절차를 진행함에 있어서 반드시 중국변호사를 위임할 필요는 없지만 언어상의 장애가 존재하고 또한 중국법을 잘 모르기에 실무상에서는 거의 모든 사건에 있어서 중국변호사를 선임하여 소송절차를 진행하게 됩니다.

아울러 중국변호사를 선임할 경우에는 반드시 위임장을 작성해야 하며, 위임장은 한국에서 공증·인증 절차를 거쳐야 합니다.

예시

위임장

위임인: 광화문 주식회사
주소: 한국 서울시 마포구 마포대로 1000호
법인대표: 홍길동   직무: 대표이사

수임인: 김춘국
근무처: 베이징시 리팡법률사무소   직무: 변호사

주소: 중국 베이징시 동성구 항하원가 1호 신덕경회센터 12층
연락처: +86-10-64096099

　위임인과 베이징 대성무역유한회사 간의 상표권침해 사건에 관해 위 수임인을 대리인으로 선임하여 이 사건의 소송에 참가하도록 한다.
　수임인에게 부여하는 대리권한은 특별수권으로서 이 사건의 개정 전 조정, 1심·2심 소송 및 집행 업무를 대리하며 구체적인 권한은 다음과 같다.
　- 증거 조사 및 수집
　- 접수비용, 감정비용 납부
　- 소송 중의 증거보전 및 재산보전
　- 1심, 2심 소송제기
　- 법정심리 참석
　- 화해 및 조정
　- 소송청구의 승인, 변경, 추가 및 포기
　- 집행신청
　- 법률문서의 제출 및 수령
　- 손해배상금 수령
　수임인은 베이징시 리팡법률사무소의 다른 변호사를 복대리인으로 선임할 수 있다.
수임인의 대리기한은 이 위임장 작성일로부터 대리업무 완료일까지이다.

위임인: 광화문 주식회사 (인)
작성일: 2021년 2월 1일

Q168 법인대표 신분증명서는 어떻게 작성하는지?

A168 법인대표 신분증명서는 한국기업이 원고로 될 경우에 반드시 법원에 제출하여야 하는 소송서류의 하나이지만 그 내용은 아주 간단합니다.

예시

법인대표 신분증명서

홍길동 씨는 현재 저희 회사에서 대표이사 직무를 담당하고 있으며 저희 회사 법인대표임을 증명하는 바입니다.

광화문 주식회사 (인)
2021년 2월 1일

Ⅳ. 1심 소송절차

1. 소송서류 접수 및 송달

Q169 소장 접수는 어떻게 진행되는지?

A169 소송의 제기는 다음과 같은 조건에 부합되어야 합니다.

① 원고가 해당 사건과 직접적인 이해관계가 있을 것

② 명확한 피고가 있을 것

③ 구체적인 소송청구 및 사실, 이유가 있을 것

④ 법원이 소송을 접수하는 사건에 속할 것

⑤ 소장을 접수한 법원의 관할에 속할 것

소송서류는 법원 입건부서(立案庭)의 창구에 제출해야 하며 입건부서는 소장 및 기타 소송 관련 서류에 대한 형식적인 심사를 거쳐 문제가 없다고 판단되면 일단 소송서류 제출일을 기재한 증빙을 원고에게 발급하고, 소송서류 제출일로부터 7일 내에 해당 소송의 제기가 상기 조건에 부합되는지 여부를 심사하고 입건 허가 여부를 결정합니다.

법원이 입건을 결정하였을 경우에는 원고에게 사건접수통지서를 발급하고, 입건하지 않기로 결정하였을 경우에는 해당 결정서를 원고에게 송달하며, 원고는 결정서를 송달 받은 날로부터 10일 내에(원고가 중국 내에 주소가 없을 경우에는 30일 내에) 상소할 수 있습니다.

사건접수통지서에는 해당 소송을 담당하게 되는 단독부(独任庭) 또는 합의부(合议庭)를 구성하는 법관 및 배심원의 이름이 기재됩니다.

과거에는 법원이 소송서류 접수절차에 있어서 사건의 세부적인 부분까지 심사하여 말도 안 되는 여러 가지 황당한 트집을 잡아 소장접수를 거절하거나, 연말이 되면 법원 업무평가 실적의 중요한 지표로 되는 사건종결률을 높이기 위해 의도적으로 소장접수를 거절하는 폐단이 적지 않게 존재하였지만 지금은 많이 개선된 상황입니다.

📖 구체적인 법률근거 민사소송법 제119조, 제123조, 제269조
민사소송법 해석 제208조

Q170 소송시효가 만료된 사건의 소장을 접수하는지?

A170 원고가 소송시효 만료 후에 소장을 제출할 경우일지라도 법원은 일단 해당 소장을 접수하여야 합니다.

다만, 소장을 접수한 후 피고가 소송시효 항변을 제출하고 법원이 심리를 거쳐 항변사유가 성립된다고 인정할 경우에는 원고의 소송청구를 기각합니다.

여기에서 유의할 점은, 피고가 소송시효 항변을 제출하지 않는 한 법원은 직권에 의해 소송시효가 만료되었음을 능동적으로 판단하지 않는다는 것입니다.

📖 구체적인 법률근거 민사소송법 해석 제219조

Q171 소장을 우편으로 제출할 수 있는지?

A171 중국법에는 소장의 제출방식에 관한 명확한 규정은 없으나 소송문서를 기간 만료일 전에 우편으로 발송하였을 경우에는 기간이 경과한 것으로 인정하지 않는다는 규정이 있습니다. 따라서 이론상에서는 우편으로 소장을 제출하는 것이 가능합니다.

다만, 실무상에서 우편으로 소장을 송부하게 되면 우편물이 분실될 리스크도 있고 소송서류의 형식에 대한 법원의 심사에 있어서도 차질이 발생할 수 있기에 가능한 우편으로 소장을 제출하는 것은 피하여야 합니다.

📖 **구체적인 법률근거** 민사소송법 제82조 제4항, 제120조 제1항

Q172 소장을 온라인으로 제출할 수 있는지?

A172 코로나 사태가 발생한 후 대부분 지역의 법원에서는 온라인으로 소장을 접수하고 있습니다.

현재 베이징 지역의 법원에서는 상당히 많은 사건의 심리에 있어서 증거교환이나 변론 등 복잡한 소송절차까지도 온라인으로 진행하고 있습니다.

다만, 온라인 소송도 지역별로 큰 차이가 있기에 구체적인 사건에서는 중국변호사를 통해 미리 확인할 필요가 있습니다.

아무튼 코로나가 법원의 소송업무 처리방식에 급격한 변화를 가져오고 있는 것만은 명백한 사실입니다.

Q173 소장은 어떤 방식으로 피고에게 송달되는지?

A173 법원은 원고가 제출한 소장을 접수하여 입건한 날로부터 5일 내에 소장 사본을 피고에게 송부하여야 합니다.

소송문서의 송달에는 직접송달, 유치송달, 위탁송달, 우편송달, 공시송달 등 여러가지 방식이 있지만 실무상에서 법원은 대부분 우편송달 방식에 의해 소장을 피고에게 송달합니다.

피고가 정당한 사유 없이 소장송달을 거부하는 경우에는 유치송달 방식을 이용할 수 있으며, 피고의 주거 또는 사무소 불명으로 인해 소장을 송달할 수 없을 경우에는 법원의 게시판이나 신문 등에 소장의 요지, 답변기한 등 사항을 게시하는 공시송달 방식을 이용하게 됩니다.

공시송달의 경우, 공시일로부터 60일이 경과하면 소장이 피고에게 송달된 것으로 간주합니다. 다만, 중국에 주소가 없는 피고에 대한 공시송달의 경우, 공시일로부터 3개월이 만료되면 피고에게 송달된 것으로 간주합니다.

📖 **구체적인 법률근거** 민사소송법 제85조, 제86조, 제88조, 제125조

Q174 원고가 소송을 취하한 후 다시 소송을 제기할 수 있는지?

A174 가능합니다.

원고가 소송을 취하하거나 또는 법원이 소송 취하로 처리한 후 원고가 동일한 소송청구로 다시 기소할 경우, 법원은 이를 접수하여야 합니다.

다만, 이혼소송에 있어서 원고가 소송을 취하한 후 6개월 내에 새로운 상황이나 사유 없이 다시 기소할 경우 법원은 이를 접수하지 않습니다.

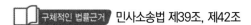 민사소송법 해석 제214조

Q175 1심 소송의 재판부는 어떻게 구성되는지?

A175 1심 소송의 재판부는 단독부와 합의부로 분류됩니다.

단독부는 1명의 법관으로 구성되며 기층법원이 간이절차를 적용하는 간단한 1심 소송은 일반적으로 단독부가 심리합니다. 간이절차에 대한 해석은 Q203에 대한 답변을 참고하여 주십시오.

이와 반대로 합의부는 3명 이상 홀수의 법관 또는 배심원으로 구성되며(실무상에서 거의 모든 합의부는 3명으로 구성됨), 법관이 재판장을 담당하게 됩니다. 합의부는 단독부가 심리하는 1심 소송 외의 모든 사건을 심리합니다.

합의부의 판결은 다수결에 의해 결정되며, 배심원은 사건 심리에 있어서 법관과 동등한 권리·의무를 가집니다.

구체적인 법률근거 민사소송법 제39조, 제42조

2. 소송비용 예납 및 부담

Q176 소송비용에는 어떤 항목이 포함되는지?

A176 중국 민사소송 절차에서의 소송비용에는 다음과 같은 항목이 포함됩니다.

① 접수비용

- 1심 접수비용

- 2심 접수비용

- 재심 접수비용

② 신청비용

- 강제집행 신청비용

- 가압류 신청비용

- 가처분 신청비용

- 기타 신청비용

③ 전문인원비용

- 증인, 검증인, 통역, 사정인 등 전문인원의 법정출석으로 인해 발생하는 교통비용, 숙박비용, 생활비용 및 일당

📖 **구체적인 법률근거** 소송비용 납부방법 제6조, 제7조, 제10조, 제11조

A177 중국에서 상표권침해 또는 상표계약분쟁 관련 소송을 제기할 경우, 법원이 수취하는 접수비용[22])의 기준은 다음과 같습니다.

소송물가액	접수비용
1만 위안 이하 부분	50 위안
1만 위안 초과 10만 위안 이하 부분	2.5%
10만 위안 초과 20만 위안 이하 부분	2.0%
20만 위안 초과 50만 위안 이하 부분	1.5%
50만 위안 초과 100만 위안 이하 부분	1.0%
100만 위안 초과 200만 위안 이하 부분	0.9%
200만 위안 초과 500만 위안 이하 부분	0.8%
500만 위안 초과 1,000만 위안 이하 부분	0.7%
1,000만 위안 초과 2,000만 위안 이하 부분	0.6%
2,000만 위안 초과 부분	0.5%

예컨대 소장에 기재한 소송물가액이 60만 위안(약 한화 1억 원)일 경우, 법원에 납부해야 하는 1심 소송 접수비용은 다음과 같습니다.

50 위안+(9만 위안×2.5%)+(10만 위안×2.0%)+(30만 위안×1.5%)+(10만 위안×1.0%) =9,800 위안

아울러 2심 소송에서도 위 기준에 따라 법원에 접수비용을 납부하여야 합니다.

다만, 법원의 조정에 의해 사건이 종료되거나 당사자가 소송을 취하하였을 경우에는 이미 납부한 접수비용의 50%를 환급 받을 수 있습니다.

📖 구체적인 법률근거 소송비용 납부방법 제13조, 제15조

---

22) 한국 민사소송 절차에서의 인지액에 상당합니다.

Q178 소송비용은 어느 당사자가 부담하는지?

A178 접수비용은 원고, 독립청구권이 있는 제3자 또는 상소인이 예납하고, 피고가 반소를 제기할 경우 반소 부분의 접수비용은 피고가 예납하여야 합니다.

아울러 신청비용 및 전문인원비용은 신청자가 법원에 해당 신청을 제출할 때 예납하거나 법원이 지정한 기한 내에 납부해야 합니다.

확정판결이 내려진 후에는 패소한 당사자가 최종적으로 모든 소송비용을 부담해야 하며, 일부 승소 또는 패소의 경우에는 법원이 사건의 구체적인 상황에 근거하여 각 당사자가 부담하는 소송비용 금액을 결정하게 됩니다.

그 밖에, 조정에 의해 사건이 종료될 경우 소송비용 부담은 당사자 간의 협상을 거쳐 해결해야 하며, 합의할 수 없을 경우에는 법원이 최종적으로 부담비율을 결정합니다.

📖 **구체적인 법률근거** 소송비용 납부방법 제20조, 제29조, 제31조

Q179 접수비용의 납부 기한은?

A179 일반적으로 법원은 소송당사자에게 송달하는 사건접수통지서에 접수비용납부에 관한 고지서를 첨부하며, 당사자는 해당 고지서를 받은 날로부터 7일 내에 법원이 지정한 은행계좌에 접수비용을 입금하여야 합니다.

아울러 2심 소송 접수비용은 상소인이 상소장을 제출할 때 예납해야 하며, 상소인이 상소 기한 내에 접수비용을 예납하지 않았을 경우, 법원은 7일 내에 예납할 것을 통지합니다.

당사자가 규정된 기한 내에 접수비용을 납부하지 않을 경우, 법원은 해당 당사자가 소송을 취하한 것으로 처리합니다.

한국기업이 중국에서 소송을 진행할 경우, 한국으로부터 직접 법원에 접수비용을 송금하는 것은 절차가 번잡하기에 통상적으로 해당 소송을 대리하는 중국법률사무소가 대신 지급하고 사후 정산하는 방식을 많이 이용하고 있습니다.

📖 구체적인 법률근거 **소송비용 납부방법 제22조**
민사소송법 해석 제213조

Q180 승소한 후 예납한 접수비용을 환급 받을 수 있는지?

A180 환급 받을 수 있습니다.

승소자가 소송절차에서 예납하였지만 자신이 부담하지 말아야 하는 소송비용(접수비용 포함)에 대해서는 판결이 확정된 후 법원이 승소자에게 환급해야 하며, 해당 소송비용은 최종적으로 패소자가 법원에 납부해야 합니다.

다만, 승소자가 자원적으로 소송비용을 부담하거나 또는 패소자가 직접 승소자에게 소송비용을 지불하는데 동의한 경우는 제외됩니다.

패소자가 소송비용의 납부를 거부할 경우, 법원은 직권에 의해 패소자에 대한 강제집행 조치를 취할 수 있습니다.

참고로 실무상에서 승소자에 대한 법원의 소송비용 환급절차는 비교적 많은 시간이 소요되며, 일부 법원은 이러저러한 핑계로 소송비용 환급을 거절하는 경우도 있습니다.

📖 **구체적인 법률근거** 민사소송법 해석 제207조

3. 답변서 및 관할권 이의

Q181 답변서는 언제까지 제출하여야 하는지?

A181 피고는 법원으로부터 소장 사본을 송달 받은 날로부터 15일(피고가 중국 내에 주소가 없을 경우에는 30일) 내에 답변서를 제출해야 하며, 답변서에는 원고가 소장에서 주장한 사실과 법률근거에 대한 반박내용 외에 다음과 같은 사항을 기재해야 합니다.

① 피고가 자연인일 경우

　이름, 성별, 연령, 민족, 직업, 근무처, 주소, 연락처

② 피고가 기업일 경우

　명칭, 주소, 법인대표의 이름·직무·연락처

법원은 피고의 답변서를 받은 날로부터 5일 내에 답변서 사본을 원고에게 송달합니다.

피고가 답변서를 제출하지 않아도 법원의 사건 심리에는 영향을 끼치지 않습니다.

한국 민사소송에서는 변론기일 지정 전까지 원고와 피고 간에 〈소장〉 → 〈답변서〉 → 〈원고 반박 준비서면〉 → 〈피고 반박 준비서면〉 …… 수순으로 여러 차례 서면의견을 주고받는 것으로 알고 있지만, 중국 민사소송에서는 답변서 제출 기한이 만료된 후 법원이 곧 변론기일을 지정하게 됩니다.

📖 **구체적인 법률근거** 　민사소송법 제125조, 제268조

답변서 작성에서의 유의점은 무엇인지?

A182 답변서 작성에서의 유의점은 소장의 경우와 비슷하며 구체적으로 다음과 같습니다.

첫째, 사실부분은 간단명료하게 작성하세요.

중국에는 "말이 많으면 실수하기 마련이다"는 속담이 있는데 답변서의 작성에 있어서도 이 점에 충분히 유의하여야 합니다.

특히 중국법의 규정에 의하면 답변서에서 피고가 자신에게 불리한 증거나 사실을 인정하였을 경우, 법원은 이를 유효한 증거로 채택하기에 각별한 주의가 필요합니다.

둘째, 법률근거를 지나치게 명확하고 상세하게 기재하지 마세요.

소장의 경우와 마찬가지로 피고가 답변서를 통해 달성하여야 할 가장 중요한 과제도 자신에게 유리한 사실부분을 간단 명료하게 법관에게 알려주는 것이며, 구체적으로 어떠한 법률근거에 의해 어떻게 판결을 내려야 할지는 법관의 몫입니다.

또한 답변서에 피고가 주장하는 법률근거를 지나치도록 명확하고 상세하게 기재하면 원고에게 충분히 대응할 수 있는 시간적 여유를 주기에 피고에게는 불리한 결과로 됩니다.

셋째, 증거를 너무 빨리 전면적으로 제출하지 마세요.

사실관계가 비교적 간단한 사건일 경우에는 괜찮지만 여러모로 다툼의 소지가 있는 사건에 있어서 법원에 답변서를 제출함과 동시에 피고가 가지고 있는 모든 증거도 함께 제출하면 원고에게 충분히 대응할 수 있는 시간적 여유를 주게 되며, 일부 증거는 제출하지 않으면 피고에게 더욱 유리한 경우도 있습니다.

아울러 중국 민사소송에서도 원고의 입증책임이 더욱 무겁기에 원고가 제출한 증거를 살펴보면서 피고가 자신에게 유리한 증거를 선별적으로 제출하는 것이 보다 효과적이고 안전합니다.

넷째, 절대 과격한 용어를 사용하지 마세요.

실무상에서 원고가 말도 안 되는 황당한 이유로 법원에 소송을 제기하는 경우도 종종 있습니다. 다만, 그렇다고 해서 피고가 답변서에 과격한 용어, 원고의 인격을 모욕하는 용어를 사용하게 되면 법관에게 나쁜 인상을 주게 되며 판결에도 영향을 끼칠 가능성이 있습니다.

물론 법관은 사실과 법률에 의해 판결을 내릴 의무가 있지만 법관도 사람이기에 이러저러한 요소의 영향을 받을 수 있다는 점 명기하고 자신에게 유리한 사실과 근거를 평온한 어조로 서술하면 됩니다.

Q183 관할권 이의는 언제까지 제기하여야 하는지?

A183 법원이 소장을 접수하여 입건한 후 피고가 해당 법원에 의한 사건 관할에 불복할 경우에는 관할권 이의를 제기할 수 있습니다.

관할권 이의는 소장 사본을 송달 받은 날로부터 15일(피고가 중국 내에 주소가 없을 경우에는 30일) 내에 제기하여야 합니다. 즉 관할권 이의는 답변서 제출기한 내에 제기해야 합니다.

원고 또는 피고가 관할권 이의에 대한 법원의 결정에 불복할 경우에는 해당 결정서를 송달 받은 날로부터 10일(중국 내에 주소가 없을 경우에는 30일) 내에 상소할 수 있습니다.

 민사소송법 제127조 제1항, 제269조

A184 한국기업이 중국에서 피고로 된 상표 관련 소송에서 관할권 이의를 제출할 경우에는 다음과 같은 사항에 유의하시기 바랍니다.

첫째, 관할권에 대해 이의가 있으면 답변서를 제출하지 마세요.

중국법의 규정에 의하면 피고가 법원으로부터 소장을 송달 받은 후 관할권 이의를 제기하지 않고 답변서를 제출하거나 사건의 실체내용에 대해 답변, 진술하거나 또는 반소를 제기한 경우에는 해당 법원에 관할권이 있는 것으로 간주합니다.

다만, 이러한 관할이 중국법상의 심급관할 또는 전속관할에 관한 규정에 위반될 경우는 제외됩니다.

그 밖에, 피고가 답변서 제출기한 내에 답변서도 제출하고 관할권 이의도 제기하였을 경우 법원은 관할권 이의에 대해 심리하게 되지만, 이러한 상황에서의 답변서 제출은 피고에 대해 아무런 실익도 없는 불필요한 행동입니다.

둘째, 관할권 이의 제기를 너무 가볍게 대하지 마세요.

중국 민사소송 절차에 있어서 관할권 이의 제기는 피고가 소송을 지연시키는 가장 유효하고 보편적인 수단의 하나로 활용되고 있습니다.

저희들도 과거에는 지식재산권침해소송의 피고를 대리할 경우, 일단 먼저 관할권 이의를 제기함으로써 응소에 필요한 준비시간을 충분히 마련하여 왔습니다. 즉 해당 법원에 관할권이 있음을 명백히 알고 있음에도 불구하고 관할권 이의를 제기하는 것입니다.

일단 관할권 이의를 제기하고 또한 법원의 기각결정에 대해 상소하면 2심법원의 최종 결정이 나오기까지 1개월 정도의 시간이 걸리고, 섭외민사소송(涉外民事诉讼)일 경우에는 더욱 많은 시간이 걸립니다. 피고는 관할권 이의신청서 한 장으로 소송을 수개월이나 지연시켜서 흐뭇하지만 원고나 담당 법관이 보기에는 참 비열한 수법입니다.

베이징 지식재산권법원이 2014년 11월에 설립되어 2018년 6월까지의 약 3년반 사이에 접수한 총 3,287건의 지식재산권 소송 관할권 이의 항소심 사건에 대한 통계에 따르면 최종적으로 이의가 성립된 사건은 6건에 불과합니다. 즉 거의 모든 관할권 이의신청은 소송지연을 목적으로 하고 있는 소송권리남용에 해당한다고 볼 수 있습니다.

비록 아직까지 지식재산권소송 관할권 이의 남용에 대한 대표적인 처벌사례는 없지만, 중국법원은 이러한 행위는 민사소송법에 규정된 신의성실의 원칙에 위배되며, 법원의 인력을 낭비하고 정상적인 사법활동을 방해하는 행위라고 판단하여 처벌 카드를 만지작거리기 시작하였습니다.

📖 **구체적인 법률근거** 민사소송법 제13조 제1항, 제127조 제2항
민사소송법 해석 제223조

4. 개정 전의 준비업무

Q185 개정 전에 법원은 어떤 준비절차를 진행하는지?

A185 답변서 제출기한이 만료되었고 또한 피고가 관할권 이의를 제출하지 아니하였을 경우, 법원은 재판을 효율적으로 진행하기 위해 개정 전 회의를 소집하여 준비작업을 진행할 수 있습니다.

개정 전 회의는 원고와 피고를 법원 회의실에 호출하여 담당 법관의 주재 하에 다음과 같은 작업을 진행하게 됩니다.

① 원고의 소송청구와 피고의 답변의견을 확인함

② 원고의 소송청구 추가, 변경 및 피고의 반소에 대한 심사처리

③ 제3자가 제기한 본건 소송과 관련된 소송청구에 대한 심사처리

④ 당사자가 신청한 증거조사, 감정, 검증, 증거보전에 대한 결정

⑤ 당사자 간의 증거교환

⑥ 쟁점 정리

⑦ 조정

담당 법관은 개성 선 회의에 관하여 회의록을 작성하며, 회의에 출식

한 소송당사자는 회의록의 내용을 확인한 후 서명해야 합니다.

실무상에서 개정 전 회의는 사실관계가 비교적 복잡한 사건에 적용되는 경우가 많으며 상대적으로 간단한 사건은 개정 전 회의를 소집하지 않습니다.

📖 구체적인 법률근거 ▶ 민사소송법 해석 제225조

Q186 증거교환은 어떻게 진행되는지?

A186 "증거교환"이란 증거가 많거나 사실관계가 복잡한 사건의 개정 전에 담당 법관의 주재 하에서 소송당사자 간에 증거를 교환하는 제도를 말합니다.

증거교환은 일반적으로 담당 법관이 소송당사자 쌍방의 의견을 듣고 합리적인 일자를 지정하여 법원 회의실에서 진행하며, 증거교환일에 증거 제출기한이 만료된 것으로 간주합니다.

다만, 증거교환일 후에 당사자가 상대방 당사자의 증거에 대한 반대증거를 제출할 경우 담당 법관은 다시 증거교환을 안배해야 합니다.

증거교환 과정에 있어서 담당 법관은 당사자가 승인하는 사실 및 증거를 기록하고, 당사자가 승인하지 않는 증거에 대해서는 증명해야 하는 사실별로 정리함과 동시에 그 이유를 기록하여야 합니다.

📖 구체적인 법률근거 ▶ 민사소송 증거규정 제56조, 제57조, 제58조

증거교환 절차에서 제출한 자신에게 불리한 증거를 철회할 수 있는지?

철회할 수 없습니다.

소송당사자가 증거교환, 법관에 의한 심문 및 조사 절차에서 있어서 자신에게 불리한 사실을 명확히 승인하였을 경우, 상대방 소송당사자는 이에 대한 입증책임을 부담하지 않습니다.

따라서 소송당사자가 증거교환 절차에 있어서 자신에게 불리한 증거를 제출하였다 함은 자신에게 불리한 사실을 명확히 승인한 것으로 간주되어 상대방 당사자는 해당 증거에 의해 입증된 사실에 대한 입증책임을 부담하지 않아도 됩니다.

구체적인 법률근거 ▶ 민사소송 증거규정 제3조

Q188 개정 전에 증거 대질을 진행할 수 있는지?

A188 증거는 대질 절차를 거쳐야 만이 사건을 판단하는 근거로 할 수 있으며, 일반적으로 개정심리(开庭审理)23) 절차에 있어서 법정에서 제시하고 당사자들이 서로 대질하게 됩니다.

다만, 소송당사자가 개정 전의 준비절차 또는 법원의 조사, 심문 과정에 있어서 대질의견을 발표한 증거에 대해서는 이미 대질한 증거로 간주합니다.

따라서 증거교환 등 개정 전의 준비절차에서 상대방 소송당사자가 제시한 증거에 대해 의견을 발표할 경우에는 자신에게 불리한 대질의견으로 간주되지 않도록 신중히 대응할 필요가 있습니다.

구체적인 법률근거 ▶ 민사소송 증거규정 제60조 제1항
민사소송법 해석 제103조 제2항

---

23) 법정을 열어 사건을 심리하는 것을 말합니다.

개정일시는 어떻게 지정하는지?

A189 소송당사자 간의 증거교환 절차가 완료된 후, 또는 피고의 답변서 제출기한이 만료된 후 담당 법관은 개정 일시 및 장소를 지정하여 개정 3일 전까지 소송당사자들에게 소환장 방식으로 통지하게 됩니다.

실무상에서는 통지일로부터 짧은 기간 내에 개정일을 배정할 경우, 담당 법관은 사전에 소송당사자들과 전화로 연락하여 개정일을 협상하는 경우가 보통이지만, 이와 반대로 통지일과 개정일 사이에 상당히 긴 시간적 여유가 있을 경우에는 사전 연락없이 바로 소환장을 송달합니다.

아울러 공개 심리하는 사건에 대해서는 해당 법원의 게시판에 당사자의 이름, 소송사유 및 개정 일시와 장소를 공개하여야 합니다.

구체적인 법률근거 민사소송법 제136조

Q190 어떠한 경우에 개정심리를 연기하는지?

A190 다음과 같은 상황의 하나가 있을 경우, 법원은 개정심리를 연기할 수 있습니다.

① 반드시 법정에 출석하여야 하는 당사자와 기타 소송참가자가 정당한 이유로 출석하지 않았을 경우

② 당사자가 임시로 기피신청을 제기하였을 경우

③ 새로운 증인의 출석을 통지하거나 새로운 증거를 수집하거나 감정·검증을 다시 진행하거나 또는 보충조사를 진행할 필요가 있을 경우

④ 연기해야 할 기타 사정이 있을 경우

 구체적인 법률근거 민사소송법제146조

Q191 소송당사자인 한국기업의 임직원이 소송을 방청할 수 있는지?

A191 섭외민사소송의 당사자인 외국기업의 임직원이 소송을 방청할 수 있는지 여부에 대해 중국법에는 명확한 규정은 없으나 실무상에서 법원은 방청을 허가하고 있습니다.

다만, 허가절차는 법원별로 다를 수 있기 때문에 해당 소송을 대리하는 중국변호사를 통해 담당 법관에게 방청신청서를 미리 제출할 필요가 있습니다.

그 밖에, 법원이 방청을 허가하였을 경우에는 반드시 본인의 여권을 지참하여야 합니다.

5. 개정심리 및 판결

Q192 법원은 모든 사건을 공개 심리하는지?

A192 중국법의 규정에 의하면 법원은 민사사건의 심리에서 국가기밀, 프라이버시 또는 법률에 별도의 규정이 있는 경우를 제외하고 공개 심리하여야 합니다.

다만 이혼사건, 영업비밀에 관련된 사건에서 당사자가 비공개 심리를 신청할 경우, 법원은 비공개로 사건을 심리할 수 있습니다.

📖 구체적인 법률근거 ┃ 민사소송법 제134조

개정심리의 절차는 어떻게 되는지?

법원의 1심 민사소송 개정심리는 다음과 같은 절차에 따라 진행됩니다.

① 서기관이 소송당사자와 기타 소송참여인원이 출석하였는지 확인하고 법정에서 준수하여야 할 규칙을 선포함

② 재판장(법관)이 소송당사자를 확인한 후 소송사유, 재판인원(법관 또는 배심원)과 서기관의 이름을 선포하고 당사자에게 소송 관련 권리·의무를 고지하며 기피신청 여부를 문의함

③ 다음과 같은 순서에 따라 법정조사를 진행함

　㉠ 소송당사자가 진술함

　　- 실무상에서는 원고, 피고 및 제3자의 순서에 따라 각 당사자가 소장, 답변서 및 의견서의 내용을 요약하여 진술하거나 또는 소장 등 서류에 기재한 내용과 같다는 진술을 함

　㉡ 재판장이 증인의 권리와 의무를 고지한 후 증인이 증언함

　　- 증인이 법정에 출석하지 않았을 경우에는 서기관이 증언을 낭독함

　　- 재판인원은 증인에게 질문할 수 있음

　　- 소송당사자는 재판장의 허가를 거쳐 증인에게 질문할 수 있음

　㉢ 서증, 물증, 시청각 자료 및 전자데이터 등 증거를 제시함

　　- 원고가 증거를 제시하고 피고가 대질함

　　- 피고가 증거를 제시하고 원고가 대질함

　　- 제3자가 증거를 제시하고 원고 및 피고가 대질함

　㉣ 감정의견을 낭독함

　　- 소송당사자는 재판장의 허가를 거쳐 감정인에게 질문할 수 있음

ⓜ 검증조서를 낭독함

- 소송당사자는 재판장의 허가를 거쳐 검증인에게 질문할 수 있음

④ 다음과 같은 순서에 따라 법정변론을 진행함

㉠ 원고가 발언함

㉡ 피고가 답변함

㉢ 제3자가 발언하거나 답변함

㉣ 상호 간에 변론함

⑤ 최종의견을 진술함

법정변론이 끝난 후 재판장은 원고, 피고 및 제3자의 순서에 따라 최종의견을 진술하도록 합니다. 이 절차에 있어서 재판장은 각 소송당사자에게 조정할 의향이 있는지 여부에 대해 다시 한번 확인합니다.

⑥ 변론조서를 확인하고 서명함

서기관은 개정심리의 전반 내용을 기재한 변론조서를 출력하여 각 소송당사자 또는 그 대리인에게 내용을 확인하고 서명하도록 합니다.

⑦ 1심 판결을 선고함

실무상에서는 변론이 끝난 후 당장 판결을 선고하는 경우는 극히 드물며, 법원은 거의 모든 사건에 있어서 우편으로 각 소송당사자에게 판결문을 송달합니다.

📖 **구체적인 법률근거** 민사소송법 제137조, 제138조, 제139조 제1항, 제141조, 제142조, 제147조
민사소송법 해석 제103조 제1항
민사소송 증거규정 제62조 제1항

A194 증거에 대한 대질은 진실성, 합법성 및 관련성의 원칙에 따라 진행하게 됩니다.

실무상에서는 이를 증거의 "3성원칙"이라고 부르며 구체적으로 다음과 같이 해석하고 있습니다.

① 진실성

증거는 그 형식이나 내용이 진실하여야 합니다. 예컨대 원본과 동일하지 않은 사본은 그 형식이 진실하지 못하기에 증거로 채택할 수 없습니다.

② 합법성

증거는 그 형식이나 출처가 합법적이어야 합니다. 예컨대 한국에서 공증·인증 받아야 할 증거인데 이러한 공증·인증 절차를 거치지 않았을 경우에는 증거 형식이 합법적이 아니므로 증거로 채택할 수 없습니다.

③ 관련성

증거는 사건과 관련된 것이어야 합니다. 예컨대 상표권침해소송에 있어서 피고가 자신이 준법경영기업임을 강조하기 위해 주관정부 부서의 표창장을 제출하였을 경우, 해당 표창장은 본안 사건과 관련성이 없기에 증거로 채택할 수 없습니다.

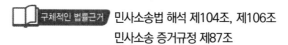 구체적인 법률근거 민사소송법 해석 제104조, 제106조
민사소송 증거규정 제87조

Q195 원고가 개정일에 출석하지 않으면 어떻게 되는지?

A195 법원이 소환장으로 원고에게 지정된 개정일에 출석할 것을 통지하였으나 원고가 정당한 사유 없이 출석하지 않을 경우, 법원은 원고가 소송을 취하한 것으로 처리할 수 있습니다.

📖 구체적인 법률근거 민사소송법 제143조

Q196 원고가 법정에서 무단 퇴장하면 어떻게 되는지?

A196 원고가 개정심리 중 재판장의 허가 없이 무단 퇴장할 경우, 법원은 원고가 소송을 취하한 것으로 처리할 수 있습니다.

📖 구체적인 법률근거 민사소송법 제143조

Q197 피고가 개정일에 출석하지 않으면 어떻게 되는지?

A197 한국 민사소송에서는 피고가 답변도 하지 않고 지정된 기일에 법정에도 출석하지 않으면 패소하는 것으로 알고 있습니다.

다만, 중국 민사소송에서는 피고가 답변하지도 않고 개정일에 법정에 출석하지도 않더라도 즉시 패소하는 것은 아닙니다.

이러한 경우 법원은 원고가 제출한 증거서류에 근거하여 사건을 심리하고 판결을 내리게 되지만 꼭 피고가 패소하는 결과로 이어지는 것은 아닙니다.

📖 구체적인 법률근거 민사소송법 제144조

A198 중국 민사소송 1심 또는 2심 개정심리에 있어서 소송당사자가 주의해야 할 사항은 여러 모로 많지만 저희들의 실무경험상 특히 다음과 같은 사항에 주의하여야 한다고 봅니다.

첫째, 중요한 내용은 사전에 서면으로 작성하여 둘 것

아무리 머리가 좋은 사람이라도 개정심리에 있어서 법관의 질문이나 상대방 당사자의 공격에 당장 구두로 대응하면 실수가 많이 발생하기 마련입니다. 특히 사실관계가 복잡한 사건의 심리에 있어서는 더욱 그렇습니다. 따라서 중요한 사항에 대한 답변이나 견해는 사전에 서면으로 준비하여 두는 것이 바람직합니다.

둘째, 개정시간을 엄수할 것

실무상에서 간혹 소송당사자나 대리인이 지각하여 법관에게 야단 맞는 경우도 있습니다. 중국도 한국과 마찬가지로 법관 1명 당 처리하는 사건의 수량이 엄청 많기에 법관의 하루 일정은 숨돌릴 틈도 없이 바쁘고 스트레스도 상당히 많이 쌓입니다. 그런 와중에 소송당사자나 대리인이 지각까지 하면 다음 재판 일정에도 영향을 주기에 법관은 짜증날 수밖에 없습니다. 좋은 소송결과를 취득하려면 처음부터 법관에게 나쁜 인상을 주지 말아야 합니다.

셋째, 상대방 당사자의 발언을 중단시키지 말 것

법정에서 상대방 당사자가 발언할 때 그 발언을 중단시키면 법관으로부터 질책 받게 됩니다. 법관은 각 당사자에게 충분히 발언할 수 있는 기회를 주기에 자신의 견해를 밝히려고 서두를 필요는 없습니다. 상대방 당사자가 발언할 때는 일단 자세히 듣고 중요한 포인트를 메모하여 자신이 발언할 차례가 되면 차분히 문제점을 지적하고 반박하면 됩니다.

넷째, 흥분하거나 화내지 말 것

법정에서 상대방 당사자가 기가 막힐 정도로 엉뚱한 주장을 하는 경우도 있습니다만, 이럴 때 흥분하거나 화를 내게 되면 법관에게 좋지 않은 인상을 남길 뿐만 아니라 대뇌가 정상적으로 작동하지 못하여

잘 못된 답변이나 견해를 제출할 수 있습니다. 우리측이 흥분하거나 화를 내지 않아도 법관은 총명한 사람이기에 상대방 당사자가 말도 안 되는 억지 주장을 하고 있음을 내심 충분히 알고 있습니다.

다섯째, 말하는 속도를 조절할 것

법정에서 변호사가 기관총 쏘듯이 말을 거침없이 빨리하는 경우가 있지만 사실 서기관은 그렇게 빨리 기록할 수 없습니다. 중문은 한글에 비해 입력하는 속도가 평균적으로 엄청 느립니다. 이러한 경우 서기관은 변호사의 발언내용 중 자신이 중요하다고 판단하는 사항만 선택적으로 기록하게 됩니다. 또한 법관은 개정심리가 끝난 후 변론조서를 판결의 주요 근거서류로 봅니다. 따라서 말하는 속도를 적당히 조절하여 중점을 강조하면서 서기관이 해당 발언내용을 충분히 기록할 수 있도록 하는 것이 포인트입니다.

여섯째, 복잡하거나 중대한 문제는 당장에서 판단하지 말 것

법정에서 법관이 질문한 중대한 사항에 대해 즉각적으로 답변하기 어려울 경우, 또는 상대방 당사자가 새롭게 제출한 증거가 복잡하여 즉시 견해를 발표하기 어려울 경우에는 당장에서 답변하거나 발표하지 말고 추후 서면으로 제출하는 것이 적절합니다.

일곱째, 변론조서는 반드시 꼼꼼히 체크하고 서명할 것

상술한 바와 같이 변론조서는 법관이 판결을 내림에 있어서 근거하는 중요한 서류의 하나입니다. 따라서 변론조서는 꼼꼼히 체크하고 자신의 발언취지와 다르거나 누락된 부분이 있으면 법정에서 서기관에게 정정을 요청해야 합니다. 실무상에서 사실관계가 복잡한 사건일 경우, 당사자가 변론조서를 체크하는데 소요되는 시간만 몇시간이 걸릴 때도 있습니다. 중국변호사가 업무를 꼼꼼히 챙기는지 여부는 변론조서를 체크하는 자세로부터 알 수도 있습니다.

Q199 1심 판결 기한은 어떻게 되는지?

A199 법원은 1심 사건의 입건일로부터 6개월 내에 판결을 내려야 하며, 특수한 상황이 있을 경우에는 법원장의 허가를 거쳐 6개월 연장할 수 있고, 더 연장할 필요가 있을 경우에는 상급 법원의 허가를 받아야 합니다.

아울러 공시송달기간, 감정기간, 당사자 간의 화해를 목적으로 하는 협상기간, 관할권 이의 심리기간은 위 기한에 산입하지 않습니다.

다만, 알아 두셔야 할 점은 섭외민사소송에 있어서는 위 판결기한의 제약을 받지 않는다는 것입니다.

📖 **구체적인 법률근거** 민사소송법 제149조, 제270조
민사소송법 해석 제243조

Q200 조정은 언제까지 진행 가능한지?

A200 법원은 소장을 접수한 후 개정 전의 준비단계, 1심, 2심, 재심 및 집행 등 모든 소송단계에서 조정을 진행할 수 있습니다.

Q201 조정서가 효력을 발생한 후 상소할 수 있는지?

A201 조정서는 쌍방 당사자가 서명하면 즉시 법적 효력을 가집니다.

따라서 이미 효력을 발생한 조정서에 대해서는 상소할 수 없습니다.

다만, 당사자가 해당 조정이 자원(自愿)원칙에 위배되거나 조정내용이 법률에 위반됨을 입증할 수 있을 경우에는 재심을 제기할 수 있습니다.

📖 **구체적인 법률근거** 민사소송법 제97조 제3항, 제201조

Q202 조정과정 및 조정서는 공개되는지?

A202 법원은 당사자가 동의한 경우를 제외하고 조정과정을 공개하지 않으며, 조정서도 일반적으로 공개하지 않습니다.

다만, 국가이익, 공중이익 및 제3자의 합법적 이익을 보호하기 위해 법원이 조정서를 공개할 필요가 있다고 판단할 경우는 제외됩니다.

📖 **구체적인 법률근거** 민사소송법 해석 제146조 제1항, 제2항

Q203 | 섭외민사소송에 간이절차를 적용할 수 있는지?

A203 실무상에서 섭외민사소송에는 간이절차를 적용하지 않습니다.

"간이절차"란 기층법원이 사실관계 및 당사자 간의 권리·의무 관계가 명확하고 분쟁이 크지 않는 1심 사건을 심리할 때 적용하는 소송절차를 말합니다.

간이절차에 있어서 원고는 구두로 소송을 제기할 수 있고, 당사자가 자신의 의견을 진술할 수 있는 권리를 보장하는 전제하에서 전화·팩스·이메일 등 간편한 방식으로 당사자나 증인을 소환할 수 있으며, 보통절차에서 진행하는 법정조사나 변론절차를 생략할 수도 있습니다.

법원은 간이절차를 적용한 사건에 대해 입건일로터 3개월 내에 판결을 내려야 합니다.

📖 **구체적인 법률근거** 민사소송법 제157조 제1항, 제158조 제1항,
제159조, 제160조, 제161조

Q204 | 상표권침해 손해배상금액은 어떻게 확정하는지?

A204 상표권침해소송에 있어서 법원은 다음과 같은 순서에 따라 손해배상금액을 확정합니다.

① 상표권침해 손해배상금액은 상표권리자가 권리침해로 인해 받은 실제손실에 따라 확정함

② 실제손실을 확정하기 어려운 경우에는 권리침해자가 권리침해를 통해 얻은 이익에 따라 확정할 수 있음

③ 상표권리자의 실제손실 또는 권리침해자의 이익을 확정하기 어려운 경우에는 해당 상표 허가사용료의 배수를 참조하여 합리적으로 확정함

④ 악의적으로 상표권을 침해하고 사안이 중대한 경우에는 상기 방법으로 확정한 금액의 1배 이상 5배 이하로 손해배상금액을 확정할 수 있음

⑤ 상표권리자가 권리침해로 인해 받은 실제손실, 권리침해자가 권리침해를 통해 얻은 이익 및 상표허가사용료를 확정하기 어려운 경우, 법원은 권리침해행위의 사안에 기초하여 500만 위안 이하의 손해배상금을 확정할 수 있음

아울러 손해배상금에는 상표권리자가 권리침해행위를 제지하기 위해 지불한 모조품구매비용, 공증비용, 변호사비용 등 합리적인 지출을 포함하여야 합니다.

그 밖에 법원은 손해배상금액의 확정에 있어서 상표권리자가 이미 최선을 다해 입증하였지만 권리침해행위와 관련된 장부·자료가 주로 권리침해자에게 장악되어 있는 경우, 권리침해자에게 권리침해행위와 관련된 장부·자료의 제출을 명할 수 있으며, 권리침해자가 이를 제공하지 않거나 허위로 작성된 장부·자료를 제출한 경우, 법원은 상표권리자의 주장 및 상표권리자가 제공한 증거를 참고하여 손해배상금액을 판정할 수 있습니다.

참고로 거의 모든 상표권침해소송에 있어서 법원은 상기 ⑤에 규정된 재량권에 의해 손해배상금을 확정하고 있지만, 상표권리자가 상표권침해소송을 통해 보상받을 수 있는 손해배상금은 현재 대폭 증가되는 추세입니다.

구체적인 법률근거 상표법 제63조

Q205 상표권침해에 대해 법원은 손해배상 이외의 어떤 민사적 제재를 가할 수 있는지?

A205 상표권침해소송에 있어서 법원은 권리침해자에게 손해배상 이외의 다음과 같은 민사적 제재를 가할 수 있습니다.

① 권리침해정지

② 방해배제

③ 위험해소

④ 영향제거24)

⑤ 벌금

⑥ 권리침해상품 몰수

⑦ 위조된 상표표장 몰수

⑧ 주요하게 권리침해상품의 제조에 사용된 재료, 도구, 설비 등 재물의 몰수

상표권침해행위에 대해 법원이 과하는 벌금형은 행정단속절차에서의 과태료 기준(Q127에 대한 답변 내용 참조)을 참조하여 확정할 수 있으며, 시장감독관리국이 이미 행정처벌을 부과한 상표권침해사건에 대해 법원은 손해배상금 이외의 민사적 제재를 가하지 않습니다.

📖 **구체적인 법률근거** 최고법원의 상표민사분쟁 법률해석 제21조

---

24) 상표권침해행위가 권리자의 신용 또는 명예에 부정적인 영향을 초래하였을 경우, 상표권침해자가 공개적인 형식으로 권리침해를 인정하고 사실관계를 명확히 함으로써 권리자의 신용 또는 명예에 초래한 영향을 제거하는 조치를 말합니다.

V. 2심 소송절차

Q206 1심 판결 또는 결정에 불복할 경우에는 어떻게 상소하는지?

A206 당사자가 1심 판결에 불복할 경우에는 판결문을 송달 받은 날로부터 15일 내에, 1심 결정(예컨대 관할권 이의 결정)에 불복할 경우에는 결정서를 송달 받은 날로부터 10일 내에 한 급 높은 법원에 상소할 권리가 있습니다.

상소장은 1심법원을 통해 제출해야 하며 상대방 당사자의 인수에 해당하는 사본을 제출하여야 합니다. 당사자가 직접 2심법원에 상소할 경우, 2심법원은 5일 내에 상소장을 1심법원에 이송합니다.

그 밖에, 중국 내에 주소가 없는 당사자가 1심 판결 또는 결정에 불복할 경우에는 판결문 또는 결정서를 송달 받은 날로부터 30일 내에 상소하여야 합니다.

📖 **구체적인 법률근거** 민사소송법 제164조, 제166조, 제269조

Q207 상소장은 어떻게 작성하는지?

A207 중국 민사소송에 있어서 법원에 제출하는 상소장에는 다음과 같은 사항을 기재하여야 합니다.

① 상소인 관련 사항

 - 상소인이 자연인일 경우: 이름, 성별, 연령, 민족, 직업, 근무처, 주소, 연락처

 - 상소인이 회사일 경우: 명칭, 주소, 법인대표의 이름·직무·연락처

② 피상소인 관련 사항

 - 피상소인이 자연인일 경우: 이름, 성별, 근무처, 주소

- 피상소인이 회사일 경우: 명칭, 주소, 법인대표의 이름·직무

③ 원심법원의 명칭, 사건번호 및 소송사유

④ 상소청구 및 이유

⑤ 증거 및 증거의 출처, 증인 이름과 주소

- 새로운 증거 및 증인이 있을 경우에만 첨부함

 구체적인 법률근거 │ 민사소송법 제165조

예시

상소장

상소인(원심원고): 광화문 주식회사
주소: 한국 서울시 마포구 마포대로 1000호
법인대표: 홍길동　　직무: 대표이사
전화번호: +82-2-69590780

대리인: 김춘국
근무처: 베이징시 리팡법률사무소　　직무: 변호사

피상소인(원심피고): 베이징 대성무역유한회사
주소: 중국 베이징시 조양구 왕징대로 118호
법인대표: 왕중화　　직무: 동사장

　상소인은 피상소인과의 상표권침해사건에 관한 베이징시 조양구 법원의 XXX호 민사판결에 불복하여 상소를 제기한다.

소송청구:
1. 베이징시 조양구 법원에서 내린 XXX호 민사판결 중의 제1항 및 제2항 판결을 파기하고 법에 따라 다시 판결하라.
2. 이 사건의 1심 및 2심 소송비용은 피상소인이 부담하라.

상소이유:
　상소인의 법인대표인 홍길동은 2017년 12월 1일자로 상표국에 화장품 등을 지정상품으로 K상표(이하 "본건상표"라 한다)를 출원하였고, 본건상표는 2018년 11월 3일 상표국으

로부터 등록허가결정을 받았으며, 그 유효기간은 2028년 11월 2일까지이다.

상소인은 2017년 1월부터 한국에서 본건상표가 사용된 화장품(이하 "본건제품"이라 한다)을 제조하여 판매하기 시작하였고, 중국에서는 홍길동과 본건상표 독점사용허가계약을 체결하여 2019년 2월부터 티몰에 입점해 본건제품을 판매하기 시작하였으며, 중국시장에서의 판매량 누적과 지속적인 홍보활동을 통해 본건상표는 중국소비자들 중에서 상당히 높은 인지도가 있다.

그런데 피상소인은 2019년 8월부터 1688 온라인쇼핑몰에서 본건상표를 무단사용한 화장품을 대량적으로 판매하였다.

위 상황에 비추어 상소인은 원심법원에 피상소인이 상표권침해를 즉각 정지하고, 상소인의 경제손실과 합리적인 지출 합계 110만 위안을 배상하고, 신문에 사죄성명을 게시하며, 본건 소송의 인지대를 부담할 것을 명하는 취지의 판결을 청구하였으나 원심법원은 피상소인이 홍길동으로부터 독점사용권을 부여받은 왕서방을 통해 본건상표의 사용권을 적법하게 취득하였음을 이유로 상소인의 모든 소송청구를 기각하는 판결을 내렸다.

다만, 상소인의 확인결과에 의하면, 홍길동과 왕서방 간에 체결된 상표사용허가계약은 위조된 서류이다.

따라서 상소인은 2심법원에서 원심법원의 판결을 파기하고 법에 따라 공정한 판결을 내려 줄 것을 강력히 요청한다.

베이징 지식재산권법원 귀중

상소인: 광화문 주식회사
대리인: 김춘국 (서명)
일자: 2021년 8월 1일

Q208 상소장은 어떤 방식으로 피상소인에게 송달되는지?

A208 원심법원은 상소인이 제출한 상소장을 접수한 날로부터 5일 내에 그 사본을 피상소인에게 송부하여야 합니다.

상소장의 송달방식은 소장의 경우와 동일합니다. 구체적인 내용은 Q173에 대한 답변 내용을 참조하여 주십시오.

 **구체적인 법률근거** 민사소송법 제167조

Q209 2심 소송의 재판부는 어떻게 구성되는지?

A209 2심 소송의 재판부는 합의부로만 구성되며, 단독부는 2심 소송에 적용되지 않습니다.

아울러 2심 소송의 합의부는 3명 이상 홀수의 법관으로 구성되며(실무상에서 거의 모든 합의부는 3명으로 구성됨), 배심원은 2심 소송의 심리에 참여할 수 없습니다.

2심 소송에 있어서도 판결은 합의부의 다수결에 의해 결정됩니다.

📖 **구체적인 법률근거** 민사소송법 제40조

Q210 1심법원에 제출하지 않은 증거를 2심법원에 제출할 수 있는지?

A210 1심에서 발견하지 못한 새로운 증거 또는 1심에서 객관적인 원인으로 인해 수집하지 못한 증거는 2심법원에 제출할 수 있습니다.

당사자가 고의 또는 중대한 과실로 인해 1심법원에 제출하지 않은 증거는 2심법원에서 채택하지 않습니다.

다만, 실무상에서 해당 증거가 사건의 기본사실에 관련된 증거라고 판단할 경우, 2심법원은 이를 채택하지만 당사자를 훈계하거나 과태료를 부과할 수 있습니다.

📖 **구체적인 법률근거** 민사소송법 해석 제101조, 제102조

Q211 1심법원에서 판결하지 않은 소송청구가 있을 경우 어떻게 처리되는지?

A211 당사자가 1심 절차에서 제출한 소송청구에 대해 원심법원이 판결을 내리지 않았을 경우, 2심법원은 당사자의 자원원칙에 의해 조정을 진행할 수 있습니다.

다만, 조정을 거쳐도 합의를 달성할 수 없을 경우, 2심법원은 해당 사건을 원심법원에 파기환송하여 다시 심리하도록 합니다.

 구체적인 법률근거 민사소송법 해석 제326조

Q212 2심 소송도 모두 개정심리를 하는지?

A212 2심법원은 상소사건에 대해 개정심리를 하여야 합니다.

다만, 새로운 사실·증거 또는 이유를 제출하지 않은 다음과 같은 상소사건에 대해 합의부가 서류열람과 조사 및 당사자 심문을 거쳐 개정심리가 필요 없다고 인정할 경우에는 서면심리로 대체할 수 있습니다.

① 접수거절, 관할권 이의 및 기소 각하 결정에 불복한 경우

② 당사자가 제출한 상소청구가 현저히 성립하지 않을 경우

③ 원심 판결 또는 결정이 인정한 사실은 명확하지만 법률적용에 오류가 있을 경우

④ 원심 판결이 법률절차를 엄중하게 위반하였기에 파기환송하여 다시 심리하도록 할 필요가 있을 경우

구체적인 법률근거 민사소송법 제169조
민사소송법 해석 제333조

Q213 2심 개정심리의 절차는 어떻게 되는지?

A213 2심 개정심리의 절차는 1심의 경우와 거의 동일하다고 보시면 됩니다. 구체적인 내용은 Q193에 대한 답변 내용을 참조하여 주십시오.

 구체적인 법률근거 **민사소송법 제174조**

Q214 2심법원은 상소사건을 어떻게 처리하는지?

A214 2심법원은 상소사건에 대해 심리한 후 다음과 같은 방식의 하나에 따라 원 판결 또는 결정을 처리하게 됩니다.

① 원 판결·결정에서 인정한 사실이 명확하고 법률적용이 정확할 경우에는 판결·결정의 방식으로 상소를 기각 또는 각하하고 원 판결·결정을 유지한다.

② 원 판결·결정에서 인정한 사실 또는 법률적용에 오류가 있을 경우에는 판결·결정의 방식으로 다시 판결하거나 파기 또는 변경한다.

③ 원 판결에서 인정한 기본사실이 불명확할 경우에는 원 판결을 파기하고 원심법원에 환송하여 다시 심리하도록 하거나 또는 사실을 철저히 조사한 후 다시 판결한다.

④ 원 판결이 당사자누락 또는 불법궐석판결 등 법률절차를 엄중하게 위반하였을 경우에는 원 판결을 파기하고 원심법원에 환송하여 다시 심리하도록 한다.

원심법원이 2심법원에서 환송하여 다시 심리하도록 한 사건에 대해 판결을 내린 후 당사자가 또 상소하였고, 2심법원이 원심법원의 판결 내용이나 절차에 여전히 문제가 있다고 인정할 경우에는 다시 원심법원에 환송하여 심리하도록 해서는 안 되며, 2심법원이 직접 판결을 내려야 합니다.

 구체적인 법률근거 **민사소송법 제170조**

Q215 2심 절차에 있어서 당사자는 상소를 취하할 수 있는지?

A215 2심법원이 확정판결을 내리기 전에는 취하할 수 있습니다.

다만, 2심법원이 심사를 거쳐 1심 판결에 확실히 오류가 있다고 인정하거나 당사자 간에 악의적으로 공모하여 국가이익, 공중이익 및 타인의 합법적인 권익을 침해하였다고 인정할 경우에는 당사자에 의한 상소 취하를 허가하지 않습니다.

📖 구체적인 법률근거 민사소송법 해석 제337조

Q216 2심 절차에 있어서 원심 원고는 소송을 취하할 수 있는지?

A216 2심법원의 허가 하에 취하할 수 있습니다.

다만, 기타 당사자의 동의가 있고 국가이익, 공중이익 및 타인의 합법적 권익을 침해하지 않음을 전제조건으로 합니다.

그리고 2심법원은 원심 원고에 의한 소송 취하를 허가함과 동시에 원판결에 대한 파기 결정을 내려야 합니다.

2심 절차에서 원심 원고가 소송을 취하한 후 다시 동일한 당사자를 상대로 동일한 사유에 의한 소송을 제기할 경우, 법원은 이를 접수하지 않습니다.

📖 구체적인 법률근거 민사소송법 해석 제338조

2심 판결 기한은 어떻게 되는지?

A217 원 판결에 불복한 상소사건일 경우 법원은 2심 입건일로부터 3개월 내에 확정판결을 내려야 하며, 원 결정에 불복한 상소사건일 경우 법원은 2심 입건일로부터 30일 내에 확정판결을 내려야 합니다.

아울러 특수한 상황이 있을 시 법원장의 허가를 거쳐 위 기한을 연장할 수 있습니다.

다만, 섭외민사소송에 있어서는 위 기한의 제약을 받지 않기에 처리하는 사건이 많은 법원일 경우, 일반 민사소송에 비해 소송기간이 많이 지연될 가능성이 높습니다.

📖 **구체적인 법률근거** 민사소송법 제176조, 제270조
민사소송법 해석 제341조

VI. 재심절차

Q218 중국 민사소송에서의 재심이란?

A218 중국 민사소송에서의 "재심"이란 이미 확정된 판결·결정 및 조정서에 중대한 오류가 있을 경우에 법원의 결정, 검찰원의 항소 또는 당사자의 청구에 의해 법원이 해당 사건에 대해 다시 심리하는 것을 말합니다.

| Q219 | 재심청구는 어느 법원에 제출하여야 하는지? |

| A219 | 당사자가 확정판결(또는 확정결정, 이하 동일함)에 오류가 있다고 판단할 경우에는 해당 판결을 내린 원심법원보다 한 급 높은 관할법원에 재심을 청구할 수 있습니다.

다만, 당사자 일방의 인수가 많거나 당사자 쌍방이 모두 중국인일 경우에는 원심법원에 재심을 청구할 수도 있습니다.

📖 구체적인 법률근거 ⟩ 민사소송법 제199조

Q220 당사자에 의한 재심청구 절차는 어떻게 진행하는지?

A220 당사자가 재심을 청구할 경우에는 재심청구서 등 서류를 제출하여야 하고, 법원은 재심청구서를 받은 날로부터 5일 내에 청구인에게 접수 통지서를 발송함과 동시에 응소통지서, 재심청구서 사본 등 서류를 피청구인 및 원심 기타 당사자에게 송부하여야 합니다.

피청구인은 위 서류를 받은 날로부터 15일 내에 법원에 서면의견을 제출하여야 합니다. 서면의견을 제출하지 않더라도 법원의 심사에는 영향을 끼치지 않으며, 법원은 청구인과 피청구인에게 관련 서류 보충을 요청하고 필요한 사항을 심문할 수도 있습니다.

법원은 재심청구서를 접수한 날로부터 3개월 내에 심사를 완료하고 재심 여부를 결정해야 하며, 특수한 사정으로 인해 위 기한을 연장할 필요가 있을 경우에는 법원장의 허가를 받아야 합니다.

법원이 재심을 결정한 사건에 있어서 확정판결이 1심법원에 의해 내려졌을 경우에는 1심 절차에 따라 심리하며, 당사자는 법원이 재심을 거쳐 내린 판결에 대해 상소할 수 있습니다.

이와 반대로 확정판결이 2심법원에 의해 내려졌을 경우에는 2심 절차에 따라 심리하며, 법원이 재심을 거쳐 내린 판결은 곧 확정판결을 구성합니다.

그 밖에, 법원은 전원 법관에 의한 합의부를 구성하여 재심사건을 심리하여야 합니다.

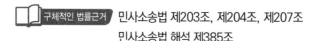 구체적인 법률근거 민사소송법 제203조, 제204조, 제207조
민사소송법 해석 제385조

A221 당사자의 재심청구가 다음과 같은 상황의 하나에 부합될 경우, 법원은 응당 해당 사건에 대해 재심을 진행하여야 합니다.

① 원 판결·결정을 번복하기 충분한 새로운 증거가 있는 경우

② 원 판결·결정에서 인정한 기본사실이 증거가 부족한 경우

③ 원 판결·결정에서 인정한 사실의 주요 증거가 위조된 경우

④ 원 판결·결정에서 인정한 사실의 주요 증거가 대질 절차를 거치지 않은 경우

⑤ 사건의 심리에 필요한 주요 증거에 대해 당사자가 객관적인 원인으로 인해 자체적으로 수집할 수 없어 서면으로 법원에 해당 증거의 조사·수집을 신청하였으나 법원이 이를 진행하지 않은 경우

⑥ 원 판결·결정의 법률적용에 확실한 오류가 있는 경우

⑦ 재판부의 구성이 적법하지 않거나 또는 법에 따라 응당 회피하여야 하는 재판인원이 회피하지 않은 경우

⑧ 소송행위능력이 없는 자가 법정대리인을 통해 소송을 진행하지 않거나 소송에 참석해야 하는 당사자가 본인 또는 그 소송대리인의 귀책사유에 의하지 않고 소송에 참석하지 않은 경우

⑨ 불법적으로 당사자의 변론권을 박탈한 경우

⑩ 소환장에 의해 소환하지 않고 궐석판결을 한 경우

⑪ 원 판결·결정이 소송청구를 누락하거나 초과한 경우

⑫ 원 판결·결정의 근거로 되는 법률문서가 파기(撤销) 또는 변경된 경우

⑬ 재판인원이 해당 사건의 심리에 있어서 횡령·수뢰하거나 부정행위로 사리사욕을 채우거나 법을 왜곡하여 재판한 경우

 구체적인 법률근거 민사소송법 제200조

Q222 재심사유로 되는 변론권 박탈에는 어떤 것이 포함되는지?

A222 원심 개정심리 절차에 있어서 다음과 같은 상황의 하나가 발생하였을 경우에는 재심사유로 되는 당사자의 변론권 박탈에 해당합니다.

① 당사자가 변론의견을 발표하는 것을 허가하지 않았을 경우

② 응당 개정심리를 하여야 하지만 그렇게 하지 않았을 경우

③ 법률규정에 따라 소장 또는 상소장 사본을 송달하지 않음으로 인해 당사자가 변론권을 행사하지 못한 경우

④ 불법적으로 당사자의 변론권을 박탈한 기타 상황

 민사소송법 해석 제391조

Q223 이미 법적 효력을 발생한 조정서에 대해 재심을 청구할 수 있는지?

A223 청구할 수 있습니다.

당사자가 법원의 조정이 자원(自愿)원칙에 위배됨을 입증할 수 있거나 또는 조정서의 내용이 불법일 경우에는 재심을 청구할 수 있습니다.

다만, 이미 법적 효력을 발생한 혼인관계 해제에 관한 조정서에 대해서는 재심을 청구할 수 없습니다.

아울러 조정서에 대한 재심청구는 조정서가 법적 효력을 발생한 후 6개월 내에 제출하여야 합니다.

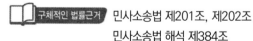 민사소송법 제201조, 제202조
민사소송법 해석 제384조

Q224 당사자가 재심을 청구하였을 경우 확정판결의 집행은 정지되는지?

A224 아닙니다.

당사자가 재심을 청구하였다 하더라도 법원은 확정판결의 집행을 멈추지 않습니다.

다만, 법원이 심사를 거쳐 확정판결에 대한 재심을 결정하였을 경우에는 확정판결의 집행을 중지하게 됩니다.

 **구체적인 법률근거** 민사소송법 제199조, 제206조

Q225 재심청구 기한은 어떻게 되는지?

A225 당사자는 판결 또는 결정이 법적 효력을 발생한 후 6개월 내에 재심을 청구하여야 합니다.

다만, 다음과 같은 상황의 하나에 부합될 경우에는 해당 상황을 알거나 응당 알아야 하는 날로부터 6개월 내에 재심을 청구해야 합니다.

① 원 판결·결정을 번복하기 충분한 새로운 증거가 있는 경우

② 원 판결·결정에서 인정한 사실의 주요 증거가 위조된 경우

③ 원 판결·결정의 근거로 되는 법률문서가 파기 또는 변경된 경우

④ 재판인원이 해당 사건의 심리에 있어서 횡령·수뢰하거나 부정행위로 사리사욕을 채우거나 법을 왜곡하여 재판한 경우

구체적인 법률근거 민사소송법 제205조

Q226 재심청구에 있어서 법원에 제출하여야 하는 서류는?

A226 재심청구에 있어서는 관할법원에 다음과 같은 서류를 제출하여야 합니다.

① 재심청구서

② 재심청구인의 신분 관련 서류

  - 자연인일 경우: 신분증 사본

  - 회사일 경우: 사업자등록증 사본, 법인대표 신분증명서

  ※ 대리인을 선임하여 재심을 청구할 경우에는 위임장과 대리인의 신분증 사본도 제출하여야 함

③ 원심 판결서, 결정서 또는 조정서

④ 사건의 기본 사실관계를 반영하는 주요 증거 및 기타 서류

📖 구체적인 법률근거 민사소송법 해석 제377조

Q227 재심청구서는 어떻게 작성하는지?

A227 재심청구서에는 다음과 같은 사항을 기재하여야 합니다.

① 청구인과 피청구인 및 원심 기타 당사자의 기본 정보

- 당사자가 자연인일 경우: 이름, 성별, 연령, 민족, 직업, 근무처, 주소, 연락처

- 당사자가 회사일 경우: 명칭, 주소, 법인대표의 이름·직무·연락처

② 원심법원의 명칭, 원심재판문서의 사건번호

③ 구체적인 재심청구

④ 재심을 청구하는 법정사유(法定情形)[25] 및 구체적인 사실과 이유

재심청구서에는 해당 청구를 접수하는 법원의 명칭을 명확히 기재하고 청구인이 서명 또는 날인하여야 합니다.

 **구체적인 법률근거** 민사소송법 해석 제378조

예시

재심청구서

재심청구인(1심 원고, 2심 상소인): 광화문 주식회사
주소: 한국 서울시 마포구 마포대로 1000호
법인대표: 홍길동   직무: 대표이사
전화번호: +82-2-69590780

대리인: 김춘국
근무처: 베이징시 리팡법률사무소
직무: 변호사

피청구인(1심 피고, 2심 피상소인): 베이징 대성무역유한회사
주소: 중국 베이징시 조양구 왕징대로 118호
법인대표: 왕중화   직무: 동사장

---

25) 법에 명확히 규정된 사유를 의미합니다.

청구인은 피청구인과의 상표권침해사건에 관하여 베이징 지식재산권법원이 2021년 11월 1일에 내린 XXX호 민사판결에 불복하여 재심을 청구한다.

재심청구사항:

베이징 지식재산권법원의 XXX호 민사판결을 파기하고 법에 따라 다시 심리하라.

재심청구 법정사유:

민사소송법 제200조의 규정에 따르면 원 판결에서 인정한 사실의 주요 증거가 위조된 경우, 법원은 응당 재심을 진행하여야 한다.

사실과 이유:

청구인의 법인대표인 홍길동은 2017년 12월 1일자로 상표국에 화장품 등을 지정상품으로 K상표(이하 "본건상표"라 한다)를 출원하였고, 본건상표는 2018년 11월 3일 상표국으로부터 등록허가결정을 받았으며, 그 유효기간은 2028년 11월 2일까지이다.

청구인은 홍길동과 본건상표 독점사용허가계약을 체결하여 2019년 2월부터 티몰에 입점해 중국에서 본건상표가 사용된 화장품을 판매하기 시작하였으며, 중국시장에서의 지속적인 판매와 홍보활동을 통해 본건상표는 중국소비자들 중에서 상당히 높은 인지도를 가지게 되었다.

그런데 피청구인은 2019년 8월부터 1688 온라인쇼핑몰에서 본건상표를 무단사용한 화장품을 대량적으로 판매하였다.

위 상황에 비추어 청구인은 원심법원에 피청구인을 상대로 상표권침해소송을 제기하였으나 원심법원은 피청구인이 홍길동으로부터 독점사용권을 부여받은 왕서방을 통해 본건상표의 사용권을 적법하게 취득하였음을 이유로 청구인의 모든 소송청구를 기각하는 판결을 내렸다.

원심법원은 홍길동과 왕서방 간에 체결된 상표사용허가계약서의 진위 여부 판단에 있어서, 해당 계약서에 기재된 홍길동의 서명이 위조되었다는 청구인의 주장에도 불구하고 전문적인 필체 감식도 진행하지 않고, 피청구인과 이해관계가 있는 제3자의 증언을 그대로 인용하여 해당 계약서의 증거효력을 인정하였다.

따라서 청구인은 귀 법원에서 원 판결을 파기하고 이 사건을 법에 따라 다시 심리하여 공정하고 공평한 판결을 내려 줄 것을 강력히 요청한다.

베이징시 고급법원 귀중

청구인: 광화문 주식회사
대리인: 김춘국 (서명)
일자: 2021년 11월 30일

VII. 강제집행

Q228 피고가 상표권침해 손해배상금을 지급하지 않을 경우의 대응방법은?

A228 피고가 확정판결에 규정된 상표권침해 손해배상금 지급의무를 이행하지 않을 경우, 원고는 법원에 강제집행을 신청할 수 있으며, 법원의 집행관은 강제집행신청서를 받은 후 10일 내에 피고에게 집행통지서를 발송하여야 합니다.

피고가 집행통지서에 따라 확정판결에 규정된 손해배상금 지급의무를 이행하지 않을 경우, 법원은 다음과 같은 강제집행조치를 취할 수 있습니다.

① 피고의 재산상황 보고

- 법원은 피고에게 목전 및 집행통지서를 받기 전 1년간의 재산상황을 보고하도록 명함

- 피고가 보고를 거부하거나 허위보고를 제공하는 경우, 법원은 정상에 따라 피고 또는 그 법인대표에게 과태료를 부과하고 당사자를 구류할 수 있음

② 피고 재산에 대한 조회 및 수색

- 법원은 관련부서에 피고의 예금, 회사채(債券), 주식, 펀드지분(基金份額), 부동산, 자동차 등 재산상황을 조회할 수 있음

- 피고가 재산을 은닉할 경우, 법원은 수색 영장을 발부하여 피고의 신체, 거주지 또는 기타 장소를 수색할 수 있음

③ 피고 재산 및 수입 확보

- 법원은 피고의 재산에 대한 압류, 동결, 이체, 인출, 매각 및 경매조치를 취할 수 있음

경우에 따라서 법원은 피고에게 강제집행통지서를 발송함과 동시에 즉시 상기 강제집행조치를 취할 수도 있습니다.

상기 강제집행절차를 진행하였음에도 불구하고 피고가 손해배상금을 지급하지 않을 경우, 원고는 피고를 상대로 법원에 신용불량등기 신청

을 함과 동시에 피고 또는 그 법인대표에 대한 사치금지령(限制高消費令)을 신청할 수 있습니다.

법인대표가 사치금지령을 받은 경우에는 해당 기업이 손해배상금을 전부 지급하기까지 출국, 비행기 및 고속열차 탑승, 고급호텔 숙박, 아파트 및 자동차 구매, 골프장 이용, 은행대출 등이 금지되기에 그 비즈니스 활동이나 일상생활에 큰 지장을 초래하게 됩니다.

중국 최고부호로 손꼽혔던 완다그룹 왕젠린의 외동아들인 왕스충도 2019년에 중국법원의 판결을 이행하지 않아 사치금지령을 받은 후 더 이상 버티지 못하고 채무를 변제한 사례가 있습니다.

다만, 실무상에서는 상기 강제집행조치를 모두 강구하여도 피고의 명의로 된 재산을 찾을 수 없어 손해배상금을 한 푼도 받지 못하는 사례가 종종 있습니다.

📖 **구체적인 법률근거** 민사소송법 제240조, 제241조, 제242조, 제243조, 제244조, 제248조, 제255조
민사소송법 해석 제482조 제1항

Q229 강제집행절차에 있어서 봉인·압류·동결 기한은 어떻게 되는지?

A229 강제집행절차에 있어서 법원이 피집행인의 재산에 대한 봉인·압류·동결 기한은 재산의 종류에 따라 다르며 구체적으로 다음과 같습니다.

재산종류	봉인·압류·동결 기한
예금	1년 이하
부동산 이외의 유체물	2년 이하
부동산 및 기타 재산권리	3년 이하

강제집행신청인이 봉인·압류·동결 기간의 연장을 요청할 경우, 법원은 기한 만료 전에 연장절차를 진행해야 하며 연장된 기간도 위 기한을 준수하여야 합니다.

아울러 법원은 강제집행신청인의 요청이 없을 경우에도 직권으로 해당 기간 연장절차를 진행할 수 있습니다.

📖 **구체적인 법률근거** 민사소송법 해석 제487조

Q230 강제집행신청은 어느 법원에 제기하여야 하는지?

A230 상표권침해소송 확정판결에 대한 강제집행신청은 해당 판결의 1심법원 또는 1심법원과 동급인 피집행재산 소재지의 법원에 제기하여야 합니다.

예컨대 A사가 B사를 상대로 진행한 상표권침해소송의 1심 관할법원은 베이징시 조양구 법원이고 2심 관할법원은 베이징 지식재산권법원입니다. A사는 2심에서 승소 확정판결을 받았으나 B사는 판결서에 규정된 손해배상금 지급의무를 이행하지 않았습니다. 아울러 B사는 베이징에는 재산이 없고 상하이시 포동구에 부동산을 보유하고 있습니다. 상술한 경우 A사는 베이징시 조양구 법원 또는 상하이시 포동구 법원에 강제집행신청을 제기할 수 있습니다.

다만, 실무상에서 거의 모든 상표권침해소송 확정판결의 강제집행업무는 1심법원이 수행하고 있습니다.

📖 **구체적인 법률근거** 민사소송법 제224조 제1항

Q231 강제집행비용의 기준은 어떻게 되는지?

A231 법원에 피집행인의 재산에 대한 강제집행을 신청할 경우, 법원이 수취하는 강제집행비용은 집행금액에 따라 다르며 구체적인 기준은 다음과 같습니다.

강제집행금액	강제집행비용
1만 위안 이하 부분	50 위안
1만 위안 초과 50만 위안 이하 부분	1.5%
50만 위안 초과 500만 위안 이하 부분	1.0%
500만 위안 초과 1,000만 위안 이하 부분	0.5%
1,000만 위안 초과 부분	0.1%

예컨대 신청한 강제집행금액이 60만 위안(약 한화 1억 원)일 경우, 법원에 납부하여야 하는 강제집행비용은 다음과 같습니다.

❖ 50 위안+(49만 위안×1.5%)+(10만 위안×1.0%)=8,400 위안

 구체적인 법률근거 소송비용 납부방법 제14조

Q232 법원이 강제집행을 지연할 경우의 대응방법은?

A232 법원이 강제집행신청서 접수일로부터 6개월이 경과되어도 이를 집행하지 않은 경우, 신청인은 원 법원보다 한 급 높은 법원에 강제집행을 신청할 수 있습니다.

한 급 높은 법원은 해당 신청에 대해 심사한 후 원 법원에 기한부집행을 명하거나 자체적으로 집행하거나 또는 기타 법원에 집행을 명할 수도 있습니다.

다만, 여기에서 말하는 "법원이 강제집행 신청서 접수일로부터 6개월이 경과되어도 이를 집행하지 않은 경우"란 일반적으로 피집행인에게 집행할 수 있는 재산이 있음에도 불구하고 법원이 정당한 사유 없이 강제집행을 지연하거나 태만하는 경우로 제한합니다.

참고로 중국에서는 집행업무를 담당하는 법관들의 업무량 과부하로 인해 실무상에서 강제집행절차가 지연되는 경우도 적지 않게 존재합니다.

📖 **구체적인 법률근거** 민사소송법 제226조

강제집행신청 시효는 어떻게 되는지?

강제집행신청 시효는 2년입니다.

강제집행신청 시효는 확정판결에 규정된 이행기간의 최종일로부터 기산하며, 확정판결에 분할 이행하기로 규정한 경우에는 매번 이행기간의 종료일로부터 기산합니다.

예컨대 확정판결에 있어서 A사가 B사에게 지급하여야 하는 손해배상금 총액은 50만 위안이며, A사는 2018년 1월부터 5월까지 5회에 나누어 매월 5일에 10만 위안의 손해배상금을 지급하여야 한다고 규정하였지만, A사는 3월분과 5월분의 손해배상금을 지급하지 않았습니다. 상술한 경우, A사가 3월분과 5월분의 손해배상금 지급에 대해 강제집행을 신청할 수 있는 마감일은 각각 2020년 3월 6일과 5월 6일로 됩니다.

그 밖에, 확정판결에 손해배상금 지급기한이 규정되어 있지 않을 경우에는 확정판결의 효력 발생일로부터 강제집행신청 시효를 기산하게 됩니다.

📖 구체적인 법률근거 / 민사소송법 제239조

Q234 법원은 시효가 만료된 강제집행신청을 접수하는지?

A234 일단 접수합니다.

다만, 피집행인이 강제집행신청 시효에 대해 이의를 제출할 경우, 법원은 심사를 진행하고 이의가 성립된다고 판단하면 강제집행을 거절하는 결정을 내립니다.

다만, 피집행인이 확정판결에 규정된 일부 또는 전부의 채무를 변제한 후 강제집행신청 시효가 만료되었음을 알지 못하였다는 이유로 이미 변제한 채무의 반환을 신청할 경우 법원은 이를 받아들이지 않습니다.

📖 **구체적인 법률근거** 민사소송법 해석 제483조

Q235 피집행인에게 재산이 없을 경우, 그 손해배상금 지급의무는 면제되나요?

A235 면제되지 않습니다.

법원이 피집행인의 재산에 대한 조회, 압류, 동결, 이체, 인출, 매각, 경매 등 강제조치를 취하였음에도 불구하고 확정판결에 규정된 손해배상금 지급의무를 이행할 수 없고 또한 현재 보유하고 있는 다른 재산이 없더라도 피집행인은 계속하여 무기한으로 권리자에게 손해배상금을 지급할 의무가 있습니다.

아울러 권리자가 피집행인에게 다른 재산이 있는 것을 발견하였을 경우에는 수시로 법원에 강제집행을 신청할 수 있습니다.

📖 **구체적인 법률근거** 민사소송법 제254조

Q236 어떤 상표권침해행위에 대해 형사고발을 할 수 있는지?

A236 모든 상표권침해행위에 대해 형사고발을 할 수 있는 것은 아닙니다. 중국에서 형사고발 대상으로 되는 상표권침해행위는 다음과 같은 경우에 제한됩니다.

① 상표권리자의 허가 없이 동일한 상품에 그 등록상표와 동일한 상표를 사용하였고, 그 사안이 엄중할 경우

여기에서 말하는 "사인이 엄중할 경우"는 다음과 같은 사항의 하나에 해당하는 것을 의미합니다.

㉠ 한 종류의 등록상표를 사용하였고, 그 불법경영금액이 5만 위안 이상 또는 불법소득금액이 3만 위안 이상일 경우

㉡ 두 종류 이상의 등록상표를 사용하였고, 그 불법경영금액이 3만 위안 이상 또는 불법소득금액이 2만 위안 이상일 경우

㉢ 사안이 엄중한 기타 상황

② 등록상표를 사칭한 상품임을 명백히 알면서도 이를 판매하였고, 그 판매금액이 비교적 많을 경우

여기에서 말하는 "판매금액이 비교적 많을 경우"는 판매금액이 5만 위안 이상일 경우를 의미합니다.

③ 타인의 등록상표 표지를 위조, 무단 제조하였고, 그 사안이 엄중할 경우

여기에서 말하는 "사인이 엄중할 경우"는 다음과 같은 사항의 하나에 해당하는 것을 의미합니다.

㉠ 한 종류의 등록상표 표지를 위조, 무단 제조하였고, 그 수량이 2만 건 이상이거나 불법경영금액이 5만 위안 이상 또는 불법소득금액이 3만 위안 이상일 경우

㉡ 두 종류 이상의 등록상표 표지를 위조, 무단 제조하였고, 그 수

량이 1만 건 이상이거나 불법경영금액이 3만 위안 이상 또는 불법소득금액이 2만 위안 이상일 경우

ⓒ 사안이 엄중한 기타 상황

④ 위조, 무단 제조된 등록상표 표지를 판매하였고, 그 사안이 엄중할 경우

여기에서 말하는 "사인이 엄중할 경우"는 다음과 같은 사항의 하나에 해당하는 것을 의미합니다.

㉠ 위조, 무단 제조된 한 종류의 등록상표 표지를 판매하였고, 그 수량이 2만 건 이상이거나 불법경영금액이 5만 위안 이상 또는 불법소득금액이 3만 위안 이상일 경우

ⓛ 위조, 무단 제조된 두 종류 이상의 등록상표 표지를 판매하였고, 그 수량이 1만 건 이상이거나 불법경영금액이 3만 위안 이상 또는 불법소득금액이 2만 위안 이상일 경우

ⓒ 사안이 엄중한 기타 상황

 **구체적인 법률근거** 형법 제213~제215조
최고법원 및 최고검찰원의 지식재산권침해
형사사건 법률적용 해석 제1조~제3조

Q237 상표권침해 범죄행위에 대한 형사고발은 어느 부서에서 관할하는지?

A237 일반적으로 상표권침해 범죄행위지의 공안부서에서 관할합니다.

실무상에서 상표권침해 범죄행위지는 모조품 또는 위조, 무단 제조된 등록상표 표지의 제조장소·보관장소·판매장소가 소재하여 있는 지역을 의미합니다.

아울러 범죄혐의자가 거주하고 있는 지역의 공안부서에서 관할하는 것이 더욱 적절할 경우에는 해당 공안부서에서 관할할 수도 있습니다.

그 밖에, 주요하게 인터넷을 이용하여 상표권침해 범죄행위를 하였을 경우에는 범죄행위에 이용된 인터넷서비스의 서버 소재지 또는 인터넷 서비스제공자 소재지의 공안부서에서 관할할 수 있습니다.

📖 **구체적인 법률근거** 형사소송법 제19조 제1항
공안부서 형사사건 처리절차 규정 제15조 제1항,
제16조 제1항, 제17조

Q238 | 상표권침해 범죄행위에 대한 형사처벌 절차는 어떻게 진행되는지?

A238 상표권침해 범죄행위에 대해서는 공안부서가 입건하여 수사하고, 검찰원(檢察院)이 체포영장을 발급하고 공소를 제기하며, 법원이 판결을 내립니다.

검찰원은 공안부서에 보충수사를 요청할 수 있으며, 증거가 부족하거나 범죄를 구성하지 않거나 사안이 경미하다고 판단될 경우에는 불기소결정을 합니다.

공안부서의 수사와 검찰원의 공소제기에는 각각 수개월의 기간이 소요되며, 법원은 접수일로부터 3개월 내에 판결을 내려야 합니다.

3년 이하의 징역형에 처해질 가능성이 있고 사실관계가 명확하며 증거가 충분한 사건에 대해서는 수사나 공소제기에 소요되는 기간이 대폭 단축될 수 있으며, 법원도 간이절차 또는 속재절차(速裁程序)를 적용하기에 20일 또는 15일내에 판결을 내리게 됩니다.

검찰원은 법원의 판결이 부당하다고 판단될 경우에는 항소를 제기할수 있으며, 피고도 법원의 판결에 대해 항소를 제기할 수 있습니다.

항소심에 있어서 법원은 접수일로부터 2개월 내에 판결을 내려야 하며, 항소심판결은 확정판결입니다.

구체적인 법률근거 / **형사소송법**

A239 상표권침해 범죄행위에 대해서는 구체적으로 다음과 같은 형사처벌이 부과됩니다.

범죄행위의 종류	사 안	형사처벌
상표권리자의 허가 없이 동일한 상품에 그 등록상표와 동일한 상표를 사용함	엄중함	- 벌금형을 과하거나 - 3년 이하의 징역형 또는 구역형26)
	특별히 엄중함	3년 이상 또는 7년 이하의 징역형에 처하고 벌금형을 병과함
등록상표를 사칭한 상품임을 명백히 알면서도 이를 판매함	판매금액이 비교적 많음	- 벌금형을 과하거나 - 3년 이하의 징역형 또는 구역형에 처하고 벌금형을 병과함
	판매금액이 아주 많음	3년 이상 또는 7년 이하의 징역형에 처하고 벌금형을 병과함
타인의 등록상표 표지를 위조, 무단 제조함	엄중함	- 벌금형을 과하거나 - 3년 이하의 징역형, 구역형 또는 관제형27)에 처하고 벌금형을 병과함
	특별히 엄중함	3년 이상 또는 7년 이하의 징역형에 처하고 벌금형을 병과함
위조, 무단 제조된 등록상표 표지를 판매함	엄중함	- 벌금형을 과하거나 - 3년 이하의 징역형, 구역형 또는 관제형에 처하고 벌금형을 병과함
	특별히 엄중함	3년 이상 또는 7년 이하의 징역형에 처하고 벌금형을 병과함

📖 **구체적인 법률근거** 형법 제213~제215조
최고법원 및 최고검찰원의 지식재산권침해
형사사건 법률적용 해석 제1조~제3조

---

26) '구역형'(拘役)이란 1개월 이상 6개월 이하의 기간동안 인신자유를 박탈하고 강제노동을 시키는 형벌을 말합니다.
27) '관제형'(管制)란 3개월 이상 2년 이하의 기간동안 일정한 자유를 제한하지만 수감하지 않고 거주지역 내에서 교정시키는 형벌을 말합니다.

제6장
저명상표 보호제도

제6장
저명상표 보호제도

Q240 저명상표란 무엇인지?

A240 "저명상표"(驰名商标)란 중국에서 관련 공중(相关公众)이 숙지하고 있는 상표를 말합니다.

여기에서 말하는 "관련 공중"이란 해당 상표를 사용한 어떤 종류의 상품과 관련된 소비자, 상기 상품을 제조하거나 제공하는 경영자 및 유통과정 중의 판매자, 관계자 등을 의미합니다.

따라서 한국에서 아무리 유명한 브랜드일지라도 중국에서 인지도가 높지 않을 경우에는 저명상표로 인정받을 수 없습니다.

참고로 중국은 파리협약 및 TRIPs협정의 회원국이며, 파리협약과 TRIPs협정에는 모두 저명상표의 보호에 관한 규정이 있기에 중국 상표법에도 저명상표 보호제도를 도입한 것입니다.

 저명상표 민사분쟁 관련 사법해석 제1조
저명상표 인정 및 보호규정 제2조

저명상표로 인정받으면 어떤 혜택이 있는지?

A241 중국에서 저명상표로 인정받으면 다음과 같은 혜택이 있습니다.

① 상표등록을 하지 않아도 보호됨

동일·유사한 상품에 출원한 상표가, 타인이 중국에서 등록하지 않은 저명상표를 복제·모방 또는 번역한 것이어서 혼동을 초래하기 쉬운 경우에는 등록을 불허하고 사용을 금지합니다.

즉 어떤 상표가 중국에서 보호받으려면 등록을 원칙으로 하지만 저명 상표일 경우에는 등록하지 않아도 동일·유사한 상품의 범위 내에서는 예외적으로 보호받을 수 있습니다.

② 이미 등록된 상표이면 보호범위가 넓음

동일하지 않거나 유사하지 않은 상품에 출원한 상표가, 타인이 이미 중국에서 등록한 저명상표를 복제·모방 또는 번역한 것이어서 공중에 게 혼동을 초래하고 당해 저명상표등록인의 이익에 손해를 끼칠 우려 가 있을 경우에는 등록을 불허하고 사용을 금지합니다.

즉 중국에서 등록상표의 보호범위는 원칙적으로 지정상품에 국한되지 만 저명상표일 경우에는 일정한 조건하에서 그 보호범위가 지정상품 을 초과할 수 있습니다.

③ 무효심판 청구기한의 구속을 받지 않음

부당하게 선점 등록된 상표에 대해 선권리자 또는 이해관계자(利害关 系人)가 상표평심위원회에 무효선고를 청구할 수 있는 기한은 해당 상 표의 등록일로부터 5년 내로 제한됩니다.

다만, 저명상표가 악의적으로 선점 등록되었을 경우, 해당 저명상표의 소유자가 상표평심위원회에 무효선고를 청구할 수 있는 기한은 상기 제한을 받지 않습니다.

📖 구체적인 법률근거 ┃ 상표법 제13조, 제45조 제1항

저명상표는 어떤 경우에 어느 부서가 인정하여 주는지?

A242 중국에서 저명상표 인정이 필요한 경우 및 해당 인정업무의 담당부서는 다음과 같습니다.

저명상표 인정이 필요한 경우	담당부서
상표등록 심사에 있어서 당사자가 저명상표에 관한 권리를 주장한 경우	상표국
상표권침해 행정단속절차에 있어서 당사자가 저명상표에 관한 권리를 주장한 경우	상표국
등록거절결정 불복심판, 등록무효심판 등 상표분쟁 처리절차에 있어서 당사자가 저명상표에 관한 권리를 주장한 경우	상표평심위원회
상표 관련 민사소송 또는 행정소송의 심리절차에 있어서 당사자가 저명상표에 관한 권리를 주장한 경우	법 원

즉 저명상표의 인정은 상표등록 및 상표권침해 관련 분쟁이 발생하여 당사자가 저명상표임을 이유로 권리주장을 하였고 담당부서가 해당 상표의 저명 여부를 확인하는 것이 사건처리에 있어서 필수적이라고 판단하는 경우로 제한되며, 상표국이나 상표평심위원회 또는 법원의 직권에 의한 능동적인 인정은 허용되지 않습니다.

📖 구체적인 법률근거 상표법 제14조 제2항, 제3항, 제4항

Q243 저명상표의 인정에 있어서 고려하는 요소는?

A243 저명상표를 구성하는지 여부의 판단에 있어서 담당부서가 고려하는 요소는 다음과 같습니다.

① 해당 상표에 대한 관련 공중의 인지도

② 해당 상표의 사용이 지속된 기간

③ 해당 상표의 모든 홍보업무가 지속된 기간, 정도 및 지리적 범위

④ 해당 상표가 저명상표로서 보호받은 기록

⑤ 해당 상표가 저명한 기타 요소

아울러 저명상표의 인정절차에 있어서 당사자가 제출해야 하는 증거서류는 담당부서가 다름에 따라 약간의 기준 차이는 있을 수 있지만 일반적으로는 다음과 같은 사항을 입증할 수 있는 서류이어야 합니다.

① 해당 상표를 사용한 상품의 시장점유율, 판매지역, 매상고, 순이익, 납세액 등

② 해당 상표를 지속적으로 사용한 기간

③ 해당 상표의 홍보 또는 판촉활동의 방식, 지속시간, 정도, 자금투자 및 지역범위

④ 해당 상표가 국내외에서 저명상표로 보호받은 기록

⑤ 해당 상표가 시장에서 취득한 명예

⑥ 해당 상표의 저명성을 입증할 수 있는 기타 서류

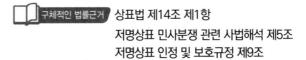 **구체적인 법률근거** 상표법 제14조 제1항
저명상표 민사분쟁 관련 사법해석 제5조
저명상표 인정 및 보호규정 제9조

중국에서는 기등록 저명상표에 대한 희석행위가 금지되는지?

A244 상표 관련 법률에는 명확한 규정이 없지만 사법실무에서는 기등록 저명상표에 대한 희석해위를 금지하는 입장인 바, 구체적으로 살펴보면 다음과 같습니다.

상표법 제13조 제3항에는 "동일하지 않거나 유사하지 않은 상품에 출원한 상표가, 타인이 이미 중국에서 등록한 저명상표를 복제·모방 또는 번역한 것이어서 공중에게 혼동을 초래하고 당해 저명상표 등록인의 이익에 손해를 끼칠 우려가 있을 경우에는 등록을 불허하고 사용을 금지한다"는 규정이 있습니다.

아울러 최고법원의 「저명상표 민사분쟁 관련 사법해석」 제9조 제2항에서는 "충분히 관련 공중으로 하여금 계쟁상표와 저명상표가 상당한 정도의 관련이 있다고 믿을 수 있게 하여 저명상표의 현저성을 약화시키거나 저명상표의 명성을 훼손하거나 부당하게 저명상표의 명성을 이용하는 것은 상표법 제13조 제3항에 규정된 '공중에게 혼동을 초래하고 당해 저명상표등록인의 이익에 손해를 끼칠 우려가 있을 경우'에 해당한다"고 해석하고 있으며, 여기에서 말하는 "저명상표의 현저성을 약화시킨다"는 것은 저명상표에 대한 희석행위를 의미합니다.

사법실무에서는 강소성 소주시 중급법원의 2005년 "KODAK" 상표권침해 민사판결, 베이징시 제1중급법원의 2009년 "伊利" 상표등록 결정불복 행정판결, 절강성 고급법원의 2012년 "Cartier" 상표권침해 민사판결, 베이징시 지식재산권법원의 2017년 "老干媽" 상표권침해 민사판결 등에 있어서 중국법원은 기등록 저명상표의 지정상품과 동일하지 않거나 유사하지 않은 상품에 저명상표권리자의 허가 없이 동일한 상표를 사용하는 행위는 비록 상품의 출처에 대한 관련 공중의 혼동을 초래하지 않지만 저명상표의 현저성을 약화시키는 결과를 초래하기에 권리침해에 해당한다고 판시하였습니다.

즉 중국법원은 상기 사법판결에 있어서 기등록 저명상표에 대한 희석행위를 금지하는 취지의 입장을 명확히 밝힌 것입니다.

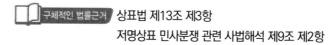 구체적인 법률근거 상표법 제13조 제3항
저명상표 민사분쟁 관련 사법해석 제9조 제2항

Q245 중국에서는 기등록 저명상표의 이미지를 훼손하는 행위가 금지되는지?

A245 이 문제에 대해서도 상표 관련 법률에는 명확한 규정이 없지만 사법실무에서는 기등록 저명상표의 이미지를 훼손하는 행위를 금지하는 입장인 바, 구체적으로 살펴보면 다음과 같습니다.

상표법 제13조 제3항에는 "동일하지 않거나 유사하지 않은 상품에 출원한 상표가, 타인이 이미 중국에서 등록한 저명상표를 복제·모방 또는 번역한 것이어서 공중에게 혼동을 초래하고 당해 저명상표 등록인의 이익에 손해를 끼칠 우려가 있을 경우에는 등록을 불허하고 사용을 금지한다"는 규정이 있습니다.

아울러 중국 최고법원의 「저명상표 민사분쟁 관련 사법해석」 제9조 제2항에서는 "충분히 관련 공중으로 하여금 계쟁상표와 저명상표가 상당한 정도의 관련이 있다고 믿을 수 있게 하여 저명상표의 현저성을 약화시키거나 저명상표의 명성을 훼손하거나 부당하게 저명상표의 명성을 이용하는 것은 상표법 제13조 제3항에 규정된 '공중에게 혼동을 초래하고 당해 저명상표 등록인의 이익에 손해를 끼칠 우려가 있을 경우'에 해당한다"고 해석하고 있으며, 저명상표의 이미지를 훼손하는 것은 여기에서 말하는 "저명상표의 명성을 훼손"하는 행위에 해당합니다.

사법실무에서는 베이징시 제1중급법원의 2009년 "伊利" 상표등록결정불복 행정판결을 대표적인 사례로 들 수 있습니다.

이 사건에 있어서 중국인 우 씨는 변기 등 화장실 설비를 지정상품으로 상표국에 "伊利"상표(계쟁상표)를 출원하였고, 중국 최대 우유업체인 이리실업그룹은 계쟁상표의 등록이 자사가 우유제품에 이미 등록한 "伊利" 저명상표의 현저성을 약화시킴과 동시에 그 이미지를 심각하게 훼손한다는 이유로 이의신청을 제기하였습니다.

당시의 상표국과 상표평심위원회는 모두 이리실업그룹의 이의신청을 기각하였지만 베이징시 제1중급법원[28]은 이리실업그룹의 상기 주장을 모두 수용하여 상표평심위원회의 상표등록허가결정을 취소하는 판결을 내렸습니다.

---

28) 당시 상표등록출원에 관한 상표평심위원회의 심판결정에 불복하는 행정소송은 베이징시 제1중급법원이 전속 관할하였으나 현재는 베이징 지식재산권법원의 전속 관할로 변경되었습니다.

■ 구체적인 법률근거 / 상표법 제13조 제3항
저명상표 민사분쟁 관련 사법해석 제9조 제2항

Q246 상품에 저명상표라는 문구를 사용할 수 있는지?

A246 사용할 수 없습니다.

제3차 개정 상표법이 2014년 5월 1일부로 시행되기 전까지 중국에서는 저명상표로 인정된 상표의 사용에 있어서 권리자는 해당 상표가 저명상표라는 문구를 아무런 제한도 없이 자유롭게 표기할 수 있었습니다. 즉 저명상표는 상품의 홍보활동에 일상적으로 폭넓게 사용되어 기업들의 중요한 광고수단으로 둔갑한 것입니다.

따라서 일부 중국기업들은 자사의 상표를 저명상표로 인정받기 위해 거금을 지불하면서 위장 소송을 진행하는 것까지 불사하였으며, 기업들의 이러한 불법행위는 저명상표제도의 본래 취지를 심각하게 훼손하였고, 최종적으로는 소비자들의 권리를 침해함과 동시에 정상적인 시장경쟁질서를 파괴하는 결과를 초래하였습니다.

이러한 사회적 문제를 고려하여 제3차 개정 상표법에서는 상품의 제조업체 또는 판매업체가 "저명상표"라는 문구를 상품, 상품의 포장 또는 용기에 사용하거나 광고홍보, 전시 및 기타 상업활동에 사용하는 것을 일절 금지한다는 규정을 신설하였으며, 이 규정을 위반한 업체에 대해서는 시장감독관리부서가 시정을 명함과 동시에 10만 위안의 과태료를 부과하게 됩니다.

■ 구체적인 법률근거 / 상표법 제14조 제5항, 제53조

부 록

••••이 책에서 사용되는 중국법률 리스트

한글 약칭	중문 명칭	시행일
상표법	中华人民共和国商标法	2019.11.01
상표법실시조례	中华人民共和国商标法实施条例	2014.05.01
유사상품분류표	类似商品和服务区分表	1998.08.01
상표심사지침	商标审查审理指南	2022.01.01
단체상표, 증명상표 등록 및 관리방법	集体商标、证明商标注册和管理办法	2003.06.01
최고법원의 상표민사분쟁 법률해석	最高人民法院关于审理商标民事纠纷案件适用法律若干问题的解释	2021.01.01
최고법원의 상표행정사건 법률해석	最高人民法院关于审理商标授权确权行政案件若干问题的规定	2021.01.01
시장감독관리 행정처벌절차규정	市场监督管理行政处罚程序暂行规定	2019.04.01
시장감독관리 고발처리방법	市场监督管理投诉举报处理暂行办法	2020.01.01
변호사법	中华人民共和国律师法	2018.01.01
민사소송법	中华人民共和国民事诉讼法	2017.06.27
민사소송법 해석	最高人民法院关于适用《中华人民共和国民事诉讼法》的解释	2015.02.04
변호사 서비스비용 수취 관리방법	律师服务收费管理办法	2006.12.01
민법총칙	中华人民共和国民法总则	2017.10.01
민법전	中华人民共和国民法典	2021.01.01
민사소송 증거규정	最高人民法院关于民事诉讼证据的若干规定	2020.05.01
소송비용 납부 방법	诉讼费用交纳办法	2007.04.01
최고법원의 지식재산권 분쟁 가처분 관련 규정	最高人民法院关于审查知识产权纠纷行为保全案件适用法律若干问题的规定	2019.01.01
최고법원 및 최고검찰원의 지식재산권 침해 형사사건 법률적용 해석	最高人民法院、最高人民检察院关于办理侵犯知识产权刑事案件具体应用法律若干问题的解释	2004.12.22
형사소송법	中华人民共和国刑事诉讼法	2018.10.26
공안부서 형사사건 처리절차 규정	公安机关办理刑事案件程序规定	2020.09.01

제1장 총칙

제1조 상표관리를 강화하고 상표전용권29)을 보호하며 제조자·경영자로 하여금 상품 및 서비스의 품질을 보증하고 상표의 신용을 유지·보호하여 소비자 및 제조자·경영자의 이익을 보장하고 사회주의 시장경제의 발전을 촉진하기 위해 특별히 이 법을 제정한다.

제2조 ①국무원 공상행정관리부서 상표국은 전국의 상표등록 및 관리업무를 주관한다.
②국무원 공상행정관리부서는 상표평심위원회30)를 설치하여 상표분쟁업무의 처리를 담당하도록 한다.

제3조 ①상표국의 심사허가를 거쳐 등록한 상표는 등록상표이며 상품상표, 서비스상표, 단체상표 및 증명상표를 포함한다. 상표등록인은 상표전용권을 향유하며 법률의 보호를 받는다.
②이 법에서 "단체상표"란 단체, 협회 또는 기타 조직의 명의로 등록하고 그 조직 구성원이 상업활동에서 사용하도록 제공함으로써 사용자가 그 조직의 구성원임을 표명하는 표장을 말한다.
③이 법에서 "증명상표"란 어떤 상품 또는 서비스에 대해 감독능력을 가진 조직에 의해 통제되지만 그 조직 이외의 단위(単位)31) 또는 개인이 그 상품 또는 서비스에 사용하여 해당 상품 또는 서비스의 원산지, 원료, 제조방법, 품질 또는 기타 특정 품질을 증명하는 데 이용되는 표장을 말한다.
④단체상표 및 증명상표의 등록과 관리에 관한 특수사항은 국무원 공상행정관리부서에서 정한다.

---

29) 중문으로는 商标专用权입니다.
30) 중문으로는 商标评审委员会입니다.
31) 중국법에서 자주 사용되는 용어로서 단체나 기관 등 부서를 의미합니다.

제4조 ①자연인, 법인 또는 기타 조직이 생산경영활동 중에서 그 상품 또는 서비스에 대해 상표전용권을 취득할 필요가 있을 경우에는 상표국에 상표등록출원을 하여야 한다. 사용을 목적으로 하지 않는 악의적인 상표등록출원에 대해서는 이를 거절하여야 한다.

②이 법의 상품상표에 관한 규정은 서비스상표에도 적용된다.

제5조 둘 이상의 자연인, 법인 또는 기타 조직은 공동으로 상표국에 동일한 상표의 등록을 출원할 수 있으며 공동으로 당해 상표전용권을 향유하고 행사할 수 있다.

제6조 법률·행정법규의 규정에 의해 반드시 등록상표를 사용해야 하는 상품에 대해서는 상표등록출원을 하여야 하며, 등록허가를 받지 못한 경우 시장에서 판매하여서는 아니된다.

제7조 ①상표의 출원 및 사용에 있어서는 신의성실의 원칙을 준수하여야 한다.

②상표사용자는 자신이 상표를 사용하는 제품의 품질에 대해 책임져야 한다. 각급 공상행정관리부서는 상표관리를 통해 소비자를 기만하는 행위를 제지하여야 한다.

제8조 자연인, 법인 또는 기타 조직의 상품을 타인의 상품과 구별할 수 있는 문자, 도형, 자모, 숫자, 입체표장, 색채의 조합 및 소리 등과 이러한 요소의 조합을 포함하는 표장은 모두 상표로 출원할 수 있다.

제9조 ①출원하는 상표는 현저한 특징이 있고 식별하기 편리해야 하며 타인이 먼저 취득한 합법적인 권리와 충돌하여서는 아니된다.

②상표등록인은 "등록상표(注册商标)" 또는 등록표기를 표시할 권리가 있다.

제10조 ①다음 각 호의 표장은 상표로 사용할 수 없다.

1. 중화인민공화국의 국가명칭, 국기, 국장, 국가, 군기, 군장, 군가, 훈장 등과 동일·유사한 표장 및 중앙국가기관의 명칭, 표장, 소재지 특정지

역의 명칭 또는 상징적인 건축물의 명칭, 도형과 동일한 표장

2. 외국의 국가명칭, 국기, 국장, 군기 등과 동일·유사한 표장. 다만, 해당 국가의 정부가 동의한 경우는 제외한다.

3. 정부 간 국제조직의 명칭, 깃발, 휘장 등과 동일·유사한 표장. 다만, 해당 조직이 동의하였거나 공중이 용이하게 오인할 우려가 없을 경우는 제외한다.

4. 통제를 나타내거나 보증을 부여하는 정부의 표장 및 검증마크와 동일·유사한 표장. 다만, 위임받은 경우는 제외한다.

5. "적십자", "적신월"의 명칭 또는 표장과 동일·유사한 표장

6. 민족 차별성을 띤 표장

7. 기만성이 있어 공중으로 하여금 상품의 품질 등 특징 또는 산지에 대해 용이하게 오인을 초래하는 표장

8. 사회주의 도덕풍속을 해치거나 기타 불량한 영향을 미치는 표장

②현급 이상 행정구역의 지명 또는 공중에게 알려져 있는 외국의 지명은 상표로 할 수 없다. 다만, 지명이 다른 의미를 가지거나 단체상표 또는 증명상표의 구성부분이 되는 경우를 제외하며, 지명을 사용한 이미 등록된 상표는 계속 유효하다.

제11조 ①다음 각 호의 표장은 상표로 등록할 수 없다.

1. 그 상품의 보통명칭, 도형, 모델번호만으로 구성된 표장

2. 상품의 품질, 주요 원재료, 효능, 용도, 중량, 수량 및 기타 특징만을 직접 표시한 표장

3. 기타 현저한 특징이 결여된 표장

②전항에 열거된 표장이 사용을 통해 현저한 특징을 획득하고 식별하기 편리한 경우에는 상표로서 등록할 수 있다.

제12조 입체표장으로 상표등록출원을 하는 경우, 단지 상품 차제의 성질로 인해 나타난 형상이거나 기술적 효과를 취득하기 위해 필요한 상품의 형상 또는 상품이 본질적 가치를 구비하도록 하는 형상은 등록할 수 없다.

제13조 ①관련 공중에게 잘 알려진 상표일 경우, 그 보유자가 자신의 권리가 침해당하였고 인정할 때에는 이 법의 규정에 따라 저명상표의 보호를

청구할 수 있다.

②동일·유사한 상품에 출원한 상표가 타인이 중국에서 등록하지 않은 저명상표를 복제, 모방 또는 번역한 것이어서 혼동을 초래하기 쉬운 경우에는 등록을 불허하고 사용을 금지한다.

③동일하지 않거나 유사하지 않은 상품에 출원한 상표가 타인이 이미 중국에서 등록한 저명상표를 복제, 모방 또는 번역한 것이어서 공중에게 혼동을 초래하고 당해 저명상표 등록인의 이익에 손해를 끼칠 우려가 있을 경우에는 등록을 불허하고 사용을 금지한다.

제14조 ①저명상표는 당사자의 청구에 의해 관련 상표사건의 처리에 있어서 인정할 필요가 있는 사실로서 인정하여야 한다. 저명상표의 인정은 다음 각 호의 요소를 고려해야 한다.

1. 당해 상표에 대한 관련 공중의 인지도
2. 당해 상표의 사용이 지속된 기간
3. 당해 상표의 모든 홍보업무가 지속된 기간, 정도 및 지리적 범위
4. 당해 상표가 저명상표로서 보호받은 기록
5. 당해 상표가 저명한 기타 요소

②상표등록 심사 및 상표법 위반사건에 대한 공상행정관리부서의 조사·처리 과정에서 당사자가 이 법 제13조의 규정에 따라 권리를 주장한 경우, 상표국은 심사 또는 사건처리의 필요에 의해 상표의 저명상황에 대해 인정할 수 있다.

③상표분쟁 처리 과정에서 당사자가 이 법 제13조의 규정에 따라 권리를 주장한 경우, 상표평심위원회는 사건처리의 필요에 의해 상표의 저명상황에 대해 인정할 수 있다.

④상표 관련 민사 또는 행정사건에 대한 심리 과정에서 당사자가 이 법 제13조의 규정에 따라 권리를 주장한 경우, 최고인민법원이 지정한 인민법원은 사건심리의 필요에 의해 상표의 저명상황에 대해 인정할 수 있다.

⑤제조자 및 경영자는 "저명상표(馳名商標)"라는 문구를 상품, 상품의 포장 또는 용기에 사용하거나 광고홍보, 전시 및 기타 상업활동에 사용하여서는 아니된다.

제15조 ①대리인 또는 대표자가 수권을 받지 않고 자신의 명의로 피대리인

또는 피대표자의 상표를 등록하였으며 피대리인 또는 피대표자가 이의를 신청한 경우에는 등록을 불허하고 사용을 금지한다.

②동일·유사한 상품에 출원한 상표가 타인이 먼저 사용한 미등록상표와 동일하거나 유사하며, 출원인이 당해 타인과 전항 규정 이외의 계약·업무 거래관계 또는 기타 관계가 있어 당해 타인의 상표가 존재함을 명백히 알고 있었고, 당해 타인이 이의를 신청할 경우에는 등록을 불허한다.

제16조 ①상표에 상품의 지리적 표시가 있지만 당해 상품이 당해 표시에 기재된 지역에서 유래하지 않아 공중을 오도하는 경우에는 등록을 불허하고 사용을 금지한다. 다만, 이미 선의로 등록된 상표는 계속 유효하다.

②전항의 "지리적 표시"란 어떤 상품이 어떤 지역에서 유래하고, 그 상품의 특정 품질, 신용 또는 기타 특징이 주로 그 지역의 자연적 요소 또는 인문적 요소에 의해 결정되었음을 표시하는 표장을 말한다.

제17조 외국인 또는 외국기업이 중국에서 상표등록출원을 할 경우에는 그 소속 국가와 중화인민공화국이 체결한 협약 또는 공동으로 가입한 국제조약에 따라 처리하거나 상호주의 원칙에 따라 처리하여야 한다.

제18조 ①상표등록출원 또는 기타 상표업무는 스스로 처리할 수도 있고, 법에 의해 설립된 상표대리기구에 위임하여 처리할 수도 있다.

②외국인 또는 외국기업이 중국에서 상표등록출원을 하거나 기타 상표업무를 처리할 경우에는 법에 의해 설립된 상표대리기구에 위임하여 처리해야 한다.

제19조 ①상표대리기구는 신의성실의 원칙을 준수하고 법률·행정법규를 준수하며 피대리인의 위임에 따라 상표등록출원 또는 기타 상표업무를 처리하여야 한다. 상표대리기구는 대리과정에서 알게 된 피대리인의 영업비밀에 대해 비밀유지 의무를 부담하여야 한다.

②위임인이 출원하는 상표에 이 법이 규정하는 등록불허 사유가 있을 경우, 상표대리기구는 위임인에게 명확히 고지하여야 한다.

③상표대리기구가 위임인의 출원상표가 이 법 제4조, 제15조 및 제32조에 규정된 상황에 해당함을 알거나 응당 알아야 할 경우에는 이를 수임해

서는 아니된다.

④상표대리기구는 그 대행서비스에 대한 상표등록출원 이외에 기타 상표등록출원을 하여서는 아니된다.

제20조 상표대리협회는 정관의 규정에 따라 회원모집 조건을 엄격히 집행하고, 업계의 자율규범을 위반한 회원에 대해서는 징계하여야 한다. 상표대리협회는 모집한 회원과 회원에 대한 징계상황을 적시에 공표하여야 한다.

제21조 상표국제등록은 중화인민공화국이 체결하였거나 가입한 관련 국제조약에 확립된 제도에 따르며, 구체적인 방법은 국무원이 정한다.

제2장 상표등록출원

제22조 ①상표등록출원인은 규정된 상품분류표에 따라 상표를 사용하고자 하는 상품분류와 상품명칭을 기입하여 출원을 제출하여야 한다.

②상표등록출원인은 하나의 출원으로 여러 분류의 상품에 대해 동일한 상표의 등록을 출원할 수 있다.

③상표등록출원서 등 관련 문서는 서면방식 또는 디지털 전자문서방식으로 제출할 수 있다.

제23조 등록상표를 허가받은 사용범위 외의 상품에서 상표전용권을 취득하고자 할 경우에는 별도로 출원하여야 한다.

제24조 등록상표의 표장을 변경할 필요가 있을 경우에는 다시 출원하여야 한다.

제25조 ①상표등록출원인이 그 상표를 외국에 최초로 출원한 날로부터 6개월 내에 중국에서도 동일한 상품에 대해 동일한 상표의 등록을 출원할 경우, 해당 국가와 중국이 체결한 협약이나 공동으로 가입한 국제조약 또는 상호주의 원칙에 따라 우선권을 향유할 수 있다.

②전항에 따라 우선권을 주장할 경우에는 상표등록출원을 할 때 성명서를 제출하고 3개월 내에 최초 상표등록출원서류의 부본을 제출하여야 한다.

성명서를 제출하지 아니하였거나 기한 내에 상표등록출원서류의 부본을 제출하지 아니한 경우에는 우선권을 주장하지 않은 것으로 간주한다.

제26조 ①상표가 중국정부에서 주최하거나 승인한 국제전시회에 전시된 상품에 최초로 사용된 경우, 당해 상품이 전시된 날로부터 6개월 내에 당해 상표의 출원인은 우선권을 향유할 수 있다.

②전항에 따라 우선권을 주장할 경우에는 상표등록출원을 할 때 성명서를 제출하고 3개월 내에 해당 상품을 전시한 전시회의 명칭, 전시한 상품에 해당 상표가 사용된 증거, 전시일자 등 증명서류를 제출하여야 한다. 성명서를 제출하지 아니하였거나 기한 내에 상표등록출원서류의 부본을 제출하지 아니한 경우에는 우선권을 주장하지 않은 것으로 간주한다.

제27조 상표등록출원을 위해 신고한 사항 및 제공한 자료는 진실하고 정확하며 완전하여야 한다.

제3장 상표등록의 심사 및 허가

제28조 출원한 상표에 대해 상표국은 상표등록출원서류를 접수한 날로부터 9개월 내에 심사를 완료하고, 이 법의 관련 규정에 부합하는 경우에는 출원공고결정을 하고 이를 공고하여야 한다.

제29조 심사과정에서 상표국이 상표등록출원 내용에 대한 설명 또는 수정이 필요하다고 인정한 경우에는 출원인에게 설명 또는 수정을 요청할 수 있다. 출원인이 설명 또는 수정을 하지 아니하더라도 상표국의 심사결정에 영향을 끼치지 아니한다.

제30조 출원한 상표가 이 법의 관련 규정에 부합하지 아니하거나 타인이 동일·유사한 상품에 이미 등록한 상표 또는 출원공고결정을 받은 상표와 동일·유사한 경우, 상표국은 출원을 거절하고 공고하지 아니한다.

제31조 둘 또는 둘 이상의 상표등록출원인이 동일·유사한 상품에 동일·유사한 상표의 등록을 출원한 경우에는 먼저 출원된 상표에 대해 출원공고결정

을 하고 공고한다. 같은 날에 출원한 경우에는 먼저 사용된 상표에 대해 출원공고결정을 하고 공고하며, 기타 출원인의 출원은 거절하고 공고하지 아니한다.

제32조 상표등록출원은 타인이 현재 보유하고 있는 선권리에 손해를 주어서는 아니 되며, 타인이 이미 사용하였고 또한 일정한 영향력이 있는 상표를 부당한 수단으로 선점 등록해서도 아니된다.

제33조 출원공고된 상표가 이 법 제13조 제2항 및 제3항, 제15조, 제16조 제1항, 제30조, 제31조, 제32조의 규정을 위반한다고 여기는 선권리자·이해관계자 또는 이 법 제4조, 제10조, 제11조, 제12조, 제19조 제4항의 규정을 위반한다고 여기는 자는 공고일로부터 3개월 내에 상표국에 이의를 신청할 수 있다. 공고기간 내에 이의가 없을 경우에는 등록을 허가하고 상표등록증을 발급하며 이를 공고한다.

제34조 출원을 거절하여 공고하지 아니한 상표에 대해 상표국은 상표등록출원인에게 서면으로 통지하여야 한다. 상표등록출원인이 불복할 경우에는 통지를 받은 날로부터 15일 내에 상표평심위원회에 심판을 청구할 수 있다. 상표평심위원회는 청구를 접수한 날로부터 9개월 내에 결정을 내려 청구인에게 서면으로 통지하여야 한다. 특수한 사정이 있어 연장할 필요가 있을 경우에는 국무원 공상행정관리부서의 허가를 거쳐 3개월 연장할 수 있다. 당사자가 상표평심위원회의 결정에 불복할 경우에는 통지를 받은 날로부터 30일 내에 인민법원에 소를 제기할 수 있다.

제35조 ①출원공고된 상표에 대해 이의신청이 있을 경우, 상표국은 이의신청인과 피이의신청인이 진술한 사실 및 이유를 청취하고 조사·확인을 거친 후 공고기간 만료일로부터 12개월 내에 상표등록 허가 여부를 결정함과 동시에 이의신청인과 피이의신청인에게 서면으로 통지하여야 한다. 특수한 사정이 있어 연장이 필요한 경우에는 국무원 공상행정관리부서의 허가를 거쳐 6개월 연장할 수 있다.
②상표국이 등록을 허가하는 결정을 내린 경우에는 상표등록증을 발급하고 이를 공고한다. 이의신청인이 불복할 경우에는 이 법 제44조 및 제45조

의 규정에 따라 상표평심위원회에 당해 등록상표에 대한 무효선고를 청구할 수 있다.

③상표국의 등록불허결정에 대해 피이의신청인이 불복할 경우에는 통지를 받은 날로부터 15일 내에 상표평심위원회에 심판을 청구할 수 있다. 상표평심위원회는 청구를 접수한 날로부터 12개월 내에 심판결정을 하고 이의신청인과 피이의신청인에게 서면으로 통지하여야 한다. 특수한 사정이 있어 연장이 필요한 경우에는 국무원 공상행정관리부서의 허가를 거쳐 6개월 연장할 수 있다. 피이의신청인이 상표평심위원회의 결정에 불복할 경우에는 통지를 받은 날로부터 30일 내에 인민법원에 소를 제기할 수 있다. 인민법원은 이의신청인에게 제3자의 신분으로 소송에 참가하도록 통지하여야 한다.

④상표평심위원회가 전항의 규정에 따라 심판을 진행하는 과정에서, 관련된 선권리의 확정이 반드시 인민법원이 심리하고 있거나 행정기관이 처리하고 있는 다른 사건의 결과를 근거로 해야 하는 경우에는 심사를 중지할 수 있다. 중지 원인이 해소된 후에는 심사절차를 재개하여야 한다.

제36조 ①법정기한이 만료되었지만 당사자가 상표국의 출원거절결정, 등록불허결정에 대해 심판을 청구하지 아니하거나 상표평심위원회의 심판결정에 대해 인민법원에 소를 제기하지 아니한 경우, 출원거절결정, 등록불허결정 또는 심판결정은 효력을 발생한다.

②심사를 거쳐 이의가 성립하지 않아 등록을 허가한 상표에 대해 상표등록출원인이 상표전용권을 취득하는 시점은 출원공고일로부터 3개월이 만료되는 날로부터 계산한다. 당해 상표의 공고기간 만료일로부터 등록허가결정 전까지 타인이 동일·유사한 상품에 당해 상표와 동일·유사한 표장을 사용하는 행위에 대해서는 소급력이 없다. 다만, 당해 사용자의 악의로 인해 상표등록인에게 손해를 초래한 경우에는 배상하여야 한다.

제37조 상표등록출원 및 상표심판청구에 대해서는 적시에 심사를 진행하여야 한다.

제38조 ①상표등록출원인 또는 등록인이 상표등록출원서류 또는 등록문서에 명백한 착오가 있음을 발견한 경우에는 정정을 신청할 수 있다. 상표국

은 법에 따라 그 직권 범위 내에서 정정하고 이를 당사자에게 통지하여야
한다.

②전항에서의 "착오의 정정"은 상표등록출원서류 또는 등록문서의 실질적
내용에 관련되지 아니한다.

제4장 상표등록의 갱신, 변경, 양도 및 사용허가

제39조 등록상표의 유효기간은 10년이며 등록을 허가한 날로부터 계산한
다.

제40조 ①등록상표의 유효기간이 만료된 후에도 계속 사용할 필요가 있을
경우, 상표등록인은 기간만료 전 12개월 내에 규정에 따라 갱신절차를
진행하여야 한다. 이 기간 내에 갱신절차를 진행하지 못한 경우, 6개월의
유예기간을 줄 수 있다. 갱신등록의 유효기간은 매회 10년이며 당해 상표
의 직전 유효기간 만료일의 다음날로부터 계산한다. 기한 내에 갱신절차
를 진행하지 않은 경우에는 그 등록상표를 말소한다.

②상표국은 갱신 등록된 상표를 공고하여야 한다.

제41조 등록상표에 대해 등록인의 명의, 주소 또는 기타 등록사항을 변경할
필요가 있을 경우에는 변경신청을 하여야 한다.

제42조 ①등록상표를 양도할 경우, 양도인과 양수인은 양도계약을 체결하고
공동으로 상표국에 신청을 제출하여야 한다. 양수인은 당해 등록상표를
사용하는 상품의 품질을 보증하여야 한다.

②등록상표를 양도할 경우, 상표등록인은 자신이 동일한 상품에 등록한
유사한 상표 또는 유사한 상품에 등록한 동일·유사한 상표도 함께 양도하
여야 한다.

③용이하게 혼동을 초래하거나 기타 불량한 영향이 있는 양도에 대해서
상표국은 이를 허가하지 아니하며 신청인에게 서면으로 통지하고 이유를
설명한다.

④등록상표의 양도는 허가된 후에 공고한다. 양수인은 공고일로부터 상표
전용권을 향유한다.

제43조 ①상표등록인은 상표사용허가계약 체결을 통해 타인이 그 등록상표를 사용하도록 허가할 수 있다. 허가자는 그 등록상표를 사용하는 피허가자의 상품 품질을 감독하여야 한다. 피허가자는 당해 등록상표를 사용하는 상품의 품질을 보증하여야 한다.

②허가를 거쳐 타인의 등록상표를 사용할 경우에는 반드시 당해 등록상표를 사용하는 상품에 피허가자의 명칭과 상품의 산지를 명시하여야 한다.

③타인에게 등록상표의 사용을 허가할 경우, 허가자는 그 상표사용허가를 상표국에 신고하여 등록해야 하며, 상표국은 이를 공고한다. 등록하지 않은 상표사용허가는 선의의 제3자에게 대항할 수 없다.

제5장 등록상표의 무효선고

제44조 ①기등록 상표가 이 법 제4조, 제10조, 제11조, 제12조, 제19조 제4항의 규정을 위반한 경우 또는 기만적 수단이나 기타 부당한 수단으로 등록을 취득한 경우, 상표국은 당해 등록상표에 대해 무효를 선고하며, 기타 단위[32] 또는 개인은 상표평심위원회에 당해 등록상표의 무효선고를 청구할 수 있다.

②상표국은 등록상표에 대한 무효선고결정을 당사자에게 서면으로 통지하여야 한다. 당사자가 상표국의 결정에 불복할 경우에는 통지를 받은 날로부터 15일 내에 상표평심위원회에 심판을 청구할 수 있다. 상표평심위원회는 청구를 접수한 날로부터 9개월 내에 결정을 내리고 당사자에게 서면으로 통지하여야 한다. 특수한 사정이 있어 연장이 필요한 경우, 국무원 공상행정관리부서의 허가를 거쳐 3개월 연장할 수 있다. 당사자가 상표평심위원회의 결정에 불복할 경우에는 통지를 받은 날로부터 30일 내에 인민법원에 소를 제기할 수 있다.

③기타 단위 또는 개인이 상표평심위원회에 등록상표 무효선고를 청구한 경우, 상표평심위원회는 청구를 접수한 후 관련 당사자에게 서면으로 통지하여 기한 내에 답변을 제출하도록 하여야 한다. 상표평심위원회는 청구를 접수한 날로부터 9개월 내에 등록상표 유지 또는 등록상표 무효선고의 재결(裁定)을 내리고 당사자에게 서면으로 통지하여야 한다. 특수한 사정이 있어 연장이 필요한 경우, 국무원 공상행정관리부서의 허가를 거

---

32) 중문으로 "单位"이며, 중국법에서 자주 사용되는 용어로서 단체나 기관 등 부서를 의미합니다.

쳐 3개월 연장할 수 있다. 당사자가 상표평심위원회의 재결에 불복할 경우에는 통지를 받은 날로부터 30일 내에 인민법원에 소를 제기할 수 있다. 인민법원은 상표 재결절차의 상대방 당사자에게 제3자의 신분으로 소송에 참가하도록 통지해야 한다.

제45조 ①기등록 상표가 이 법 제13조 제2항 및 제3항, 제15조, 제16조 제1항, 제30조, 제31조, 제32조의 규정을 위반한 경우, 상표등록일로부터 5년 내에 선권리자 또는 이해관계자(利害关系人)는 상표평심위원회에 당해 등록상표에 대한 무효선고를 청구할 수 있다. 악의적인 등록일 경우, 저명상표의 소유자는 5년의 시간제한을 받지 않는다.

②상표평심위원회는 등록상표 무효선고청구를 접수한 후, 관련 당사자에게 서면으로 통지하여 기한 내에 답변을 제출하도록 하여야 한다. 상표평심위원회는 청구를 접수한 날로부터 12개월 내에 등록상표의 유지 또는 무효선고 재결을 하고 당사자에게 서면으로 통지하여야 한다. 특수한 사정이 있어 연장이 필요한 경우에는 국무원 공상행정관리부서의 허가를 거쳐 6개월 연장할 수 있다. 당사자가 상표평심위원회의 재결에 불복할 경우에는 통지를 받은 날로부터 30일 내에 인민법원에 소를 제기할 수 있다. 인민법원은 상표재결절차의 상대방 당사자에게 제3자의 신분으로 소송에 참가하도록 통지해야 한다.

③상표평심위원회가 전항의 규정에 따라 무효선고청구에 대해 심사하는 과정에서 관련된 선권리의 확정이 반드시 인민법원이 심리하고 있거나 행정기관이 처리하고 있는 다른 사건의 결과를 근거로 해야 하는 경우에는 심사를 중지할 수 있다. 중지 원인이 해소된 후에는 심사절차를 재개하여야 한다.

제46조 법정기한이 만료되었지만 당사자가 상표국의 등록상표 무효선고결정에 대해 심판을 청구하지 아니하거나 상표평심위원회의 심판결정, 등록상표 유지 또는 무효선고 재결에 대해 인민법원에 소를 제기하지 아니한 경우, 상표국의 결정 또는 상표평심위원회의 심판결정 및 재결은 효력을 발생한다.

제47조 ①이 법 제44조, 제45조의 규정에 따라 무효선고를 받은 등록상표는 상표국이 공고하며, 당해 등록상표의 전용권은 처음부터 존재하지 않은

것으로 간주한다.

②등록상표의 무효선고 결정 또는 재결은 무효선고 전에 인민법원이 확정하고 이미 집행한 상표권침해사건의 판결·재정·조정서와 공상행정관리부서가 확정하고 이미 집행한 상표권침해사건의 처리결정 및 이미 이행한 상표 양도 또는 사용허가계약에 대해 소급력이 없다. 다만, 상표등록인의 악의로 인해 타인에게 손해를 초래한 경우에는 배상하여야 한다.

③전항의 규정에 따라 상표권침해배상금, 상표양도금 및 상표사용료를 반환하지 아니하면 현저하게 공평의 원칙에 위배될 경우에는 그 전부 또는 일부를 반환하여야 한다.

제6장 상표사용의 관리

제48조 이 법에서의 "상표사용"이란 상표를 상품, 상품의 포장 또는 용기 및 상품거래문서에 사용하거나 상표를 광고·홍보, 전시 및 기타 상업활동에 사용하여 상품의 출처를 식별하도록 하는 행위를 말한다.

제49조 ①상표등록인이 등록상표를 사용하는 과정에서 등록상표, 등록인의 명의·주소 또는 기타 등록사항을 임의로 변경한 경우, 지방 공상행정관리부서는 기한부 시정을 명한다. 기한 내에 시정하지 아니한 경우, 상표국은 그 등록상표를 취소한다.

②등록상표가 그 지정상품의 보통명칭으로 되거나 등록상표를 정당한 이유 없이 연속 3년간 사용하지 아니한 경우, 임의의 단위나 개인도 상표국에 당해 등록상표의 취소를 청구할 수 있다. 상표국은 청구를 접수한 날로부터 9개월 내에 결정을 내려야 한다. 특수한 사정이 있어 연장이 필요한 경우, 국무원 공상행정관리부서의 허가를 거쳐 3개월 연장할 수 있다.

제50조 등록상표가 취소되거나 무효로 선고되거나 기한 내에 갱신등록하지 않은 경우, 상표국은 취소일·무효선고일 또는 말소일로부터 1년 내에 당해 상표와 동일·유사한 상표의 출원을 불허한다.

제51조 이 법 제6조의 규정을 위반한 경우, 지방 공상행정관리부서는 기한부 출원을 명하고, 불법경영금액이 5만 위안 이상인 경우에는 불법경영금액

의 20% 이하에 해당하는 과태료를 부과할 수 있으며, 불법경영금액이 없거나 5만 위안 미만인 경우에는 1만 위안 이하의 과태료를 부과할 수 있다.

제52조 미등록상표를 등록상표로 사칭하여 사용하거나 이 법 제10조의 규정에 위반하여 미등록상표를 사용한 경우, 지방 공상행정관리부서는 이를 제지하고 기한부 시정을 명함과 동시에 통보할 수 있다. 불법경영금액이 5만 위안 이상인 경우에는 불법경영금액의 20% 이하에 해당하는 과태료를 부과할 수 있으며, 불법경영금액이 없거나 5만 위안 미만인 경우에는 1만 위안 이하의 과태료를 부과할 수 있다.

제53조 이 법 제14조 제5항의 규정을 위반한 경우, 지방 공상행정관리부서는 시정을 명하고 10만 위안의 과태료를 부과한다.

제54조 당사자가 상표국의 상표등록 취소 또는 취소불허 결정에 불복할 경우에는 통지를 받은 날로부터 15일 내에 상표평심위원회에 심판을 청구할 수 있다. 상표평심위원회는 청구를 접수한 날로부터 9개월 내에 결정을 내리고 당사자에게 서면으로 통지하여야 한다. 특수한 사정이 있어 연장이 필요한 경우, 국무원 공상행정관리부서의 허가를 거쳐 3개월 연장할 수 있다. 당사자가 상표평심위원회의 결정에 불복할 경우에는 통지를 받은 날로부터 30일 내에 인민법원에 소를 제기할 수 있다.

제55조 ①법정기한이 만료되었지만 당사자가 상표국의 등록상표 취소결정에 대해 심판을 청구하지 아니하거나 상표평심위원회의 심판결정에 대해 인민법원에 소를 제기하지 아니한 경우, 등록상표 취소결정 및 심판결정은 효력을 발생한다.
②취소된 등록상표는 상표국이 공고하며 당해 등록상표전용권은 공고일로부터 종료된다.

제7장 등록상표전용권의 보호

제56조 등록상표의 전용권은 등록을 허가한 상표 및 지정상품에 한정된다.

제57조 다음 각 호의 행위는 모두 등록상표전용권 침해에 해당한다.

1. 상표등록인의 허가 없이 동일한 상품에 그 등록상표와 동일한 상표를 사용하는 행위

2. 상표등록인의 허가 없이 동일한 상품에 그 등록상표와 유사한 상표를 사용하거나 또는 유사한 상품에 그 등록상표와 동일·유사한 상표를 사용하여 용이하게 혼동을 초래하는 행위

3. 등록상표전용권을 침해한 상품을 판매하는 행위

4. 타인의 등록상표 표지를 위조, 무단 제조하거나 위조, 무단 제조한 등록상표 표지를 판매하는 행위

5. 상표등록인의 동의 없이 그 등록상표를 교체하고 또한 상표가 교체된 해당 상품을 시장에 유통시키는 행위

6. 타인의 상표전용권 침해행위에 고의로 편의를 제공하여 상표전용권 침해를 방조하는 행위

7. 타인의 등록상표전용권에 기타 손해를 초래하는 행위

제58조 타인의 등록상표 또는 미등록 저명상표를 기업명칭 중의 상호로 사용하여 공중을 오도(誤導)하고 부정경쟁행위를 구성할 경우에는 「중화인민공화국 부정경쟁방지법」에 따라 처리한다.

제59조 ①등록상표에 포함된 그 상품의 보통명칭, 도형, 모델번호 또는 직접적으로 상품의 품질, 주요원료, 기능, 용도, 중량, 수량 및 기타 특징을 표시하는 것 또는 등록상표에 포함된 지명에 대해 등록상표전용권자는 타인의 정당한 사용을 금지할 권리가 없다.

②입체표장의 등록상표에 포함된 상품 자체의 성질로 인한 형상, 기술적 효과를 얻기 위해 필요한 상품의 형상 또는 상품으로 하여금 실질적 가치를 구비하도록 하는 형상에 대해 등록상표전용권자는 타인의 정당한 사용을 금지할 권리가 없다.

③상표등록인이 상표등록출원을 하기 전에 타인이 이미 동일·유사한 상품에 상표등록인보다 먼저 등록상표와 동일하거나 유사하고 일정한 영향력이 있는 상표를 사용한 경우, 등록상표전용권자는 당해 사용자가 원 사용범위 내에서 당해 상표를 계속 사용하는 것을 금지할 권리가 없지만 사용자에게 적당한 구별표지를 부가할 것을 요청할 수 있다.

제60조 ①이 법 제57조에 열거된 등록상표전용권 침해행위의 하나에 해당하여 분쟁이 발생하였을 경우에는 당사자가 협상하여 해결한다. 협상을 원하지 않거나 합의를 달성할 수 없을 경우, 상표등록인 또는 이해관계자는 인민법원에 소를 제기할 수도 있고 공상행정관리부서에 처리를 청구할 수도 있다.

②공상행정관리부서의 처리에 있어서 권리침해행위의 성립이 인정될 경우에는 권리침해행위의 즉각 정지를 명하고, 권리침해상품 및 주요하게 권리침해상품의 제조와 등록상표 표지의 위조에 사용된 도구를 몰수·폐기하며, 불법경영금액이 5만 위안 이상인 경우에는 불법경영금액의 5배 이하에 해당하는 과태료를 부과할 수 있고, 불법경영금액이 없거나 불법경영금액이 5만 위안 미만인 경우에는 25만 위안 이하의 과태료를 부과할 수 있다. 5년 이내에 2회 이상의 상표권침해행위를 실시하였거나 기타 중대한 사안이 있을 경우에는 엄중하게 처벌하여야 한다. 등록상표전용권을 침해하는 상품임을 알지 못하고 판매하였고 당해 상품을 자신이 합법적으로 취득하였음을 입증할 수 있으며 또한 제공자를 설명할 수 있는 경우, 공상행정관리부서는 판매정지를 명한다.

③당사자는 상표전용권침해 배상금액 관련 분쟁에 대해 사건을 처리하고 있는 공상행정관리부서에 조정을 청구할 수도 있고 「중화인민공화국 민사소송법」에 따라 인민법원에 소를 제기할 수도 있다. 공상행정관리부서의 조정을 통해 당사자가 합의를 달성하지 못하였거나 조정서가 발효된 후 이행하지 아니한 경우, 당사자는 「중화인민공화국 민사소송법」에 따라 인민법원에 소를 제기할 수 있다.

제61조 공상행정관리부서는 등록상표전용권 침해행위에 대해 법에 따라 조사하고 처리할 수 있는 권한이 있으며, 범죄혐의가 있을 경우에는 적시에 사법기관에 이송하여 법에 따라 처리하여야 한다.

제62조 ①현급(县级) 이상의 공상행정관리부서가 이미 확보한 위법혐의 증거 또는 제보에 의해 타인의 등록상표전용권을 침해한 혐의가 있는 행위에 대해 조사하고 처리할 때에는 다음 각 호의 직권을 행사할 수 있다.

1. 관련 당사자를 심문하여 타인의 등록상표전용권 침해와 관련된 상황을 조사한다.

2. 당사자의 권리침해활동과 관련된 계약서, 영수증, 장부 및 기타 관련
   자료를 열람, 복사한다.
3. 당사자가 타인의 등록상표전용권을 침해한 혐의가 있는 활동에 종사한
   장소에 대해 현장조사를 실시한다.
4. 권리침해활동과 관련된 물품을 검사하고, 타인의 등록상표전용권을
   침해하였음을 입증할 수 있는 증거가 있는 물품을 봉인 또는 압류한다.
②공상행정관리부서가 법에 따라 전항에 규정된 직권을 행사할 경우, 당사
자는 협조하여야 하며 거절 또는 방해해서는 아니된다.
③상표권침해사건을 조사·처리하는 과정에서 상표권의 귀속에 대해 분쟁
이 있거나 권리자가 동시에 인민법원에 상표권침해소송을 제기한 경우,
공상행정관리부서는 사건의 조사·처리를 중지할 수 있다. 중지 원인이
해소된 후에는 사건의 조사·처리 절차를 재개 또는 종결하여야 한다.

제63조 ①상표전용권 침해에 대한 배상금액은 권리자가 권리침해로 인해
받은 실제 손실에 따라 확정하며, 실제 손실을 확정하기 어려운 경우에는
권리침해자가 권리침해를 통해 얻은 이익에 따라 확정할 수 있다. 권리자
의 손실 또는 권리침해자가 얻은 이익을 확정하기 어려운 경우에는 당해
상표 허가사용료의 배수를 참조하여 합리적으로 확정한다. 악의적으로
상표전용권을 침해하고 사안이 중대한 경우에는 상기 방법으로 확정한
금액의 1배 이상 5배 이하로 배상금액을 확정할 수 있다. 배상금액에는
권리자가 권리침해행위를 제지하기 위해 지불한 합리적인 지출을 포함하
여야 한다.
②인민법원은 배상금액 확정에 있어서 권리자가 이미 최선을 다해 입증하
였지만 권리침해행위와 관련된 장부·자료가 주로 권리침해자에게 장악되
어 있는 경우, 권리침해자에게 권리침해행위와 관련된 장부·자료의 제출
을 명할 수 있다. 권리침해자가 제공하지 아니하거나 허위로 작성된 장부·
자료를 제출한 경우, 인민법원은 권리자의 주장 및 권리자가 제공한 증거
를 참고하여 배상금액을 판정할 수 있다.
③권리자가 권리침해로 인해 받은 실제손실, 권리침해자가 권리침해를
통해 얻은 이익 및 등록상표 허가사용료를 확정하기 어려운 경우, 인민법
원은 권리침해행위의 사안에 기초하여 500만 위안 이하의 배상을 허여하
는 판결을 한다.

④인민법원은 상표분쟁사건을 심리함에 있어서 권리자의 청구에 응하여 등록상표를 사칭한 상품에 대해서는 특수한 상황을 제외하고 소각을 명한다. 주요하게 등록상표를 사칭한 상품의 제조에 사용되는 재료·도구는 소각을 명하며 보상하지 아니한다. 특수한 상황에서는 상기 재료·도구의 상업적 유통을 금지하는 명령을 하고 보상하지 아니한다.

⑤등록상표를 사칭한 상품은 허위 등록상표만을 제거하고 상업적으로 유통시켜서는 아니된다.

제64조 ①등록상표전용권자가 청구한 배상에 대해 권리침해혐의자가 등록상표전용권자의 등록상표 불사용을 이유로 항변할 경우, 인민법원은 등록상표전용권자에게 청구일 전 3년 내에 당해 등록상표를 실제로 사용한 증거를 제출하도록 요구할 수 있다. 등록상표전용권자가 청구일 전 3년 내에 당해 등록상표를 실제로 사용하였음을 입증할 수 없고 권리침해행위로 인해 받은 기타 손실도 입증할 수 없을 경우, 권리침해혐의자는 배상책임을 부담하지 아니한다.

②등록상표전용권을 침해한 상품임을 알지 못하고 판매하였으며 당해 상품을 자신이 합법적으로 취득하였음을 입증할 수 있고 또한 제공자를 설명할 수 있을 경우에는 배상책임을 부담하지 아니한다.

제65조 상표등록인 또는 이해관계자는 타인이 그 등록상표전용권을 침해하는 행위를 실시하고 있거나 곧 실시할 것임을 입증할 수 있는 증거가 있고, 이를 적시에 제지하지 않으면 그 합법적 권익에 보완하기 어려운 손해를 초래할 경우, 소를 제기하기 전에 법에 따라 인민법원에 관련 행위의 정지 및 재산보전조치 명령을 신청할 수 있다.

제66조 상표등록인 또는 이해관계자는 권리침해행위를 제지하기 위해 증거가 멸실될 우려가 있거나 나중에 확보하기가 어려울 경우에는 소 제기 전에 법에 따라 인민법원에 증거보전을 신청할 수 있다.

제67조 ①상표등록인의 허가 없이 동일한 상품에 그 등록상표와 동일한 상표를 사용하여 범죄를 구성하였을 경우, 피권리침해자의 손실을 배상하는 이외에 법에 따라 형사책임을 추궁한다.

②타인의 등록상표 표지를 위조, 무단 제조하거나 위조, 무단 제조한 등록상표 표지를 판매하여 범죄를 구성하였을 경우, 피권리침해자의 손실을 배상하는 이외에 법에 따라 형사책임을 추궁한다.

③등록상표를 사칭한 상품임을 명백히 알면서도 판매하여 범죄를 구성하였을 경우, 피권리침해자의 손실을 배상하는 이외에 법에 따라 형사책임을 추궁한다.

제68조 ①상표대리기구가 다음 각 호의 행위를 한 경우, 공상행정관리부서는 기한부 시정을 명하고 경고하며, 1 만 위안 이상 10 만 위안 이하의 과태료를 부과한다. 직접적으로 책임지는 담당자 및 기타 직접적 책임이 있는 자에 대해서는 경고하고 5,000 위안 이상 5 만 위안 이하의 과태료를 부과하며, 범죄를 구성하는 경우에는 법에 따라 형사책임을 추궁한다.

1. 상표업무의 처리 과정에서 법률문서, 인감, 서명을 위조·변조(变造)하거나 위조·변조한 법률문서, 인감, 서명을 사용하는 행위
2. 다른 상표대리기구를 비방하는 등의 수단으로 상표대리업무를 유치하거나 기타 부당한 수단으로 상표대리업무 시장질서를 교란하는 행위
3. 이 법 제4조, 제19조 제3항 및 제4항의 규정을 위반하는 행위

②상표대리기구가 전항에 규정된 행위를 한 경우, 공상행정관리부서는 신용기록부에 기록한다. 사안이 중대한 경우, 추가로 상표국 또는 상표평심위원회가 당해 상표대리기구에서 취급하는 상표대리업무의 접수정지를 결정하고 이를 공고할 수 있다.

③상표대리기구가 신의성실의 원칙을 위반하여 위임인의 합법적 이익을 침해한 경우에는 법에 따라 민사책임을 부담해야 하며, 상표대리협회는 정관의 규정에 따라 징계하여야 한다.

④악의적인 상표등록출원에 대해서는 사안에 근거해 경고·과태료 등 행정처벌을 부과하며, 악의적인 상표소송의 제기에 대해서는 인민법원이 법에 따라 처벌한다.

제69조 ①상표등록·관리 및 심판 업무에 종사하는 국가기관의 업무자는 공정하게 법을 집행하고, 청렴하고 자율적이며, 직무에 충실하고, 예의 바르게 봉사하여야 한다.

②상표국, 상표평심위원회 및 상표등록·관리 및 심판 업무에 종사하는

국가기관의 업무자는 상표대리업무 및 상품생산경영활동에 종사해서는 아니된다.

제70조 공상행정관리부서는 내부 감독제도를 구축하고 건전히 하여 상표등 록·관리 및 심판 업무를 담당하는 국가기관의 업무자가 법률·행정법규를 집행하고 규율을 준수하는 상황에 대해 감독·검사를 하여야 한다.

제71조 상표등록·관리 및 심판 업무에 종사하는 국가기관의 업무자가 직무 태만, 직권남용, 직권을 이용해 사리사욕을 추구하여 불법적으로 상표등 록·관리 및 심판 업무를 처리하고, 당사자의 재물을 수수하거나 부당한 이익을 도모하여 범죄를 구성하였을 경우, 법에 따라 형사책임을 추궁한 다. 아직 범죄를 구성하지 아니한 경우에는 법에 따라 처벌을 부과한다.

제8장 부칙

제72조 상표등록출원 및 기타 상표업무의 처리에 있어서는 비용을 납부하여 야 하며, 구체적인 비용기준은 별도로 정한다.

제73조 ①이 법은 1983년 3월 1일부터 시행한다. 이와 동시에 1963년 4월 10일 국무원이 공포한 「상표관리조례」는 폐지된다. 상표관리에 관한 기타 규정이 이 법에 저촉될 경우에는 동시에 효력을 상실한다.
②이 법 시행 전의 기등록 상표는 계속 유효하다.

(※ 2019년 11월 1일에 개정·시행됨)

제1장 총칙

제1조 「중화인민공화국 상표법」(이하 "상표법"이라 한다)에 의해 이 조례를
정한다.

제2조 이 조례의 상품상표에 관한 규정은 서비스상표에도 적용된다.

제3조 상표보유자가 상표법 제13조의 규정에 따라 저명상표로 보호하여
줄 것을 청구할 경우에는 해당 상표가 저명상표를 구성한다는 증거자료를
제출하여야 한다. 상표국 또는 상표평심위원회는 상표법 제14조의 규정에
따라 사건 심사·처리의 필요성 및 당사자가 제출한 증거자료에 의해 해당
상표가 저명한지 여부에 대해 인정하여야 한다.

제4조 ①상표법 제16조에 규정된 지리적 표시는 상표법 및 이 조례의 규정에
따라 증명상표 또는 단체상표로 출원할 수 있다.
②지리적 표시를 증명상표로 등록한 경우, 그 상품이 당해 지리적 표시의
사용요건에 부합하는 자연인·법인 또는 기타 조직은 당해 증명상표의 사
용을 요구할 수 있으며, 당해 증명상표를 통제하는 조직은 이를 허용하여
야 한다. 지리적 표시를 단체상표로 등록한 경우, 그 상품이 그 지리적
표시의 사용요건에 부합하는 자연인·법인 또는 기타 조직은 당해 지리적
표시를 단체상표로 등록한 단체·협회 또는 기타 조직에 가입할 것을 요구
할 수 있으며, 당해 단체·협회 또는 기타 조직은 그 정관에 근거하여 회원
으로 받아들여야 한다. 당해 지리적 표시를 단체상표로 등록한 단체·협회
또는 기타 조직에 가입할 것을 요구하지 않은 경우에도 정당하게 당해
지리적 표시를 사용할 수 있으며 당해 단체·협회 또는 기타 조직은 이를
금지할 권한이 없다.

제5조 ①당사자가 상표대리기구에 상표등록출원 또는 기타 상표업무의 처리

를 위임할 경우에는 위임장을 제출하여야 한다. 위임장에는 대리사항 및 권한을 명확히 기재하여야 하며, 외국인 또는 외국기업의 위임장에는 위임인의 국적을 명확히 기재하여야 한다.

②외국인 또는 외국기업의 위임장 및 그와 관련 증명서류의 공증 · 인증 절차는 상호주의 원칙에 따라 처리하여야 한다.

③상표등록출원 또는 상표양도에 있어서 상표등록출원인 또는 상표양수인이 외국인 또는 외국기업인 경우, 출원서33)에 중국 경내의 수령인을 지정하여 상표국 또는 상표평심위원회의 후속상표업무 법률문서 수령을 담당하도록 하여야 한다. 상표국 또는 상표평심위원회의 후속상표업무 법률문서는 중국 경내의 수령인에게 송달한다.

④상표법 제18조에 기재된 "외국인 또는 외국기업"이란 중국에 일상거소지 또는 영업소가 없는 외국인 또는 외국기업을 말한다.   ·

제6조 ①상표등록출원을 하거나 기타 상표업무를 처리할 경우에는 중문을 사용하여야 한다.

②상표법 또는 이 조례의 규정에 따라 제출하는 각종 증서, 증명서류 및 증거자료가 외국어인 경우에는 중문 번역문을 첨부하여 제출해야 한다. 중문 번역문을 첨부하여 제출하지 아니한 경우에는 증서, 증명서류 또는 증거자료를 제출하지 아니한 것으로 간주한다.

제7조 상표국 또는 상표평심위원회의 업무자가 다음 각 호의 상황에 해당할 경우에는 회피하여야 하며, 당사자 또는 이해관계자는 당해 업무자의 기피를 신청할 수 있다.

1. 당사자이거나 당사자, 대리인의 근친인 경우
2. 당사자, 대리인과 기타 관계가 있어 공정성에 영향을 줄 수 있는 경우
3. 상표등록출원 또는 기타 상표업무의 처리와 이해관계가 있는 경우

제8조 상표법 제22조에 규정된 디지털 전자문서방식으로 상표등록출원서 등 관련 문서를 제출할 경우에는 상표국 또는 상표평심위원회의 규정에 따라 인터넷으로 제출하여야 한다.

---

33) 신청서도 포함됩니다.

제9조 ①이 조례 제18조에 규정된 경우를 제외하고, 당사자가 상표국 또는 상표평심위원회에 제출하는 서류 또는 자료의 제출일은 직접 교부한 경우에는 교부한 날짜를 기준으로 하고, 우편으로 제출한 경우에는 소인일을 기준으로 한다. 소인일이 불명확하거나 소인이 없을 경우에는 상표국 또는 상표평심위원회가 실제로 받은 날짜를 기준으로 하지만, 당사자가 실제 소인일에 대한 증거를 제출할 수 있는 경우는 제외한다. 우체국 이외의 택배업체를 통해 제출한 경우에는 택배업체의 접수일을 기준으로 한다. 접수일이 불명확할 경우에는 상표국 또는 상표평심위원회가 실제로 받은 날짜를 기준으로 하지만, 당사자가 실제 접수일에 대한 증거를 제출할 수 있는 경우는 제외한다. 디지털 전자문서방식으로 제출한 경우에는 상표국 또는 상표평심위원회의 전자시스템에 진입한 날짜를 기준으로 한다.
②당사자가 상표국 또는 상표평심위원회에 우편으로 서류를 제출하는 경우에는 등기우편을 사용하여야 한다.
③당사자가 상표국 또는 상표평심위원회에 서류를 제출함에 있어서 서면 방식으로 제출한 경우에는 상표국 또는 상표평심위원회에 보관된 포대의 기록을 기준으로 하고, 디지털 전자문서방식으로 제출한 경우에는 상표국 또는 상표평심위원회의 데이터베이스 기록을 기준으로 한다. 다만, 당사자가 확실한 증거에 의해 상표국 또는 상표평심위원회의 포대 또는 데이터베이스의 기록에 착오가 있음을 증명한 경우는 제외된다.

제10조 ①상표국 또는 상표평심위원회의 각종 문서는 우편발송, 직접 교부, 디지털 전자문서 또는 기타 방식으로 당사자에게 송달할 수 있다. 디지털 전자문서방식으로 당사자에게 송달할 경우에는 당사자의 동의를 거쳐야 한다. 당사자가 상표대리기구에 위임한 경우, 상표대리기구에 송달한 서류는 당사자에게 송달된 것으로 간주한다.
②상표국 또는 상표평심위원회가 당사자에게 각종 문서를 송달한 날짜는 우편으로 발송한 경우에는 당사자가 받은 소인일을 기준으로 하며, 소인일이 불명확하거나 또는 소인이 없을 경우에는 문서 발송일로부터 15일이 만료되면 당사자에게 송달된 것으로 간주한다. 다만, 당사자가 실제로 받은 날짜를 증명할 수 있는 경우는 제외한다. 직접 교부한 경우에는 교부일을 기준으로 한다. 디지털 전자문서방식으로 송달한 경우에는 문서를 발송한 날로부터 15일이 만료되면 당사자에게 송달된 것으로 간주한다.

다만, 당사자가 그 전자시스템에 문서가 진입한 날짜를 증명할 수 있는 경우는 제외된다. 문서를 상술한 방식으로 송달할 수 없을 경우에는 공시 방식을 통해 송달할 수 있으며, 공시일로부터 30일이 만료되면 해당 문서가 당사자에게 송달된 것으로 간주한다.

제11조 다음 각 호의 기간은 상표 심사·심리의 기한에 산입하지 아니한다.
1. 상표국 또는 상표평심위원회의 문서 공시송달 기간
2. 당사자가 증거를 보충하거나 문서를 보정하는 데 필요한 기간 및 당사자의 변경으로 인해 다시 답변하는 데 필요한 기간
3. 출원일이 동일함으로 인해 사용증거의 제출 및 협상, 추첨에 필요한 기간
4. 우선권 확정에 필요한 대기 기간
5. 심사·심리 과정에서 사건 당사자의 청구에 의해 선권리(在先权利) 사건의 심리결과를 대기하는 기간

제12조 ①이 조 제2항에 규정된 경우를 제외하고, 상표법 및 이 조례가 규정하는 각종 기한의 시작일은 기한 내에 산입하지 아니한다. 기한을 연 또는 월로 계산하는 경우, 기한의 마지막 월의 상응한 일을 기한의 만료일로 한다. 해당 월에 상응한 일이 없는 경우, 해당 월의 마지막 날을 기한의 만료일로 한다. 기한의 만료일이 공휴일인 경우, 공휴일 후의 첫 번째 근무일을 기한의 만료일로 한다.
②상표법 제39조 및 제40조에 규정된 등록상표의 유효기간은 법정일(法定日)로부터 기산하며, 기한의 마지막 월의 상응한 일의 전날을 기한의 만료일로 하고, 해당 월에 상응한 일이 없을 경우에는 해당 월의 마지막 날을 기한의 만료일로 한다.

제2장 상표등록출원

제13조 ①상표등록출원은 공포된 상품 및 서비스 분류표에 따라 기재하여 제출해야 한다. 매 1건의 상표등록출원은 상표국에 「상표등록출원서」 1부 및 상표도안 1부를 제출하여야 한다. 색채조합 또는 착색도안으로 상표등록출원을 하는 경우에는 착색도안과 흑백도안 1부를 제출하여야 하며,

색채를 지정하지 않을 경우에는 흑백도안을 제출하여야 한다.

②상표도안은 선명하고 접착하기에 편리하여야 하며, 매끈하고 내구성이 있는 종이로 인쇄하거나 사진으로 대체하여야 하고, 길이와 폭은 10㎝ 이하 5㎝ 이상이어야 한다.

③입체표장으로 상표등록출원을 할 경우에는 출원서에 성명(声明)하고 상표사용방식을 설명함과 동시에 입체형상을 확정할 수 있는 도안을 제출해야 하며, 제출하는 상표도안은 적어도 3면의 투시도를 포함하여야 한다.

④색채조합으로 상표등록출원을 할 경우에는 출원서에 성명하고 상표사용방식을 설명하여야 한다.

⑤소리표장으로 상표등록출원을 할 경우에는 출원서에 성명하고 요구에 부합하는 소리견본을 제출하여야 하며, 출원하는 소리상표에 대해 기술하고 상표사용방식을 설명하여야 한다. 소리상표에 대한 기술은 오선보 또는 약보(简谱)에 의해 상표로 출원하는 소리를 표현하고 문자설명을 첨부하여야 한다. 오선보 또는 약보에 의해 표현할 수 없을 경우에는 문자로 기술하여야 한다. 상표에 대한 기술은 소리견본과 일치하여야 한다.

⑥단체표장 또는 증명표장의 등록을 출원할 경우에는 출원서에 성명하고, 주체자격증명서류(主体资格证明文件) 및 사용관리규칙을 제출하여야 한다.

⑦상표가 외국어이거나 외국어를 포함하는 경우에는 그 의미를 설명하여야 한다.

제14조 ①상표등록출원을 하는 경우, 출원인은 그 신분증명서류를 제출하여야 한다. 상표등록출원인의 명의는 제출한 증명서류와 일치하여야 한다.

②전항의 출원인 신분증명서류 제출에 관한 규정은 상표국에 제출하는 상표 변경, 양도, 갱신, 이의, 취소 등 기타 상표업무의 처리에도 적용된다.

제15조 ①상품 또는 서비스 항목의 명칭은 상품 및 서비스 분류표의 분류번호 및 명칭에 따라 기재하여야 하며, 상품 또는 서비스 항목의 명칭이 상품 및 서비스 분류표에 포함되어 있지 아니한 경우에는 해당 상품 또는 서비스에 대한 설명을 첨부하여 제출해야 한다.

②상표등록출원 등 관련 서류를 종이방식으로 제출할 경우에는 타자 또는 인쇄하여야 한다.

③이 조 제2항의 규정은 기타 상표업무의 처리에도 적용된다.

제16조 ①공동으로 동일한 상표의 등록을 출원하거나 공유상표에 관한 기타 업무를 처리할 경우에는 출원서34)에 한 명의 대표자를 지정하여야 하며, 대표자를 지정하지 아니한 경우에는 출원서에 첫 번째로 기재되어 있는 자를 대표자로 한다.
②상표국 및 상표평심위원회의 문서는 대표자에게 송달하여야 한다.

제17조 ①출원인이 그 명의, 주소, 대리인, 문서수령인을 변경하거나 지정상품을 삭감할 경우에는 상표국에 변경절차를 밟아야 한다.
②출원인이 그 상표등록출원을 양도할 경우에는 상표국에 양도절차를 밟아야 한다.

제18조 ①상표등록출원일은 상표국이 출원서류를 받은 날짜를 기준으로 한다.
②상표등록출원 절차가 완비되었고 규정에 따라 출원서류를 작성함과 동시에 비용을 납부한 경우, 상표국은 출원을 접수하고 출원인에게 서면으로 통지한다. 출원절차가 완비되어 있지 않거나 규정에 따라 출원서류를 작성하지 않았거나 비용을 납부하지 않은 경우, 상표국은 출원을 접수하지 않으며 출원인에게 서면으로 통지하고 이유를 설명하여야 한다. 출원 절차가 기본적으로 완비되었거나 출원서류가 기본적으로 규정에 부합하지만 보정이 필요한 경우, 상표국은 출원인에게 보정통지를 하여야 한다. 출원인은 통지를 받은 날로부터 30일 내에 지정된 내용에 따라 보정하여 상표국에 다시 제출하여야 한다. 규정된 기한 내에 보정하여 상표국에 다시 제출한 경우에 출원일은 보류된다. 기한 내에 보정하지 않았거나 요구에 따라 보정하지 않은 경우, 상표국은 출원을 접수하지 않으며 출원인에게 서면으로 통지한다.
③이 조 제2항의 접수요건 관련 규정은 기타 상표업무의 처리에도 적용된다.

---

34) 신청서도 포함됩니다.

제19조 둘 또는 둘 이상의 출원인이 동일·유사한 상품에 동일·유사한 상표를 같은 날에 각각 출원한 경우, 각 출원인은 상표국의 통지를 받은 날로부터 30일 내에 해당 출원 전에 당해 상표를 먼저 사용하였다는 증거를 제출하여야 한다. 같은 날에 사용하였거나 모두 사용하지 아니한 경우, 각 출원인은 상표국의 통지를 받은 날로부터 30일 내에 자체적으로 협상하고 상표국에 서면합의서를 제출할 수 있다. 협상을 원하지 않거나 합의가 이루어지지 않은 경우, 상표국은 각 출원인에게 통지하여 추첨방식으로 하나의 출원인을 확정하고 기타 출원인의 출원은 거절한다. 상표국이 이미 통지하였지만 출원인이 추첨에 참가하지 않은 경우에는 출원을 포기한 것으로 간주하며, 상표국은 추첨에 참가하지 않은 출원인에게 서면으로 통지하여야 한다.

제20조 상표법 제25조의 규정에 따라 우선권을 주장하는 경우, 출원인이 제출하는 최초 상표등록출원서류의 부본은 해당 출원을 접수한 상표주관부서의 증명을 받고, 출원일과 출원번호를 기재하여야 한다.

제3장 상표등록출원의 심사

제21조 상표국은 접수한 상표등록출원에 대해 상표법 및 이 조례의 관련 규정에 따라 심사를 진행하고, 규정에 부합하거나 일부 지정상품에 사용하는 상표의 출원이 규정에 부합하는 경우, 출원공고결정을 하고 이를 공고한다. 규정에 부합하지 아니하거나 일부 지정상품에 사용하는 상표의 출원이 규정에 부합하지 아니하는 경우, 거절하거나 일부 지정상품에 사용하는 상표의 출원을 거절하며, 서면으로 출원인에게 통지하고 이유를 설명한다.

제22조 ①상표국이 한 건의 상표등록출원에 있어서 일부 지정상품에 대해 거절할 경우, 출원인은 당해 출원 중 출원공고결정을 한 일부 출원을 다른 한 건의 출원으로 분할할 수 있으며, 분할 후의 출원은 원 출원의 출원일을 보류한다.
②분할이 필요한 경우, 출원인은 상표국의 「상표등록출원 일부 거절 통지서」를 받은 날로부터 15일 내에 상표국에 분할출원을 제출하여야 한다.

③상표국은 분할출원을 접수한 후 원 출원을 두 건으로 분할하며, 출원공고결정을 한 분할된 출원에 대해 새로운 출원번호를 부여하고 이를 공고한다.

제23조 상표국이 상표법 제29조의 규정에 따라 상표등록출원 내용에 대한 설명 또는 수정이 필요하다고 인정한 경우, 출원인은 상표국의 통지를 받은 날로부터 15일 내에 설명 또는 수정을 하여야 한다.

제24조 ①상표국이 출원공고결정을 내려 공고한 상표에 대해 이의를 신청하는 경우, 이의신청인은 상표국에 다음 각 호의 상표이의신청서류를 2부 제출해야 하며, 해당 서류에는 정본과 부본을 표시하여야 한다.
1. 상표이의신청서
2. 이의신청인의 신분증명
3. 상표법 제13조 제2항 및 제3항, 제15조, 제16조 제1항, 제30조, 제31조, 제32조의 규정 위반을 이유로 이의를 신청할 경우, 이의신청인이 선권리자 또는 이해관계자임을 입증하는 증명서류
②상표이의신청서에는 명확한 청구와 사실근거가 기재되어야 하고 관련 증거자료를 첨부하여 제출해야 한다.

제25조 상표국은 상표이의신청서를 받은 후 심사를 거쳐 접수요건에 부합할 경우에는 접수하고 신청인에게 접수통지서를 발송한다.

제26조 상표이의신청이 다음 각 호의 하나에 해당하는 경우, 상표국은 이를 접수하지 아니하며 서면으로 이의신청인에게 통지하고 이유를 설명한다.
1. 법정기한 내에 제출되지 않은 경우
2. 신청인의 주체자격(主体资格), 이의이유가 상표법 제33조의 규정에 부합하지 않은 경우
3. 명확한 이의이유, 사실 및 법적 근거가 없는 경우
4. 동일한 이의신청인이 동일한 이유, 사실 및 법적 근거로 동일한 상표에 대해 다시 이의신청을 제출한 경우

제27조 ①상표국은 상표이의신청서류 부본을 적시에 피이의신청인에게 송

달하여야 하고, 피이의신청인은 상표이의신청서류 부본을 받은 날로부터 30일 내에 답변서를 제출하여야 한다. 피이의신청인이 답변서를 제출하지 않더라도 상표국의 결정에 영향을 끼치지 않는다.

②당사자가 이의신청서 또는 답변서를 제출한 후에 관련 증거자료를 보충할 필요가 있을 경우에는 상표이의신청서 또는 답변서에 성명하고, 상표이의신청서 또는 답변서를 제출한 날로부터 3개월 내에 제출하여야 한다. 기한 내에 제출하지 않은 경우, 당사자가 관련 증거자료의 보충을 포기한 것으로 간주한다. 다만, 기한 만료 후에 생성되었거나 당사자에게 기타 정당한 이유가 있어 기한 내에 제출할 수 없었던 증거를 기한 만료 후에 제출할 경우, 상표국은 증거를 상대방 당사자에게 전달하고 증거 대질을 거친 후 채택할 수 있다.

제28조 ①상표법 제35조 제3항 및 제36조 제1항의 등록불허결정은 일부 지정상품에서의 등록불허결정을 포함한다.

②상표국이 등록허가결정 또는 등록불허결정을 내리기 전에 피이의신청 상표에 대한 등록공고가 이미 발간된 경우, 당해 등록공고를 취소한다. 심사를 거쳐 이의가 성립되지 않아 등록을 허가할 경우에는 등록허가결정이 효력을 발생한 후에 다시 공고한다.

제29조 ①상표등록출원인 또는 상표등록인이 상표법 제38조의 규정에 따라 경정신청을 할 경우에는 상표국에 경정신청서를 제출하여야 한다. 경정요건에 부합하는 경우, 상표국은 허가 후 관련 내용을 경정한다. 경정요건에 부합하지 않을 경우, 상표국은 허가하지 않으며 서면으로 신청인에게 통지하고 이유를 설명한다.

②이미 출원공고 또는 등록공고가 발간된 상표를 경정할 경우에는 경정공고를 발간한다.

제4장 등록상표의 변경, 양도 및 갱신

제30조 ①상표등록인의 명의, 주소 또는 기타 등록사항을 변경할 경우에는 상표국에 변경신청서를 제출하여야 한다. 상표등록인의 명의를 변경할 경우에는 관련 등기기관이 발급한 변경증명서류를 제출하여야 한다. 상표

국이 허가한 경우, 상표등록인에게 상응하는 증명서를 발급하고 이를 공
고한다. 허가하지 않을 경우, 서면으로 신청인에게 통지하고 이유를 설명
하여야 한다.

②상표등록인의 명의 또는 주소를 변경할 경우, 상표등록인은 그 등록상표
를 일괄 변경하여야 한다. 일괄 변경하지 않은 경우, 상표국은 기한부
시정을 통지한다. 기한 내에 시정하지 않은 경우에는 변경신청을 포기한
것으로 간주하며, 상표국은 신청인에게 서면으로 통지하여야 한다.

제31조 ①등록상표를 양도할 경우, 양도인과 양수인은 상표국에 등록상표양
도신청서를 제출하여야 한다. 등록상표양도신청의 절차는 양도인과 양수
인이 공동으로 진행하여야 한다. 상표국이 등록상표양도신청을 허가할
경우에는 양수인에게 상응하는 증명서를 발급하고 이를 공고한다.

②등록상표의 양도에 있어서 상표등록인이 동일·유사한 상품에 등록한
동일·유사한 상표를 일괄 양도하지 않은 경우, 상표국은 기한부 시정을
통지한다. 기한 내에 시정하지 않은 경우에는 해당 등록상표의 양도신청
을 포기한 것으로 간주하며, 상표국은 신청인에게 서면으로 통지하여야
한다.

제32조 ①등록상표전용권이 양도 이외에 상속 등 기타 사유로 이전될 경우,
해당 등록상표전용권을 이전 받는 당사자는 관련 증명서류 또는 법률문서
에 의거하여 상표국에 등록상표전용권 이전절차를 진행하여야 한다.

②등록상표전용권이 이전될 경우, 등록상표전용권자가 동일·유사한 상품
에 등록한 동일·유사한 상표는 일괄 이전하여야 한다. 일괄 이전하지 않은
경우, 상표국은 기한부 시정을 통지한다. 기한 내에 시정하지 않은 경우,
해당 등록상표의 이전신청을 포기한 것으로 간주하며, 상표국은 신청인에
게 서면으로 통지하여야 한다.

③상표이전신청이 허가된 경우에는 이를 공고한다. 해당 등록상표전용권
을 이전 받은 당사자는 공고일로부터 상표전용권을 향유한다.

제33조 등록상표의 갱신등록이 필요한 경우에는 상표국에 상표갱신등록신
청서를 제출하여야 한다. 상표국이 상표갱신등록신청을 허가하였을 경우
에는 상응하는 증명서를 발급하고 이를 공고한다.

제5장 국제상표등록

第34조 ①상표법 제21조에 규정된 국제상표등록은 「표장의 국제등록에 관한 마드리드협정」(이하 "마드리드협정"이라 한다), 「표장의 국제등록에 관한 마드리드협정에 대한 의정서」(이하 "마드리드의정서"라 한다) 및 「표장의 국제등록에 관한 마드리드협정 및 그 협정에 대한 의정서의 공통규칙」의 규정에 근거하여 진행하는 마드리드 국제상표등록을 말한다.
②마드리드 국제상표등록출원은 중국을 본국으로 하는 국제상표등록출원, 중국을 지정국으로 하는 국제상표등록출원 및 기타 관련 신청을 포함한다.

第35조 중국을 본국으로 국제상표등록출원을 할 경우에는 중국에 진실하고 유효한 영업소가 설치되어 있거나 중국에 주소가 있거나 중국 국적을 보유하고 있어야 한다.

第36조 ①이 조례 제35조의 규정에 부합하는 출원인은 그 상표가 이미 상표국에 등록된 경우, 마드리드협정에 의해 당해 상표의 국제출원을 할 수 있다.
②이 조례 제35조의 규정에 부합하는 출원인은 그 상표가 이미 상표국에 등록되었거나 이미 상표국에 상표등록출원을 하고 접수된 경우, 마드리드의정서에 의해 당해 상표의 국제출원을 할 수 있다.

第37조 ①중국을 본국으로 국제상표등록출원을 할 경우에는 상표국을 통해 세계지식재산권기구 국제사무국(이하 "국제사무국"이라 한다)에 출원하여야 한다.
②중국을 본국으로 하는 경우, 마드리드협정과 관련된 국제상표등록의 사후지정, 포기 및 말소는 상표국을 통해 국제사무국에 신청하여야 한다. 마드리드협정과 관련된 국제상표등록의 양도, 삭감, 변경 및 갱신은 상표국을 통해 국제사무국에 신청할 수도 있고 직접 국제사무국에 신청할 수도 있다.
③중국을 본국으로 하는 경우, 마드리드의정서와 관련된 국제상표등록의 사후지정, 포기, 말소, 변경 및 갱신은 상표국을 통해 국제사무국에 신청할

수도 있고 직접 국제사무국에 신청할 수도 있다.

제38조 상표국을 통해 국제사무국에 상표국제출원 및 기타 관련 신청을 할 경우에는 국제사무국 및 상표국의 요구에 부합하는 출원서 및 관련 자료를 제출하여야 한다.

제39조 국제상표등록출원에서 지정하는 상품 또는 서비스는 국내의 기초출원 또는 기초등록의 상품 또는 서비스의 범위를 초과해서는 아니된다.

제40조 ①국제상표등록출원 절차가 완비되지 않았거나 규정에 따라 출원서를 작성하지 않은 경우, 상표국은 접수하지 않으며 출원일도 보류하지 아니한다.

②출원절차가 기본적으로 완비되었거나 출원서가 기본적으로 규정에 부합하지만 보정이 필요한 경우, 출원인은 보정통지서를 받은 날로부터 30일 내에 보정하여야 한다. 기한 내에 보정하지 않은 경우, 상표국은 접수하지 않으며 출원인에게 서면으로 통지한다.

제41조 ①상표국을 통해 국제사무국에 국제상표등록출원 및 기타 관련 신청을 할 경우에는 규정에 따라 비용을 납부하여야 한다.

②출원인은 상표국의 비용납부통지서를 받은 날로부터 15일 내에 상표국에 비용을 납부하여야 한다. 기한 내에 비용을 납부하지 않은 경우, 상표국은 그 출원을 접수하지 않으며 출원인에게 서면으로 통지한다.

제42조 상표국은 마드리드협정 또는 마드리드의정서에 규정된 거절기한(이하 "거절기한"이라 한다) 내에 상표법 및 이 조례의 관련 규정에 따라 중국을 지정국으로 하는 영역확장출원에 대해 심사하여 결정을 내리고 국제사무국에 통지한다. 상표국이 거절기한 내에 거절 또는 일부거절 통지를 발송하지 않은 경우, 당해 영역확장출원은 허가된 것으로 간주한다.

제43조 중국을 지정한 영역확장출원인이 입체표장, 색채조합 및 소리표장을 상표로 보호받고자 하거나 단체상표 또는 증명상표의 보호를 요구할 경우에는 당해 상표가 국제사무국의 국제등록부에 등록된 날로부터 3개월 내

에 법에 따라 설립된 상표대리기구를 통해 상표국에 이 조례 제13조에 규정된 관련 자료를 제출하여야 한다. 상기 기한 내에 관련 자료를 제출하지 않은 경우, 상표국은 당해 영역확장출원을 거절한다.

제44조 세계지식재산권기구가 국제상표등록의 관련 사항에 대해 공고한 경우, 상표국은 다시 별도로 공고하지 아니한다.

제45조 ①중국을 지정한 영역확장출원에 대해 상표법 제33조에 규정된 요건에 부합하는 이의신청인은 세계지식재산권기구의 「국제상표공고」가 출판된 다음 달의 1일부터 3개월 내에 상표국에 이의신청을 할 수 있다.
②상표국은 거절기한 내에 이의신청의 관련 상황을 거절결정의 형식으로 국제사무국에 통지한다.
③피이의신청인은 국제사무국이 전달한 거절통지서를 받은 날로부터 30일 내에 답변할 수 있으며, 답변서 및 관련 증거자료는 법에 따라 설립된 상표대리기구를 통해 상표국에 제출하여야 한다.

제46조 중국에서 보호를 획득한 국제등록상표의 유효기간은 국제등록일 또는 사후지정일로부터 기산한다. 등록인은 유효기간 만료 전에 국제사무국에 갱신을 신청할 수 있으며, 유효기간 내에 갱신을 신청하지 않은 경우에는 6개월의 유예기간을 부여할 수 있다. 상표국은 국제사무국의 갱신 통지를 받은 후, 법에 따라 심사를 진행한다. 국제사무국이 갱신하지 아니함을 통지한 경우에는 당해 국제등록상표를 말소한다.

제47조 ①중국을 지정한 영역확장출원을 양도할 경우, 양수인은 체약국 경내에 진실하고 유효한 영업소 또는 주소가 있거나 체약국의 국민이어야 한다.
②양도인이 동일·유사한 상품에 등록한 동일·유사한 상표를 일괄 양도하지 않은 경우, 상표국은 통지서를 발송한 날로부터 3개월 내에 시정할 것을 등록인에게 통지한다. 기한 내에 시정하지 않았거나 양도가 용이하게 혼동을 초래하거나 기타 불량한 영향이 있을 경우, 상표국은 당해 양도가 중국에서 무효하다는 결정을 내리고 국제사무국에 성명한다.

제48조 중국을 지정한 영역확장출원에 대해 삭감을 신청하였고, 삭감 후의

상품 또는 서비스가 중국의 상품 또는 서비스 분류에 관한 요구에 부합하지 않거나 원 지정상품 또는 서비스의 범위를 초과한 경우, 상표국은 당해 삭감이 중국에서 무효하다는 결정을 내리고 국제사무국에 성명한다.

제49조 ①상표법 제49조 제2항의 규정에 따라 국제등록상표의 취소를 청구할 경우에는 당해 국제상표등록출원 거절기한 만료일로부터 만 3년 후에 상표국에 청구하여야 한다. 거절기한 만료 시에도 여전히 거절심판 또는 이의 관련 절차 중인 경우에는 상표국 또는 상표평심위원회의 등록허가결정이 효력을 발생한 날로부터 만 3년 후에 상표국에 청구하여야 한다.
②상표법 제44조 제1항의 규정에 따라 국제등록상표의 무효선고를 청구할 경우에는 당해 국제상표등록출원의 거절기한 만료 후에 상표평심위원회에 청구하여야 한다. 거절기한 만료 시에도 여전히 거절심판 또는 이의 관련 절차 중인 경우에는 상표국 또는 상표평심위원회의 등록허가결정이 효력을 발생한 후 상표평심위원회에 청구할 수 있다.
③상표법 제45조 제1항의 규정에 따라 국제등록상표의 무효선고를 청구할 경우에는 당해 국제상표등록출원 거절기한 만료일로부터 5년 내에 상표평심위원회에 청구하여야 한다. 거절기한 만료 시에도 여전히 거절심판 또는 이의 관련 절차 중인 경우에는 상표국 또는 상표평심위원회의 등록허가결정이 효력을 발생한 날로부터 5년 내에 상표평심위원회에 청구하여야 한다. 악의적인 등록에 대해서 저명상표의 소유자는 5년의 시간제한을 받지 아니한다.

제50조 상표법과 이 조례의 다음 조항의 규정은 국제상표등록 관련 업무에 적용되지 아니한다.
1. 상표법 제28조, 제35조 제1항의 심사 및 심리 기한에 관한 규정
2. 이 조례 제22조, 제30조 제2항
3. 상표법 제42조 및 이 조례 제31조의 상표양도를 양도인과 양수인이 공동으로 신청하고 절차를 진행하는 데 관한 규정

제6장 상표평심

제51조 ①상표평심(評審)은 상표평심위원회가 상표법 제34조, 제35조, 제

44조, 제45조 및 제54조의 규정에 따라 관련 상표분쟁을 심리하는 사무를 말한다. 당사자가 상표평심위원회에 상표평심을 청구할 경우에는 명확한 청구취지, 사실, 이유 및 법률근거가 있어야 하고 상응하는 증거를 제공하여야 한다.

②상표평심위원회는 사실에 근거하여 법에 따라 평심을 진행한다.

제52조 ①상표평심위원회가 상표국의 상표등록출원 거절결정에 불복하는 심판사건을 심리할 경우에는 상표국의 거절결정, 청구인이 심판을 청구한 사실과 이유, 청구취지 및 평심 당시의 사실상태에 대해 심리를 진행하여야 한다.

②상표평심위원회가 상표국의 상표등록출원 거절결정에 불복하는 심판사건을 심리함에 있어서 출원한 상표에 상표법 제10조, 제11조, 제12조 및 제16조 제1항의 규정을 위반한 상황이 존재하지만 상표국이 상기 조항에 근거하여 거절결정을 하지 않은 것을 발견한 경우에는 상기 조항에 근거하여 출원을 거절하는 심판결정을 할 수 있다. 상표평심위원회는 심판결정을 하기 전에 출원인의 의견을 청취하여야 한다.

제53조 ①상표평심위원회가 상표국의 등록불허결정에 불복하는 심판사건을 심리할 경우에는 상표국의 등록불허결정, 청구인이 심판을 청구한 사실과 이유, 청구취지 및 원 이의신청인이 제출한 의견에 대해 심리를 진행하여야 한다.

②상표평심위원회가 상표국의 등록불허결정에 불복하는 심판사건을 심리할 경우에는 원 이의신청인이 참가하여 의견을 제출하도록 통지하여야 한다. 원 이의신청인의 의견이 사건의 심리결과에 실질적 영향이 있을 경우에는 평심의 근거로 할 수 있다. 원 이의신청인이 참가하지 않았거나 의견을 제출하지 않더라도 사건의 심리에 영향이 끼치지 아니한다.

제54조 상표평심위원회가 상표법 제44조 및 제45조의 규정에 따른 등록상표 무효선고 청구사건을 심리할 경우에는 당사자의 신청과 답변한 사실, 이유 및 청구취지에 대해 심리하여야 한다.

제55조 상표평심위원회가 상표법 제44조 제1항의 규정에 따른 상표국의 등록

상표 무효선고결정에 불복하는 심판사건을 심리할 경우에는 상표국의 결정, 청구인이 심판을 청구한 사실, 이유 및 청구취지에 대해 심리하여야 한다.

제56조 상표평심위원회가 상표법 제49조의 규정에 따른 상표국의 등록상표 취소 또는 유지 결정에 불복하는 심판사건을 심리할 경우에는 상표국의 등록상표 취소 또는 유지 결정, 당사자가 심판을 청구한 당시에 근거한 사실, 이유 및 청구취지에 대해 심리하여야 한다.

제57조 ①상표평심을 청구할 경우에는 상표평심위원회에 청구서를 제출하고, 상대방 당사자의 수에 상응하는 부수의 부본을 제출하여야 한다. 상표국의 결정서에 기초하여 심판을 청구할 경우에는 상표국의 결정서 부본도 첨부하여야 한다.

②상표평심위원회는 청구서를 받은 후, 심사를 거쳐 접수요건에 부합할 경우에는 접수하고, 접수요건에 부합하지 않을 경우에는 접수하지 않으며 청구인에게 서면으로 통지하고 이유를 설명한다. 보정이 필요한 경우, 청구인에게 통지를 받은 날로부터 30일 내에 보정하도록 통지한다. 보정을 거쳐도 여전히 규정에 부합되지 않을 경우, 상표평심위원회는 접수하지 않으며, 서면으로 청구인에게 통지하고 이유를 설명한다. 기한 내에 보정하지 않은 경우에는 청구를 취하한 것으로 간주하며, 상표평심위원회는 청구인에게 서면으로 통지하여야 한다.

③상표평심위원회가 상표평심청구를 접수한 후 접수요건에 부합하지 않음을 발견한 경우에는 각하하며, 청구인에게 서면으로 통지하고 이유를 설명한다.

제58조 상표평심위원회는 상표평심청구를 접수한 후 적시에 청구서 부본을 상대방 당사자에게 송달하여야 하며, 상대방 당사자는 청구서 부본을 받은 날로부터 30일 내에 답변하여야 한다. 기한 내에 답변하지 않더라도 상표평심위원회의 평심에 영향을 끼치지 아니한다.

제59조 당사자가 평심청구서 또는 답변서 제출 후에 관련 증거자료를 보충할 필요가 있을 경우에는 청구서 또는 답변서에서 성명하고 청구서 또는 답변서 제출일로부터 3개월 내에 제출하여야 한다. 기한 내에 제출하지

않은 경우에는 관련 증거자료의 보충을 포기한 것으로 간주한다. 다만, 기한 만료 후에 생성되었거나 당사자에게 기타 정당한 이유가 있어 기한 내에 제출할 수 없었던 증거를 기한 만료 후에 제출할 경우, 상표평심위원회는 증거를 상대방 당사자에게 전달하고 증거 대질을 거친 후 채택할 수 있다.

제60조 ①상표평심위원회는 당사자의 청구 또는 실제수요에 근거하여 평심청구에 대해 구술심리를 진행할 것을 결정할 수 있다.

②상표평심위원회가 평심청구에 대해 구술심리를 진행할 것을 결정한 경우에는 구술심리 15일 전에 당사자에게 서면으로 통지하여 구술심리의 날짜, 장소 및 심판관을 고지해야 한다. 당사자는 통지서에 지정된 기한 내에 답변하여야 한다.

③청구인이 답변하지도 않고 구술심리에 참가하지도 않은 경우에는 그 평심청구를 취하한 것으로 간주하며, 상표평심위원회는 청구인에게 서면으로 통지하여야 한다. 피청구인이 답변하지도 않고 구술심리에 참가하지도 않은 경우, 상표평심위원회는 궐석평심을 할 수 있다.

제61조 청구인은 상표평심위원회가 결정 또는 재결(裁定)을 내리기 전에 서면으로 상표평심위원회에 이유를 설명하고 청구의 취하를 요청할 수 있으며, 상표평심위원회가 취하할 수 있다고 인정할 경우, 평심절차는 종료된다.

제62조 청구인이 상표평심청구를 취하한 경우에는 동일한 사실과 이유로 다시 평심청구를 하여서는 아니된다. 상표평심위원회가 상표평심청구에 대해 이미 재결 또는 결정을 내린 경우, 누구든지 동일한 사실과 이유로 다시 평심청구를 하여서는 아니된다. 다만, 등록불허 심판절차를 거쳐 등록을 허가 받은 후 상표평심위원회에 등록상표 무효선고를 청구하는 경우는 제외한다.

제7장 상표사용의 관리

제63조 ①등록상표를 사용할 경우에는 상품, 상품의 포장, 설명서 또는 기타

부착물에 "注册商标"35) 또는 등록기호를 표기할 수 있다.

②등록기호는 ⓡ와 ®을 포함한다. 등록기호를 사용할 경우에는 상표의 우측상단 또는 우측하단에 표기하여야 한다.

第64조 ①「상표등록증」이 분실 또는 파손된 경우에는 상표국에 「상표등록증」 재발급신청서를 제출하여야 한다. 「상표등록증」이 분실된 경우, 「상표공고」에 분실성명을 게재하여야 한다. 파손된 「상표등록증」은 재발급신청 시 상표국에 반납하여야 한다.

②상표등록인이 상표국의 상표변경·양도·갱신증명서 재발급, 상표등록증 명서의 발급이 필요한 경우, 또는 상표등록출원인이 상표국의 우선권 증명서류 발급이 필요한 경우, 상표국에 상응하는 신청서를 제출하여야 한다. 요건에 부합하는 경우, 상표국은 상응하는 증명서를 발급한다. 요건에 부합하지 않을 경우, 상표국은 처리하지 않으며 신청인에게 통지하고 이유를 고지한다.

③「상표등록증」 또는 기타 상표증명서류를 위조하거나 변조한 경우에는 국가기관 증명서류 위조·변조죄 또는 기타 죄에 관한 형법의 규정에 의해 법에 따라 형사책임을 추궁한다.

第65조 등록상표가 그 지정상품의 보통명칭으로 되는 상표법 제49조에 규정된 상황이 발생한 경우, 누구든지 상표국에 당해 등록상표의 취소를 청구할 수 있으며, 청구서를 제출할 때에는 증거자료를 첨부하여야 한다. 상표국은 접수한 후 상표등록인에게 통지하여야 하며, 상표등록인은 통지를 받은 날로부터 2개월 내에 답변하여야 한다. 기한 내에 답변하지 않더라도 상표국의 결정에 영향을 끼치지 아니한다.

第66조 ①등록상표를 정당한 이유 없이 연속 3년간 사용하지 않은 상표법 제49조에 규정된 상황이 발생하였을 경우, 누구든지 상표국에 당해 등록상표의 취소를 청구할 수 있으며, 청구서 제출 시 관련 상황을 설명하여야 한다. 상표국은 접수한 후 상표등록인에게 통지하여야 하며, 상표등록인은 통지를 받은 날로부터 2개월 내에 당해 상표가 취소청구 제출 전에 사용되었음을 입증할 수 있는 증거자료를 제출하거나 불사용의 정당한

---

35) 등록상표를 의미합니다.

이유를 설명하여야 한다. 기한 내에 사용 관련 증거자료를 제출하지 않았거나 증거자료가 무효하며 또한 정당한 이유가 없을 경우, 상표국은 그 등록상표를 취소한다.

②전항의 "사용 관련 증거자료"는 상표등록인이 등록상표를 사용한 증거자료 및 상표등록인이 타인에게 등록상표사용을 허가한 증거자료를 포함한다.

③정당한 이유 없이 연속 3년간 사용하지 않음을 이유로 등록상표의 취소를 청구할 경우에는 당해 등록상표의 등록공고일로부터 만 3년 후에 청구하여야 한다.

제67조 상표법 제49조에 규정된 정당한 이유는 다음 각 호의 상황을 말한다.
1. 불가항력
2. 정부의 정책적 제한
3. 파산으로 인한 청산
4. 상표등록인의 책임이 아닌 기타 정당한 사유

제68조 상표국 또는 상표평심위원회가 등록상표를 취소하거나 등록상표의 무효를 선고함에 있어서 취소 또는 무효선고의 이유가 단지 일부 지정상품에만 미치는 경우, 그 일부 지정상품에 사용하는 상표등록에 대해서만 취소 또는 무효선고를 한다.

제69조 타인에게 그 등록상표의 사용을 허가하는 경우, 허가자는 허가계약의 유효기간 내에 상표국에 등기자료를 제출하고 등기하여야 한다. 등기자료에는 등록상표 사용의 허가자, 피허가자, 허가기한 및 사용을 허가하는 상품 또는 서비스의 범위 등 사항에 대한 설명이 기재되어야 한다.

제70조 등록상표전용권으로 질권을 설정할 경우, 질권설정자와 질권자는 서면으로 질권계약을 체결하고 공동으로 상표국에 질권등기신청을 하여야 하며, 상표국은 이를 공고한다.

제71조 상표법 제43조 제2항의 규정을 위반한 경우, 공상행정관리부서가 기한부 시정을 명한다. 기한 내에 시정하지 않은 경우에는 판매정지를

명하며, 판매정지를 거부할 경우에는 10만 위안 이하의 과태료를 부과한다.

제72조 상표보유자가 상표법 제13조의 규정에 따라 저명상표의 보호를 청구할 경우에는 공상행정관리부서에 청구할 수 있다. 상표국이 상표법 제14조의 규정에 따라 저명상표로 인정한 경우, 공상행정관리부서는 상표법 제13조의 규정을 위반한 상표사용행위의 정지를 명하고, 위법하게 사용한 상표표지를 몰수하고 폐기한다. 상표표지를 상품과 분리하기 어려울 경우에는 일괄하여 몰수하고 폐기한다.

제73조 ①상표등록인이 그 등록상표의 말소 또는 일부 지정상품에 대한 그 상표의 등록말소를 신청할 경우에는 상표국에 상표말소신청서를 제출하고 원 「상표등록증」을 반납하여야 한다.
②상표등록인이 그 등록상표의 말소 또는 일부 지정상품에 대한 그 상표의 등록말소를 신청하고 상표국이 말소를 허가한 경우, 당해 등록상표전용권 또는 일부 지정상품에 대한 당해 등록상표전용권의 효력은 상표국이 그 말소신청을 받은 날로부터 종료된다.

제74조 등록상표가 취소되었거나 이 조례 제73조의 규정에 따라 말소된 경우, 원 「상표등록증」은 폐기하고 이를 공고한다. 일부 지정상품에 대한 당해 상표의 등록을 취소하거나 상표등록인이 일부 지정상품에 대한 그 상표의 등록말소를 신청한 경우, 「상표등록증」을 다시 발급하고 이를 공고한다.

제8장 등록상표전용권의 보호

제75조 타인의 상표전용권 침해를 위해 저장, 운송, 우편발송, 인쇄, 은닉, 경영장소, 인터넷 상품거래 플랫폼 등을 제공하는 것은 상표법 제57조 제6호에 규정된 편의제공에 해당한다.

제76조 동일·유사한 상품에 타인의 등록상표와 동일·유사한 표장을 상품의 명칭 또는 상품의 장식으로 사용하여 공중을 오도(誤導)한 경우에는 상표법 제57조 제2호에 규정된 등록상표전용권 침해행위에 해당한다.

제77조 등록상표전용권 침해행위에 대해서는 누구든지 공상행정관리부서에 투서하거나 고발할 수 있다.

제78조 상표법 제60조에 규정된 불법경영금액의 계산에 있어서는 다음 각 호의 요소를 고려할 수 있다.

1. 권리침해상품의 판매가격
2. 판매하지 않은 권리침해상품의 표시가격
3. 이미 확인된 권리침해상품의 실제 평균 판매가격
4. 권리를 침해 받은 상품의 시장 중간가격
5. 권리침해자가 권리침해로 얻은 영업수입
6. 권리침해상품의 가치를 합리적으로 계산할 수 있는 기타 요소

제79조 다음 각 호의 상황은 상표법 제60조에 규정된 당해 상품을 자신이 합법적으로 취득하였음을 입증할 수 있는 경우에 해당한다.

1. 상품공급자가 합법적으로 서명·날인한 상품공급명세서 및 대금영수증이 있고 또한 사실임이 검증되었거나 상품공급자가 인정한 경우
2. 공급자와 판매자가 체결한 상품공급계약이 있고 실제로 이행되었음이 검증된 경우
3. 합법적인 매입세금계산서가 있고 세금계산서에 기재된 사항이 계쟁상품과 대응하는 경우
4. 합법적으로 계쟁상품을 취득하였음을 증명할 수 있는 기타 상황

제80조 등록상표전용권을 침해한 상품임을 알지 못하고 판매하였지만 당해 상품을 자신이 합법적으로 취득하였음을 입증하고 제공자를 설명할 수 있을 경우에는 공상행정관리부서가 판매정지를 명하고, 사건의 상황을 권리침해상품 제공자 소재지의 공상행정관리부서에 통보한다.

제81조 계쟁등록상표권의 귀속에 대해 상표국 또는 상표평심위원회에서 심리하고 있거나 인민법원에서 소송을 진행하고 있는 중이며, 그 결과가 사건의 판단에 영향을 끼칠 가능성이 있을 경우에는 상표법 제62조 제3항에 규정된 상표권의 귀속에 대해 분쟁이 있는 경우에 해당한다.

제82조 상표권침해사건을 단속하는 과정에서, 공상행정관리부서는 권리자
에게 계쟁상품이 권리자가 생산하였거나 그 허가를 받아 생산된 제품인지
여부에 대해 식별하도록 요구할 수 있다.

제9장 상표대리

제83조 상표법에서의 "상표대리"란 위임인의 위임을 받고, 위임인의 명의로
상표등록출원, 상표평심 또는 기타 상표업무를 처리하는 것을 말한다.

제84조 ①상표법에서 말하는 "상표대리기구"는 공상행정관리부서에 등록하
고 상표대리업무에 종사하는 서비스기구와 상표대리업무에 종사하는 법
률사무소를 포함한다.
②상표국 또는 상표평심위원회에서 주관하는 상표업무를 대리하는 상표
대리기구는 다음 각 호의 규정에 따라 상표국에 등기하여야 한다.
1. 공상행정관리부서의 등기증명문서 또는 법률사무소의 설립을 허가한
   사법행정부서의 증명서류를 교부하여 확인받고 사본을 제출함
2. 상표대리기구의 명칭, 주소, 책임자, 연락처 등 기본정보를 제출함
3. 상표대리업무 종사자 명단 및 연락처를 제출함
③공상행정관리부서는 상표대리기구의 신용기록부를 작성하여야 한다.
상표대리기구가 상표법 또는 이 조례의 규정을 위반한 경우, 상표국 또는
상표평심위원회가 공개적으로 통보하고 그 신용기록부에 기입한다.

제85조 ①상표법에서의 "상표대리업무 종사자"란 상표대리기구에서 상표대
리업무에 종사하는 업무자를 말한다.
②상표대리업무 종사자는 개인의 명의로 스스로 위임을 받을 수 없다.

제86조 상표대리기구가 상표국 또는 상표평심위원회에 제출하는 관련 출원
서류36)에는 당해 대리기구의 인감을 날인하고 관련 상표대리업무 종사자
가 서명하여야 한다.

---

36) 신청서류도 포함됩니다.

제87조 상표대리기구가 자신이 대행하는 서비스 이외의 기타 상표에 대해 등록을 출원하거나 양도받을 경우, 상표국은 이를 접수하지 아니한다.

제88조 다음 각 호의 행위는 상표법 제68조 제1항 제2호에 규정된 기타 부당한 수단으로 상표대리업무 시장질서를 교란하는 행위에 해당한다.
1. 사기, 허위홍보, 오인초래 또는 상업뇌물공여(商業賄賂)37) 등 방식으로 업무를 유치하는 행위
2. 사실을 은폐하고 허위증거를 제공하거나 타인이 사실을 은폐하고 허위증거를 제공하도록 협박 또는 유도하는 행위
3. 동일한 상표사건에서 이해충돌이 있는 당사자 쌍방의 위임을 받는 행위

제89조 상표대리기구가 상표법 제68조에 규정된 행위를 한 경우, 행위자 소재지 또는 위법행위 발생지의 현급(縣級) 이상 공상행정관리부서가 단속하고 단속결과를 상표국에 통보한다.

제90조 ①상표국 또는 상표평심위원회가 상표법 제68조의 규정에 따라 상표대리기구에서 취급하는 상표대리업무의 접수를 정지할 경우, 당해 상표대리기구에서 취급하는 상표대리업무의 접수를6개월 이상 내지 영구적으로 정지하는 결정을 내릴 수 있다. 상표대리업무의 접수정지 기간이 만료되면 상표국 또는 상표평심위원회는 접수를 재개하여야 한다.
②상표국 또는 상표평심위원회가 내린 상표대리업무의 접수정지 또는 접수재개 결정은 그 웹사이트에 공고하여야 한다.

제91조 공상행정관리부서는 상표대리협회에 대한 감독과 지도(指導)를 강화하여야 한다.

제10장 부칙

제92조 ①1993년 7월 1일까지 연속으로 사용된 서비스상표가 타인이 동일·유사한 서비스에 이미 등록한 서비스상표와 동일·유사한 경우, 계속하여

---

37) 상업거래에 있어서 경영자가 경쟁자를 배제하고 거래기회를 획득하기 위해 거래처의 담당자에게 불법적으로 재물을 공여하는 행위를 말합니다.

사용할 수 있다. 다만, 1993년 7월 1일 후 3년 이상 사용을 중단한 경우에
는 계속하여 사용할 수 없다.

②상표국이 신설한 상품 또는 서비스 항목을 최초로 접수한 날까지 이미
연속으로 사용한 상표가 신설된 상품 또는 서비스항목과 동일·유사한 상
품 또는 서비스에 이미 등록된 타인의 상표와 동일·유사한 경우, 계속하여
사용할 수 있다. 다만, 최초로 접수한 날 이후에 3년 이상 사용을 중단한
경우에는 계속하여 사용할 수 없다.

제93조 ①상표등록에 사용되는 상품 및 서비스 분류표는 상표국이 제정하여
공포한다.

②상표등록출원 또는 기타 상표업무에 사용되는 문서의 서식은 상표국
또는 상표평심위원회가 제정하여 공포한다.

③상표평심위원회의 평심규칙은 국무원 공상행정관리부서가 제정하여 공
포한다.

제94조 상표국은 「상표등록부」를 설치하여 등록상표 및 관련 등록사항을
기재한다.

제95조 「상표등록증」 및 관련 증명서는 권리자가 등록상표전용권을 향유하
는 증빙이다. 「상표등록증」에 기재된 등록사항은 「상표등록부」와 일치하
여야 한다. 기재가 일치하지 않은 경우, 「상표등록부」에 명확한 오류가
있음을 입증하는 증거가 있는 경우를 제외하고 「상표등록부」를 기준으로
한다.

제96조 ①상표국은 「상표공고」를 발포하여 상표등록 및 기타 관련 사항을
발간한다.

②「상표공고」는 종이 또는 전자 형식으로 발포한다.

③공시송달을 제외하고 공고내용은 발포된 날로부터 사회공중이 이미 알
거나 응당 알아야 하는 것으로 간주한다.

제97조 상표등록출원을 하거나 기타 상표업무를 처리할 경우에는 비용을
납부하여야 한다. 비용을 납부하는 항목과 기준은 국무원 재정부서 및

국무원 가격주관부서가 각각 제정한다.

제98조 이 조례는 2014년 5월 1일부터 시행한다.

(※ 2014년 5월 1일에 개정·시행됨)